알츠하이머　　기록자

ARUTSUHAIMABYO NI NATTA HAHA GA MITA SEKAI:
KOTO SUBETE KANAU KOTO TOWA OMOWANEDO(アルツハ
イマー病になった母がみた世界: ことすべて叶うこととは思わねど)
by Masahiko Saito
© 2022 by Masahiko Saito
Originally published in 2022 by Iwanami Shoten, Publishers, Tokyo.
This Korean edition published in 2025 by Geulhangari, Paju‒si
by arrangement with Iwanami Shoten, Publishers, Tokyo

알츠하이머 기록자

사이토 마사히코 지음

조지혜 옮김

글항아리

일러두기

1. 이 책의 원제는 '알츠하이머에 걸린 어머니가 본 세계: 모든 바람이 다 이루어지리라곤 생각 않지만'이다.

2. 저자는 '치매' 대신 '인지증'이라고 적었으며, 한국어판도 이를 따랐다. '치매'가 질병에 대한 부정적 인식을 강화한다는 지적이 일면서 일본에서는 2004년부터 인지증을 공식 용어로 사용하고 있다. 또한 대만에서는 실지증, 중국에서는 뇌퇴화증으로 용어를 교체해왔다. 국내에서도 용어에 대한 점검이 이뤄지고 있으므로 '인지증'으로 표기한다.

3. 본문 중 〔 〕는 저자의 것이고, 본문의 일기 안에 ( )는 어머니의 일기 원문에 있는 것이다. 각주는 모두 옮긴이 주다.

서문

이 책에는 제 어머니가 67세부터 87세에 돌아가실 때까지 거의 20년 동안 쓴 일기를 분석한 내용이 담겨 있습니다. 어머니는 돌아가시기 4년 전인 83세에 알츠하이머병 진단을 받았습니다. 67세 때의 일기부터 시작한 이유는, 이해에 처음으로 물건을 잃어버렸다는 기록이 어머니의 일기에 나오기 때문입니다. 진단을 받은 뒤 어머니가 쓴 문장들은 차츰 일기로서의 기록성을 잃어갔고, 마지막에는 작은 노트에 단편적으로 기재된 문장만이 어머니의 생각을 전하고 있었습니다. 책 제목에 있는 "모든 바람 다 이루어지리라곤 생각 않지만"은 일본의 전통 시가인 와카和歌를 삶의 벗으로 삼았던 어머니가 인생의 마지막에 쓴 "모든 바람 다 이루어지리라곤 생각 않지만 걸음만은 스스로 곧게 옮겨가기를"이라는 시에서 뽑았습니다. 이

시가 어떻게 태어났는지는 책의 뒷부분에서 밝힐 예정입니다.

어머니가 자율성을 잃어가는 과정에서 우리 가족은 어머니의 현재, 혹은 이후의 생활에 대해 이야기를 많이 나누었습니다. 저를 포함한 세 자녀 및 그 배우자들 사이에 오간 이메일에는 어머니의 인지증 앞에서 곤혹스러워했던 여러 생각이 엇갈려 있습니다. 당시의 어머니에 관한 기록으로서 또 하나, 매주 2회 어머니의 인지 기능 재활을 하러 왔던 심리학 전공 대학원생이 저희를 위해 써준 리포트가 있습니다. 이 리포트를 어머니가 남긴 단편적인 메모와 맞춰보면 어머니가 살아낸 만년의 마음과 생활이 눈앞에 그려집니다. 일기를 포함해 이 책에서 분석 대상으로 삼은 글은 모두 그때 그 장소에서 쓰인 날것의 자료이지, 차후에 어떤 목적을 염두에 두고 회상한 것이 아닙니다.

저는 인지증을 전문 분야로 하는 정신과 의사입니다. 인지증이 심해지며 자택에서 생활하기가 어려워져 요양원(노인 홈)에 입주하게 된 어머니의 짐 정리를 도왔던 저는, 어머니의 책장에 나란히 꽂혀 있는 많은 일기장을 물려받기로 했습니다. 인지증 전문의로서, 알츠하이머병 진단을 받았던 어머니가 일기에 무엇을 기록했는지 알고 싶었던 것입니다. 어린 시절부터 '공부 때문'이라고 하면 대부분의 일을 허락해주었던 어머니는 이때도 '연구 때문'이라는 제 부탁에 두말없이 자유롭게 사용하라고 허락해주었습니다.

이 책을 쓰려고 결심했던 최초의 계기는 인지증 전문의로서 지닌 관심이었습니다. 제가 대학을 졸업했던 1980년 당시의 정신의학 교과서에 알츠하이머병 환자는 자신이 사물을 잊어버린다는 사실을 자각하지 못한다고 쓰여 있었습니다. 하지만 그 뒤 40년 동안 임상의로서 여러 경험을 거치며 저는 이러한 견해가 옳지 않다고 생각하게 되었습니다. 자신의 정신 기능, 인지 기능에 이상이 일어났음을 스스로 깨닫고서 불안을 느끼지 않는 사람이 있을까요? 인지증이 아니더라도 정신과 의사 입장에서는, 정신 기능의 이상을 객관적으로 파악하려 하는데 환자가 그것을 인정하지 않으면 병세를 올바르게 인식하지 못한다고 생각합니다.

환자도 의사가 외부에서 관찰해 객관적으로 기재한 증상을 인식하지 못하는 경우가 있겠지만, 정신과 의사 역시 인지 기능이나 정신의 이상에 혼란을 느끼고 불안을 껴안은 환자의 주관적 증상을 제대로 이해하지 못합니다. 의사가 관찰해서 기술한 증상만이 정신병은 아닙니다. 이제 저는 환자 자신이 느끼는 주관적인 증상이야말로 정신과 의사가 주의를 기울여야 할 부분이라고 생각합니다. 저는 어머니의 일기를 분석하면서, 인지증이 발병한 고령자가 자신의 병태를 자각하지 못한다는 정신의학의 미신을 타파하고, 환자의 주관적인 괴로움에 대해 우리가 얼마나 둔감했으며 이해하려들지 않았는가를 밝히고 싶었습니다. 우리는 전문직이든 아니든 누구에게나

'인지증'이라는 상태가 일어날 수 있는 초고령 사회를 살아가고 있고, 그렇기에 이 사회를 살아가는 사람 모두에게 시사하는 바가 크다고 생각합니다.

제 어머니는 어린 시절부터 문학과 친숙했고 글솜씨가 뛰어났습니다. 어머니는 여기서 다루는 20년보다 더 오랫동안 일기를 계속 썼고, 여기서 분석하는 일기는 그 흐름 속에 있습니다. 어떤 의도를 가지고 타인에게 읽히기 위해 쓴 글이 아닙니다. 저는 정신과 의사로서, 어머니라는 한 고령자가 자신의 인지 기능 저하와 그에 따라 생겨난 불편함을 어떻게 인식하고 대처하려 했는지 분석하고 싶습니다.

어머니의 인지 기능 저하가 서서히 심해지다 결국 외면할 수 없는 현실로 자식들 앞에 드러났던 시기에, 저희는 어머니에게 힘이 되고 싶다고 생각하면서도 각자의 생활에 발목 잡혀 피폐했고 늘 우왕좌왕했습니다. 마음의 동요 또한 어머니의 마지막 나날까지 누그러뜨리지 못했습니다. 지금 생각해보면 자식들의 걱정과 어머니의 불안은 끝까지 맞물리지 못했다는 느낌이 듭니다. 이 책 후반부에는 어머니를 돌보는 문제를 둘러싸고 자식들 사이에 오간 이메일과 저 자신의 일기를 분석 대상으로 도마 위에 올려놓으려고 합니다. 거기에 나타나는 우리의 갈등, 어머니 마음과의 엇갈림 등은 일기를 계속 써왔던 특수한 환자와 인지증 전문의 아들에게만 한정되는 이야기가 아닙니다. 고령자를 껴안은 현대 가족에게 보편적으로 일어나는 일입니다.

　이 책에는 또 한 가지 목적이 있습니다. 어머니의 언어를 빌려 동시대사를 그려내겠다는 것입니다. 일기 분석을 시작하기 전부터 머릿속에 있었다기보다는, 오히려 어머니의 일기를 읽어나가는 동안 생각하게 된 부분입니다. 다이쇼 말기에 태어나 쇼와 초기에 어린 시절을 보내고,* 제2차 세계대전에 청춘 시절을 빼앗기고는 패전 후 곧바로 결혼해, 오로지 남편의 뒷바라지와 세 자녀의 양육을 무엇보다 중요시했던 한 평범한 여성이 남편을 잃은 뒤 20여 년을 살았던 기록입니다. 물론 어머니의 일기는 지극히 개인적인 기록에 지나지 않고, 어머니와 같이 평범한 노인 주변에서 일어나는 사건들은 세상의 큰 흐름과 직접적인 관계가 없는 듯 보입니다. 하지만 어머니가 스스로 그려내는 인생 이야기를 날실로 삼고, 어머니의 일기에 남아 있는 일상사며 늙어가는 어머니의 주변에서 우왕좌왕하는 우리 가족의 당시 심경을 씨실로 삼아 새로운 한 장의 태피스트리로 직조해보면, 그것은 어머니의 개인적인 기록인 동시에 어머니가 살았던 시대를 생생하게 그려낸 두루마리 그림과도 같습니다. 저는 어머니의 일기를 읽으면서 헤이세이 시대가 끝나고 쇼와 시대가 점점 멀어지는 지금, 전쟁을 거쳐 패전

---

* 일본은 새 왕이 즉위하면 그에 따라 연호를 채택해 시대를 구분하는 관례가 있다. 다이쇼大正 시대는 1912~1926년, 쇼와昭和 시대는 1926~1989년이다.

후의 일본을 살아갔던 한 평범한 노인의 이야기를 기록하는 것은 정신의학적 가치와는 또 다른 의미가 있다고 믿게 되었습니다.

제가 어머니의 일기를 읽기 시작했던 때는 어머니가 돌아가시고 몇 년이 지난 뒤였습니다. 서두에 쓴 대로, 손으로 쓴 열여덟 권의 일기장과 글자도 뜻도 판별하기 어려운 메모가 쓰여 있는 노트, 수많은 메일이며 막대한 첨부 파일을 읽어내 분석해보겠다는 생각은 노년정신의학자로서 제 야심입니다. 알츠하이머병으로 진단받기 10년도 더 전부터 일기에 기록된 일들을 의학적으로 분석하는 작업은 정신의학 분야에서는 매우 참신한 연구가 되리라 생각했기 때문입니다. 실제로 일기를 읽기 시작하고 몇 년이 흘렀을 즈음, 저는 전문의 대상의 강연에서 몇 번인가, 인지증에 걸린 뒤 어머니가 보인 마음의 궤적에 대해 논했습니다. 그것은 기대한 대로 반향을 불러일으켰지만, 막상 전문지에 투고할 논문으로 정리하려고 보니, 이 이야기를 의학 및 돌봄 전문가만이 아니라 사회에서 살아가는 보통 사람들이 읽어주면 좋겠다는 생각이 들었습니다.

이 책을 쓰는 동안 몇 년의 세월이 더 흘렀습니다. 이 '서문'을 쓰고 있는 지금은 어머니가 돌아가신 지 11년째 되는 해의 여름입니다. 학술지에는 정해진 형식이 있고 저 자신도 40년에 걸쳐 그런 형식에 익숙해져 있으니, 학술 논문으로 썼다면 이렇게까지 시간이 걸리진 않았을 겁니다. 게다가 학술 논문은 독자가 누구인지 명확합니다. 저와 같은 노년정신의학이나 인지증 전문의, 혹은 이를 목표로 하는 사람들이죠. 상대의 얼굴이 보이면 자신의 의사를 전달하기가 쉽습니다. 얼굴이 보이지 않는 일반 독자를 향해 글을 쓰는 작업은 제게 무척 힘든 일이었습니다. 글쓰기를 끝낸 지금도 정말로 읽을 가치가 있는 원고가 되었는지 자신이 없습니다. 이제부터는 독자 여러분의 평가에 맡기는 수밖에 없겠죠.

마지막으로 한 가지 더 양해를 구해야 할 부분이 있습니다. 이미 기술한 대로, 이 책의 중요한 주제는 알츠하이머형 인지증으로 진단받은 한 여성이 손상된 인지 기능을 통해 외부 세계를 어떻게 바라보고 느꼈는지를 살펴보는 것입니다. 이 책은 인지증을 이해하기 위한 실용서가 아닙니다. 독자 여러분께서는 어머니의 일기를 '알츠하이머병에 걸린 사람'의 일기로서, 언어 속에서 병의 조짐을 찾는 방식으로 읽지는 말아주시기를 부탁드립니다. '어머니의 일기와 생활'에는 사태의 추이를 이해하는 데 필요한 최소한의 정신의학적 해설을 썼고, 그다음에는 '인지증이란 무엇인가'로 인지증에 관한 종합적인 해설을 했습니다. 우선 어머니의 일기를 아무런 선입견 없이 읽어주시길 바랍니다.

어머니의 생애

일기 분석에 들어가기 전에 어머니의 생애를 더듬어보려고 합니다. 어머니가 어떤 사람이었는지는 일기를 분석하는 데 매우 중요한 지점이기 때문입니다. 어머니는 알츠하이머병에 걸렸지만, '알츠하이머병 환자'나 '인지증에 걸린 사람'이기만 했던 것은 아닙니다. 알츠하이머병에 걸리고 인지증 증상이 명확해져서도 어머니는 사이토 레이코齋藤玲子라는 한 사람의 여성이었습니다. 그 사실을 이해하는 것은 아들로서나, 정신과 의사로서나 무척 중요한 부분이므로 일단 동행해주시길 바랍니다.

아버지의 사후 3년 무렵인 1991년, 어머니는 '성장'이라는 제목으로 글을 썼습니다. 이 글은 그 후 어머니가 돌아가실 때까지 계속되었던, 죽음의 여로를 향한 준비의 시작이었습니다. 자식들에게 자신의 생애를 기록으로 남기려던 이 연대기는 제 남동생이 태어난 시점에서 끝납니다.

인지 기능의 저하가 이미 명확해졌던 2007년에는 고령자 심리학을 연구하는 두 대학원생의 도움을 받아 라이프 리뷰 life review를 따로 남겼습니다. 라이프 리뷰란 자신의 인생을 돌아보고 의의를 생각해보는, 고령자를 위한 심리요법입니다. '아버지에 관해 떠오르는 것, 아는 것을 써보세요. 생년월일, 사망한 해, 어떤 집안의 사람이었는지, 어떤 일을 했는지, 어떤 아버지였는지, 떠오르는 일을 개조식으로 써주세요'라는 첫 번째 질문에서 시작해 '자란 집 부근부터 유치원이나 소학교까지, 다니던 길의 지도를 그려보고 기억나는 일을 써넣으세요. 건너편 집에는 어떤 이웃이 살았나요?'라는 열한 번째 질문까지 있습니다. 열한 번째 질문은 제가 만들었습니다. 선이 그어진 A5 종이의 상단에 각 질문이 있고, 어머니는 혼자서 해당 질문에 대해 떠오르는 일들을 간략히 썼습니다. 라이프 리뷰는 당시 도쿄가쿠게이대학 대학원에 재학하던 시토 에미紫藤恵美 씨와 아이자와 아유미相沢亜由美 씨가 맡아서 해주었습니다. 두 사람은 주 2회 교대로 어머니를 방문해 제가 만든 질문지에다 어머니가 직접 쓴 내용을 보면서 대화를 나누었고, 그즈음 이미 긴 문장을 정리해서 쓸 힘을 잃은 어머니를 대신해 글을 쓰고 지도도 그려주었습니다. 어머니가 유년 시절을 보냈던 장소의 지도는, 알츠하이머병이 깊어져 어머니의 이야기가 점점 어지러워진 뒤에도 우리가 그 이야기를 이해하는 데 무척 중요한 단서가 되었습니다. '어머니의 생애'라는 이 장은 바로 그 '성장'이라는 글과 라이프 리뷰에 따라 기술했습니다. 어머니는 라이프 리뷰 시간을 무척이나 즐거워했습니다.

어머니의 양친

어머니는 1924년 5월 17일, 부친 모리오카 야스키森岡保喜와 모친 모리오카 스미森岡壽美 사이에서 태어났습니다. 위로는 어머니가 다른 오빠 두 명과 언니 두 명, 거기다 어머니가 같은 언니 한 명이 더 있었습니다. 어머니의 부친, 즉 내게 할아버지인 분은 1875년 도사土佐의 한시*였던 오다카사大高坂 집안의 분가에서 차남으로 태어났지만, 장남이 방탕해서 형편이 기울자 차남이었던 할아버지가 집안을 떠맡았다고 합니다.

도쿄로 이주하던 중에 일시적으로 고베에 살았던 시기가 있는데, 그즈음 러시아 정교를 믿게 되었고 평생 그 신앙을 이어갔습니다. 아와지시마淡路島 출신의 여성과 고베에서 결혼해 네 자녀를 얻었지만 아내를 먼저 보낸 뒤, 아내의 여동생이었

---

* 藩士. 에도 시대(1603~1868)의 봉건 영주 다이묘가 다스리던 각 번藩에 속해 있는 무사를 부르던 호칭.

던 스미와 재혼했습니다. 이분이 제 어머니 쪽 할머니입니다. 할아버지는 경시청에서 일하면서 어렵게 공부해 주오대학을 졸업했습니다. 그 뒤에는 도쿄시 공무원이 되어, 아카사카구赤坂區의 구청장으로 정년퇴임을 했습니다.

5세, 모친을 잃다

어머니의 생애사는 자신의 모친에 관한 아주 작은 기억에서 시작됩니다.

"그날 밤, 마사나正聲 오빠가 모직 천처럼 두꺼운 종이를 오려서 그림자 그림을 벽에 붙여주었다. 낙타를 타고 경배 드리러 가는 동방박사들이었다. 나는 엄마 무릎 위에 앉아 있었고, 오빠와 언니들은 히로코寬子 언니(첫째)가 연주하는 오르간을 둘러싸고 있었다. 가족들이 입을 모아 '기쁘다 구주 오셨네'를 불렀다. (…) 그때 엄마 무릎에서 느꼈던 감촉은 지금도 '그 방 어디쯤이었지' 하고 떠오른다. 이듬해 봄에 엄마는 급성 폐렴으로 돌아가셨지만……."

할머니가 돌아가신 날이 1929년 9월 6일이었으니, 전년도 크리스마스라면 어머니는 아직 네 살이었습니다. 어머니가 쓴 일화가 진짜 기억인지, 나중에 사람들의 이야기를 들으며 각색된 것인지는 확실하지 않습니다. 하지만 어머니의 말에 따르면 이 크리스마스이브가 생애 첫 기억이자 할머니의 건강한 모습이 담긴 유일한 기억입니다. 어머니의 기억은 9개월 후로 건너뜁니다.

"어느 날 갑자기 엄마가 병이 나셨다. 들것에 실려서 입원하러 가셨다. 너무 갑작스러운 사건이었다. 집 밖에는 이웃 사람들이 몰려와 있어서 도저히 함께 나갈 수가 없었다. 나는 이층으로 가서 베란다 난간에 기어올라, 실려가는 엄마 모습을 바라보았다. 혼자서 소리 없이 울었다. 그날 저녁, 가정부 쓰야 언니의 손을 잡고 일본적십자병원으로 마지막 인사를 하러 갔다. 엄마는 넓은 병실에 덩그러니 놓인 침대 위에 누워 있었다. 무서워서 몸을 웅크리고 뒷걸음질 치는 나를 바라보던 엄마의 시선이 떠오른다." 할머니는 그날 돌아가셨습니다.

이듬해인 1930년 어머니는 유치원을 졸업한 뒤 소학교에 입학했고, 그 전후에 할아버지는 다시 새 아내를 맞이했습니다. 그러나 의붓어머니와 함께한 생활은 어린 어머니뿐만 아니라, 이미 대학생이었던 큰오빠를 비롯해 모든 자녀에게 그다지 행복하지 않았던 모양입니다.

"화장한 얼굴을 들이밀어 뽀뽀할 때면 도망치고 싶었지만, 어린 마음에도 아버지의 입장을 생각해서 눈을 꼭 감고 참았다"라고 어머니는 썼습니다.

12세, 부친을 잃다

어머니가 소학교 4학년생이 되었을 때, 할아버지가 관직에서 은퇴하셨습니다. 그때부터 한동안은 어머니에게 행복한 시간이었습니다. 다시, 어머니의 회상입니다.

"아버지는 한시를 좋아해서 스스로 지어 읊기도 했다. 다다미방에 긴 펠트 천을 깔고 고급스러운 종이를 펼쳐 한시를 정서할 때면 커다란 벼루에 먹을 한가득 갈던 모습이 떠오른다. 아리스가와노미야 공원으로 함께 산책하러 가면, 아버지는 직접 쓴 한시를 읊으며 걸었다. 나는 아버지와 함께하는 산책이 너무 좋았다. 일요일에는 요쓰야사몬초에 있는 교회까지 같이 갔다. 돌아가는 길에는 메이지 신궁의 가이엔을 돌아 니혼세이넨칸 호텔에서 샌드위치나 치킨라이스로 점심 식사를 했다. 그리고 유원지에서 놀다가 아오야마 묘지를 빠져나와 아자부까지 걸어서 집에 왔다. 아버지를 독차지할 수 있는 시간이었다. 아버지는 조용한 분이었다."

하지만 이렇게 행복한 시간은 오래 지속되지 못했습니다. 어머니가 소학교 6학년생이었던 1935년이 저물어갈 무렵 할아버지가 병석에 누웠고, 이듬해인 1936년 1월 4일 일본적십자병원에서 위암으로 별세했기 때문입니다. 할아버지 사후, 아이들과 관계가 원만하지 않았던 새어머니는 집을 떠났고 결국 어머니는 고작 소학교 6학년 나이에 양친을 모두 잃었습니다. 이후 아오야마가쿠인 고등여학부를 거쳐, 종전이 되던 1945년 도쿄여자대학 일본어전공부를 조기 졸업할 때까지 어머니는 오빠와 언니들의 보살핌을 받으며 자랐습니다.

22세, 둘째 오빠의 시베리아 억류와 사망

어린 나이에 부모님을 잃은 어머니가 그다음에 겪은 일은 둘째 오빠인 마사나 삼촌의 시베리아 억류와 사망이었습니다. 아버지 대신이었던 큰오빠에 비해, 둘째 오빠는 어머니에게 아주 친밀한 존재였던 듯합니다. 마사나 삼촌은 교토제국 대학을 졸업한 뒤 농림성에서 근무하고 있었습니다. 어머니의 앨범에 남아 있는, 승마 경기에서 장애물을 뛰어넘는 삼촌의 사진에는 어머니의 그리움이 스며 있는 것처럼 보였습니다. 어머니는 직접 승마해본 경험이 없었음에도 눈으로 직접 본 것처럼 말에 대한 이야기를 하곤 했습니다. 훗날 대학에 들어간 딸이 승마를 배우기 시작했을 때 어머니는 더없이 기뻐했습니다.

태평양전쟁 당시, 전황이 악화되자 삼촌은 서른 살이 넘었는데도 종전 직전인 1945년 1월에 징집되었고, 곧바로 중국 대륙으로 출정해야 했습니다. 일본에서 중국으로 파병된 마지막 부대로, 대부분 전쟁을 경험하지도 않은 채 종전을 맞았고 그대로 남하한 소련군의 포로가 되어 시베리아로 이송되었습니다. 한동안 삼촌의 행방은 알려지지 않다가, 전후 몇 년이 지나서야 억류 2년째에 사망했다는 소식이 전해졌습니다. 하지만 그 뒤에도 어머니는 삼촌 소식을 물으며 시베리아에서 돌아온 사람들에게서 정보를 계속 모았습니다. 1952년에 태어난 제가 기억하고 있을 정도니, 적어도 제가 대여섯 살이었던 1950년대 말 즈음까지는 시베리아에서 귀국한 사람들이 삼촌 소식을 안다며 우리 집을 이따금 방문했던 모양입니다. 포로가 되기 전까지 삼촌이 타던 말을 돌보았다는 사람은, 부대 전체가 포로로 붙잡혔을 때부터 수용소로 보내질 때까지 삼촌의 모습을 자세히 이야기해주었습니다. 제 아버지는 이런 사람들이 오는 것, 때로는 가족들까지 데려와서 우리 집에 머무는 것을 거부하지 않았습니다. 아버지 말로는 대부분이 어머니의 애타는 마음을 이용하는 사기꾼들이었다고 합니다만. 아버지도 동남아시아에서 포로생활을 한 경험이 있었습니다. 종전 직전이면 절망적인 전황을 내다본 식민지의 고위 관료며 군대 고관들이 이미 자신의 가족들은 일본으로 피란시키기 시작했던 시기입니다. 그때 만주로 무의미하게 파병되어 소련의 포로가 되고 노예 같은 고역에 시달리다 혹한의 북쪽 땅에서 죽은 처남의 처지, 그리고 부조리하다고 말할 수밖에 없는 오빠의 죽음을 마주한 어머니의 슬픔에 공감했기 때문일 겁니다.

이야기의 앞뒤가 조금 바뀌었습니다만, 어머니는 언니들이 결혼하고 오빠들도 독립하자 자택을 나와 종전까지 스기나미杉並에 있던 도쿄여자대학 기숙사에서 살았습니다. 그리고 종전 직후에는 혼란스런 도쿄를 피해, 당시 고등학교에서 교편을 잡고 있던 큰오빠에게 의지하며 야마구치山口에서 한 해를 지냈습니다. 그동안 야마구치의 가톨릭교회에서 스페인 출신의 루이즈 신부, 아루페 신부, 비스카라 신부와 만나 가르침을 받고, 집안의 종교였던 정교회에서 가톨릭으로 신앙을 바꾸었습니다. "새로운 인생이 시작되었다. 야마구치에서 인생의 결실을 수확했다"라고 어머니는 회상합니다. 세 신부님은 그 뒤에도 다양한 방식으로 어머니의 생활을 줄곧 지탱해주었습니다. 페드로 아루페 신부님은 훗날 예수회 총장을 지내며 세계 가톨릭교회를 위해 힘을 쏟은 분입니다. 비스카라 신부님은 어머니가 결혼 후에 살았던 후나바시의 집에도 여러 차례 놀러 오셨습니다. 일본을 떠나 필리핀에 부임한 뒤 "다시 일본으로 돌아가서 레이코 씨네 집에 열린 감을 먹고 싶네요"라고 써서 보낸 신부님의 크리스마스 카드를 어머니는 자랑스레 보여주셨죠. "아루페 신부님은 진중하고 훌륭한 분이지만, 비스카라 신부님은 촐랑대는 분이라 출세는 못 하셔"라며 웃던 어머니의 얼굴이 지금도 기억납니다. 어머니의 신앙을 지탱해주신 분은 모범생 아루페 신부님이 아니라 낙제생 비스카라 신부님이었습니다.

24세, 결혼. 28세, 큰딸의 요절

　그 뒤 도쿄로 돌아온 어머니는 1948년 12월 제 아버지인 기쿠오菊夫와 결혼했고, 1949년 11월에 첫아이이자 제 누나인 교코恭子를 낳았습니다. 뒤이어 1952년 4월에는 맏아들인 제가 태어났지만, 불과 3개월 뒤 교코 누나가 티푸스에 걸려 요절하고 말았습니다.

　교코 누나의 죽음은 어머니만이 아니라 아버지의 마음에도, 어쩌면 두 사람의 관계에도 커다란 그림자를 드리우지 않았을까 싶습니다. 지바현千葉県 후나바시시船橋市에 살면서 결혼 후에도 모교인 도쿄여자대학이나 아오야마가쿠인과 관계를 끊지 않았던 어머니도 이 일을 계기로 후나바시에 틀어박히게 되었습니다. 저는 교코 누나를 어머니의 방 벽에 걸린 사진으로 알고서 어린 시절부터 저게 누군지, 어떤 아이였는지 어머니에게 드문드문 들었습니다. 하지만 아버지가 교코 누나 이야기를 한 적은 단 한 번도 없었고, 어머니의 방 밖에서 교코 누나의 사진이나 이름을 보는 일도 전혀 없었습니다. 사진 찍기가 취미였던 아버지는 우리 남매들 사진을 많이 남겼습니다. 그런데 제 첫 앨범에 붙어 있던 교코 누나와 함께 찍은 사진 한두 장과 어머니 방에 걸려 있던 액자 사진을 제외하면 누나의 사진은 한 장도 없었습니다. 그리고 어머니 말로는 그때까지 어머니와 함께 교회에 다녔던 아버지가 교코 누나의 죽음 이후로 교회와의 관계를 끊어버렸다고 했습니다. 어머니의 신앙에 간섭하지는 않았지만, 본인은 죽기 직전까지 교회나 신앙에 전혀 관심을 보이지 않았습니다. 어머니는 교코 누나에 대한 추억을 끌어안은 채로, 아버지는 그 추억을 마음 깊은 곳에 봉인한 채로 살아갔던 것입니다.

삼십 년 장롱 속에 숨겨둔
아이 그림책
자그마한 손가락 자국도 남아 있네
三十年簞笥に秘むる子の絵本小さき指のあとも遺れり

삼남매의 어머니이자 아내로서

1954년에는 제 남동생인 차남 아키히코陽彦, 1958년에는 차녀 미도리みどり가 태어났습니다. 그때부터 어머니의 생활은 우리 삼남매를 키우고 아버지를 보살피는 일이 전부였다고 해도 과언이 아닙니다. 아버지는 집에 치과의원을 개업했는데, 식사 시간에 유독 예민했습니다. 12시에 점심 식사, 그 뒤 한 시간 동안 낮잠을 잔 뒤 오후 진료, 오후 6시에 일을 끝내고 저녁 식사를 하는 정해진 일과를 깨는 법이 없었습니다. 게다가 아버지는 식사 시간에 어머니가 자리를 비우는 것을 싫어

하셨는지, 가사도우미가 식사를 준비하더라도 어머니 없이 먹는 일은 거의 없었습니다. 어머니에게는 너무나 힘든 일이었습니다. 집은 지바현 후나바시시에 있지만, 어머니가 교류하는 사람들이나 개인적 관심사는 학창 시절을 보낸 도쿄에 있었습니다. 12시에 점심 식사, 오후 6시에 저녁 식사를 하는 아버지의 일정에 맞추느라 어머니의 생활에는 늘 제약이 많았습니다. 교통편이 지금만큼 좋지 않았던 시절에 아버지의 식사 시간을 피해서 도쿄로 나가 볼일을 마치고 돌아온다는 건 현실적으로 거의 불가능했습니다.

어머니가 아버지를 두고 외출하는 일은 특별한 행사였기에 제 기억 속에 무척 선명하게 남아 있습니다. 한 해에 몇 번인가, 가인歌人* 미즈마치 교코水町京子 선생님이 주최하는 단카短歌** 모임에 참석하는 날과 1년에 한 번 도쿄여대에서 열리는 동창회 겸 가든파티에 가는 날이 있었습니다. 어머니는 외출할 때 항상 우리 형제를 데리고 가셨습니다. 집에는 언제나 도우미가 있었으니 아이들을 두고 외출해도 딱히 문제는 없었을 텐데 말이죠. 어쩌면 일찍 부모님을 여의고 큰딸도 요절한 어머니에게는 잠시라도 아이들과 떨어지지 않겠다는 마

---

* 일본 고유의 정형시인 와카和歌를 짓는 사람을 시인과 구분해 부르는 명칭.
** 와카의 한 종류로서, 일반적으로 5·7·5·7·7이라는 5구 31음으로 구성되는 전통 시.

음이 있었는지도 모릅니다. 마치 외국 같은 도쿄여대 캠퍼스를 배경으로 열린 가든파티에서 평소와 달리 즐거워 보였던 어머니의 모습은, 1년에 한 번밖에 사주시지 않았던 포장마차 솜사탕의 달콤함과 함께 지금도 제 기억 속에 선명하게 남아 있습니다.

어머니는 이렇게 우리 삼남매를 키웠습니다. 남동생이 결혼해 독립하고 나도 1980년 대학을 졸업해 직장 가까운 곳에 혼자 살게 되면서, 아버지와 어머니, 여동생, 이렇게 세 사람이 생활하게 되었습니다. 이때 어머니는 56세였습니다. 제가 자라던 시절과 비교해보면 일본 사회는 전체적으로 무척 풍요로워졌습니다. 육아에서 벗어난 만큼 어머니의 생활에도 여유가 생겼습니다. 계속 참여하던 단카 모임에 더해, 대학 시절 친구들과 일본 고전문학을 공부하는 월례 모임, 교회 지인들과의 교류 등 조금씩 활동 범위가 넓어졌습니다.

그 뒤로 2년이 채 지나지 않아 아버지가 위암 수술을 받았습니다. 다행히 비교적 이른 시기에 수술을 받아 경과는 순조로웠지만, 위를 적출한 아버지는 하루에 다섯 번으로 나누어 식사를 해야 했고 어머니의 생활은 다시 강한 제약을 받게 되었습니다. 이전까지 아버지가 검다고 하면 흰 고양이도 검은 법이었던 부부 관계는 미묘하게 변했고, 아버지가 어머니에게 의지하게 되었습니다. 어머니에게는 어디까지나 아버지가 최우선이었지만, 바라보는 자식들 눈에는 어머니가 긴장하지 않고 아버지 앞에서 할 말은 할 수 있게 되었다는 느낌이 들었습니다. 이즈음 어머니가 쓴 시가입니다. 두 분의 관계가 눈에 보이는 듯한, 제가 좋아하는 시입니다.

가슴팍에 연고를 발라주려
몸을 뻗고는
한 대 찰싹 때리며 '끝'이라고 한마디
むねごろに軟膏を背に伸ばしくれ一つ叩きて「終わり」と言いき

64세, 남편과의 사별, 몽골 성묘와 이후의 생활

위암 수술 후 7년이 지나 가족들도 서서히 재발에 대한 걱정을 떨쳐내던 1988년, 정기검진을 받은 아버지의 폐에서 이상한 음영이 발견되었습니다. 처음에는 전이도 없고 예후가 나쁘지 않겠다는 예측을 듣고 수술을 받았지만, 수술 뒤에 생긴 간농양이 화근이 되어 아버지는 그해 12월 8일 67세로 타계했습니다. 아버지는 죽음 직전, 어머니의 소망을 받아들여 가톨릭교회의 성사聖事를 받았습니다. 아버지가 죽음을 예감하고 가톨릭 신앙을 받아들였다기보다 어머니와 함께한 40년간의 부부생활을 받아들이는 행위였다는 느낌이 듭니다. 첫아이의 요절이 두 사람 사이에 만들어낸 마음의 간극을 함께 극복하는 행위이기도 했습니다. 1988년 12월 8일, 어머니는 딱 40년간 부부로 함께한 남편을 떠나보냈습니다.

그 후로도 어머니는 아버지의 치과의원이 있었던 큰 집에서 회사원인 제 여동생과 둘이서 살았습니다. 어머니에게는 결혼 이후 처음으로 맞는 자유로운 시간이었습니다. 처음에는 그 시간을 즐기는 것처럼 보이지 않았습니다. 몇 년이 흘러도 진찰실에는 아버지의 가죽 슬리퍼가 그대로 놓여 있었고, 좋은 일이 있을 때마다 어머니는 "너희 아버지가 살아 계셨으면 얼마나 기뻐하셨겠니"라는 말과 함께 한숨만 쉬셨습니다. 하지만 시간이 흐르면서 어머니의 활동 범위는 눈으로 봐도 넓어지고 있었습니다. 학창 시절 친구들과의 만남이나 젊었을 때부터 계속해온 단카 모임에 더해, 스포츠 센터, 피아노 레슨 등으로 바쁘게 돌아다녔고 집에서 유학생들에게 일본어를 가르치는 일도 시작했습니다.

그러던 중 1991년 3월 『아사히신문』이 '동토의 비극(몽골 요시무라 부대 사건)'이라는 기사 연재를 시작했습니다. 소련이 붕괴되면서 시베리아 억류자에 관한 정보가 알려지기 시작하던 시점입니다. 4월에는 몽골에 억류되었던 사망자 1500여 명의 명단이 한자 없이 가타카나로 발표되었습니다. 어머니는 그중에서 '모리오카 쇼지'라는 이름을 발견했습니다. 삼촌의 이름은 '正聲'라 쓰고 '마사나'라 읽었는데, 그렇게 제대로 읽

는 사람은 드물었습니다. 그때까지 모은 정보로 보아 이 사람
이 오빠임에 틀림없다고 확신했던 어머니는 여기저기 문의하
기 시작했습니다. 3년 뒤인 1994년 3월이 되자 마침내 후생
성厚生省에서도 사망자 명단의 '모리오카 쇼지'는 '모리오카 마
사나'를 잘못 읽은 것이라고 알려왔습니다. 지금도 후생노동
성에 남아 있는 억류 사망자 명부에는 '모리오카 쇼지, 도쿄
도, 森岡正聲'라고 기재되어 있습니다. 국가로서는 시베리아 억
류든, 그곳에 있었던 사망자 이름이든 아무래도 상관없기 때
문이겠죠.

빛깔이 바랜 군사 우편
북녘 만주엔 용담꽃의 푸른색
젊은 오빠의 글씨
褪せにける軍事郵便北満にりんだう青しと若き兄の字

아버지 기일 가족의 저녁 식사
꿈에 보았던 오빠의 마지막
군사 우편 이야기
父の忌の家族の晩餐夢の見しと兄の最後の軍事郵便

금이 간 안경
끈으로 지탱하며 엮어 끼고서

귀환한 전우는 오빠 소식 전하네

割れ眼鏡紐にて支へかけるしと帰還の戦友は兄を語りき

포로 사망자 천오백오십구 명

그들의 이름

글자로는 한 줄뿐 그게 한 사람 목숨

千五百五十九人の俘虜死者名カナ文字一行が一人の命

　　동인지에 실린 어머니의 시를 우연히 본 민간 일본·몽골 우호 단체 회원의 호의로, 어머니는 1994년 여름 나고야 공항에서 일본의 중고품이라는 위험한 비행기를 타고 몽골로 날아갔습니다. 8월이라고는 하나 이미 차가운 가을 비바람이 몰아치는 몽골의 황야, 800여 개의 묘가 늘어선 곳에서 삼촌의 묘표를 발견해낼 수 있었던 것도 이 우호 단체의 많은 분이 도와준 덕분이었습니다.

포로가 되어

헐떡이던 오빠가 끌려갔다는

채석장 유적으로 나는 지금 가네

俘虜となり兄喘ぎては運びけむ採石場跡に今われは来つ

은하수 하얗게 가로누운

몽골 밤하늘

바라보던 오빠는 고국이 그리웠을까

天の川しろく横たふモンゴルの夜空に故國を恋ひしか兄は

여름 야생화

그나마 한 송이 피어났구나

울란바토르 황야 오빠 가던 그곳에

夏野花せめて一輪咲けよかしウランバートル兄逝きし野に

삼촌의 죽음은 청춘 시절에 대한 감상과도 겹쳐져 어머니의 마음에 그림자를 드리웠습니다. 삼촌의 소식이 알려진 뒤에도 그림자는 옅어지지 않았습니다. 삼촌 소식이 알려졌던 1991년에는 걸프 전쟁이 일어났습니다. 미군의 압도적인 전력 앞에 수많은 이라크군 병사들은 어쩔 도리 없이 투항했고, 그들이 줄지어 사막 길을 걸어가는 모습이 TV에 나왔습니다. 걸어가는 포로들 양옆으로는 지프에 탄 미군이 위압적으로 총을 들고 있었죠. 어머니에게 그 영상은 아물었던 상처가 다시 에이도록 추체험하게 했습니다.

한 줄로 엮여

포로는 사막으로 끌려가는데

이리 끌려갔을까 오빠도 몽강*으로

一列に砂漠を俘虜は曳かれゆくかく曳かれしや蒙疆に兄

아버지가 돌아가신 뒤, 어머니는 자신의 죽음 이후를 준비하는 일도 조금씩 진척시켰습니다. 삼촌 소식이 확실해진 1991년, 어머니는 처음으로 자신의 생애사를 썼습니다. 앞서 언급했던 '성장'이라는 제목을 붙인 생애사로 사후 준비의 첫 걸음이었습니다. 뒤이어 세상을 떠날 때 갖춰 입을 장속裝束을 스스로 지었고, 71세였던 1996년 1월에는 유언장을 썼습니다. 자유로운 생활을 구가하는 듯 보였던 어머니의 만년은 어린 날 사별한 부모님, 타국에서 사망한 둘째 오빠, 어린 나이에 떠나버린 큰딸에 대한 진혼, 그리고 큰오빠 부부와 언니들, 남편과의 이별을 거쳐 자신의 죽음으로 향하는 고독한 여정이었습니다.

포로가 된 오빠의 죽음
암에 걸린 남편의 죽음
매일같이 마음을 차지하는 생과 사
兄の俘虜死夫の癌の死日々のわれの思ひを占むる生と死

✱ 몽강연합자치정부蒙疆联合自治政府. 지금의 중화인민공화국 내몽골 자치구에 존재했던 일본 제국의 괴뢰 국가.

혼자가 되어

오늘의 내 마음을 써내려가네

그림 섞인 일기장 모네의 페이지에

一人居の今日の思いを書きづむ絵入り日記帳モネのペー

ジに

죽은 영혼이 돌아가는 나라를

믿어본다면

주검으로 세상에 보답하고 싶구나

たましひの還る御国を信ずれば亡骸を世に報いなむ

마지막 줄은 어머니가 의학 교육을 위해 사후 시신 기증
절차를 밟았던 일을 가리킵니다.

어머니의 일기와 생활

드디어 1991년부터 1년씩 일기를 읽고 분석하는 작업을 시도해보겠습니다. 이해부터 살펴보는 이유는, 어머니의 일기 속에서 자신이 이런저런 일들을 잊어버렸다는 인지 기능 저하의 기록이 나타나는 최초의 해이기 때문입니다. 1991년이면 아버지가 별세한 지 3년 뒤입니다. 어머니는 건강하게 생활하고 있었습니다. 생활 모습과 상태를 이해할 수 있도록 주요한 해의 4월 1일부터 일주일 동안의 일기를 게재하겠습니다. 오탈자까지 포함해 어머니가 쓴 내용을 그대로 실었습니다만, 일기는 원래 타인이 읽을 것을 상정하고 쓰지 않습니다. 그냥 봐서는 무슨 소리인지 이해하기 어려운 부분도 있어, 꼭 필요하다고 여겨지면 제가 가필하거나 괄호〔 〕안에 설명을 보충했습니다. 가족들의 이름은 그때그때 표기가 달라서 관계를 알아보

기 쉽도록 표를 만들었습니다. 가족 이외에 등장하는 이름은
가명을 원칙으로 했습니다.

이름	별칭	관계
사이토 마사히코齋藤正彦	M, 마짱	장남
사이토 아키히코齋藤陽彦	A, 아키짱	차남
사이토 미도리齋藤みどり	m, 미코, 미짱	딸
사이토 요코齋藤陽子	Y	마사히코의 배우자
사이토 사치코齋藤佐智子	S, 삿짱	아키히코의 배우자
사이토 도모히코齋藤智彦	도모	손자

[표] 등장인물

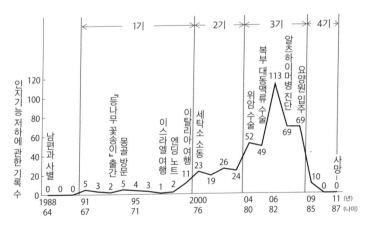

[도표 1] 만년의 주요 사건 및 인지 기능 저하에 관한 일기의 기록 수

[도표 1]에는 어머니의 일기 속에 인지 기능 저하에 관한 기술이 1년 동안 출현한 횟수와 어머니의 생활에 큰 전환점이 된 사건을 기입했습니다. 여기서는 인지 기능 저하 관련 기록이 있는 날 수의 변화, 일기의 내용 등을 감안하여 네 시기로 나누었습니다.

1기는 67~75세(1991~1999)로 육아와 남편 뒷바라지라는 속박에서 해방된 어머니가 자유로운 생활을 누리던 시기였습니다. 그러나 활발하게 생활을 즐기던 어머니는 문득 자신의 발밑에 닥친 세월의 그림자를 자각하게 되었습니다.

2기는 76~79세(2000~2003), 어머니의 인지 기능 저하가 단순히 나이 들어 생기는 변화의 수준을 넘어 서서히 생활에 균열이 생겨나던 시기입니다. [도표 1]에 있는 '세탁소 소동'은 이후의 인지증 변화에서 아주 큰 전환점이 되었던 사건인데, 뒤에서 더 상세히 이야기하겠습니다. 이 시기의 어머니는 인지증에 대한 불안이 조금씩 커져가는 와중에도 필사적으로 그때까지의 생활 방식을 유지하려고 분투했습니다.

3기는 80~84세(2004~2008), 사회생활을 지속하기 어려워지고 가정생활을 영위하는 데 필요한 기능도 조금씩 손상되어갔습니다. 인지 기능 저하에 맞서 싸우려 했지만 그저 방어하기에 바빴고, 마침내 전의를 상실하고 말았습니다.

4기는 85세부터 어머니가 돌아가신 87세까지(2009~2011)입니다. 이 시기에 어머니는 일기를 거의 쓰지 못했습니다. 대

신 어머니를 돌봐주었던 심리사의 리포트, 제가 쓴 일기, 가족
들 간에 오간 메일 등 당시의 자료를 통해 어머니의 생활과 마
음 상태를 묘사해보겠습니다. 4기에 이르러서는 전문가의 돌
봄 없이 생활하지 못하게 되었지만, 그럼에도 어머니는 마지막
날까지 한 인간으로서 생을 지속했습니다.

1기   67~75세—
뒤늦게 온 어머니의 청춘,
살며시 다가온 세월의 발소리

67세부터 75세까지 9년 동안 어머니는 남편을 잃은 상실감
에서 벗어나 하고 싶었던 일들을 차례차례 실현했습니다. 마
치 전쟁으로 박탈당한 청춘을 돌려받으려는 듯한 분방함이
었습니다. 하지만 이 시기 후반에 들어서는 점점 신체적인 피
로를 느꼈고, 더불어 건망증이나 착각 때문에 실수도 저지릅
니다. 자유롭게 살던 어머니에게 세월의 그림자가 다가와 있
었습니다.

67세(1991년)

"가방을 잃어버리지 않으려고 꼭 안고 있었다"

아버지가 돌아가신 뒤, 어머니의 생활은 가톨릭 신앙, 와카 공부 모임과 동인지, 그리고 이때 시작된 유학생 대상의 일본어 강의 등이 중심이었습니다. TV로 스페인어 공부도 시작했는데, 이는 유학생 중에 스페인어가 모국어인 사람이 있었기 때문이지만, 예수회의 창립자 중 한 명이자 일본에 선교하러 왔던 성 프란시스코 하비에르의 모국이라는 점도 어머니의 호기심을 불러일으켰으리라 여겨집니다. 1991년 일기에 기록된 것만으로도 어머니는 한 달에 방문객을 20명 정도 맞았고, 근처에서 장 보는 일을 빼고도 스무 번 이상 외출했습니다. 67세의 여성으로서는 무척 활발하고 사교적인 생활이었습니다.

4월 1일(월) 아침, 일찍 일어나 가까운 역에서 기타무라 씨와 만나 동인지의 동료가 출판한 시가집을 받았다. 각자 분담해서 평을 쓸 예정이다. 곧바로 집으로 돌아와, 2~3일 미뤄둔 집 청소를 한나절 걸려 해치웠다. 오늘부터 시작된 TV 스페인어 강좌를 들었다. 작년부터 들었는데, 2년째가 되니 조금씩 이해하기 쉬워진 느낌이 든다. 오후, 단카 동인지『마히루노まひる野』가 도착했다. 저녁 식사 후 스페인어

43

교재를 공부하는데, 사카모토 씨가 전화를 걸어와 한동안 이야기를 나눴다.

4월 2일(화) 일본어를 배우는 아레호 군이 왔다. 스페인어로 인사하니, 아직 일본어에 익숙하지 않은 아레호 군이 반가운 표정을 드러냈다. 아레호 군은 가을에 일본에서 대학원 시험을 치를 예정이라고 한다. 확실하게 가르쳐줘야겠구나 생각했다. 첫 수업은 90분 동안 하고 끝냈다. 밤, 야마카와 씨에게 전화가 왔다. 저녁 식사 후에는 어제 받은 『마히루노』를 읽으며 시간을 보냈다.

4월 3일(수) 오전 중, 밀턴 군이 일본어 수업을 받으러 방문. 밀턴 군의 일본어는 쭉쭉 늘고 있다. 오후, 은행에 돈을 인출하러 갔다. 어쩌면 이리도 금방 돈이 없어질까. 가계부를 보면서 고민했다. 교재비와 학습비가 높아졌으니 신경을 쓰자고 스스로 경계했다. 3월 31일에 아들이 출연해 조발성 알츠하이머병 환자의 생활에 대해 이야기했던 라디오 방송을 듣고 나오코 씨가 감동해서 울었다며 전화를 했다. 데라다 씨도 무척 좋았다는 말을 했다고 한다. 장남이 늘 자중해서 훌륭한 의사가 되면 좋겠다. 딸은 매일 야근이라 바빠 보인다. 하지만 오늘은 다도 선생님에게 들르느라 일찍 귀가했다.

4월 4일(목) '쓰쿠시회つくし숲〔단카 동인 모임〕에서 이즈미자
연공원으로 소풍을 갔다. 벚꽃 놀이라기엔 아직 일렀지만,
무리 지어 핀 하얀 목련, 붉고 흰 복숭아꽃 등을 보며 눈
이 즐거웠다. 처음으로 얼레지 군락을 보고 감격했다. 하얀
풀꽃 두 송이도 사랑스러웠다. 주홍색 동백, 왕벚꽃도 피어
있었다. 벚꽃이 만개하는 며칠 뒤에는 이 공원에도 사람들
이 몰려올 테니 보기 힘들겠지 싶었다. 동인 중 한 사람인
사카모토 씨가 태극권 시범을 보여주었다.

4월 5일(금) 밀턴 군이 카를로스 군을 데려왔다. 순수하고
좋은 청년으로 보였다. 친구가 다음 주 쇼센코 계곡에 복
숭아꽃을 보러 가자고 했다. 비용이 꽤 들지만, 예전부터
가고 싶었던 곳이라 함께 가기로 했다. 어제 찍은 얼레지
꽃 사진이 나왔다. 잘 나와서 기뻤다. 미도리는 오늘부터
오사카, 와카야마和歌山로 출장. 저녁 무렵, 생각지도 않게
모리노 씨가 방문해줬다. 27년 만의 재회라 반가웠다.

4월 6일(토) 어젯밤 조금 일찍 잤더니 감기 기운이 있던 몸
은 회복되었다. 아침, 겨울옷을 대거 세탁했다. 오후는 도
라노몬까지 일본어 교육 강습을 들으러 갔는데, 예전에 들
었던 이야기뿐이라서 별로 재미있지 않았다. 오후, 비가 와
서 다 마른 세탁물이 엉망진창이 되었다. 밤, 장남 부부가

안부를 살피러 와줬다. 고맙다.

4월 7일(일) 교회에서 돌아와 지바현 의회 선거를 하러 갔
다. 거부감이 그리 강하게 들지 않는 보수 후보에게 투표했
다. 오후에는 쌓인 사진들을 앨범에 끼우며 정리. 저녁 식
사 뒤에는 아레호 군 수업 준비로 공부를 했다.

『마히루노』는 가인 구보타 쇼이치로窪田章一郎 선생이 주재
했던 단카 동인지로, 어머니는 매월 이 잡지에 단카를 투고했
습니다. 어머니의 일기에는 이 잡지에 관한 기술이 때때로 나
옵니다. 알아보기 쉽도록 잡지 이름에는 『 』를 추가했습니다.
이즈음에 어머니가 쓴 단카입니다.

남편의 사후
내 것이 된 일들에 열중했더니
젊어 보인다는 말 들으며 살아간다
夫の死後得たる仕事を励みとし若く見ゆると言はれて暮す

이렇듯 활발한 생활을 계속하면서도 이 시기 이후로 어머
니가 노화를 자각하기 시작했음이 다음과 같이 일기에 나타
납니다.
"돌아오는 길에 복사를 했는데, 어김없이 복사집에 짐을 두

고 와서 다시 가지러 갔다"(1월 8일), "돼지불고기를 하다. 최근 요리가 귀찮아 대충 해먹기만 해서 오늘은 조금 정성을 들였다"(5월 7일), "아레호 군 수업을 3시까지라 착각하고 일찍 끝내버렸다. 3시 반까지는 했어야 하는데. 요즘 시간을 착각하거나 실수가 잦다. 정신이 흐려졌는지도 모르겠다"(2월 14일), "집에 오는 길, 후나바시까지 와서야 가방을 잊고 있었음을 깨달았다. 중요한 시라기쿠회白菊会 서류가 들어 있던 터라 크게 상심. 너무나 멍청한 짓에 말도 안 나온다"(11월 25일).

"요즘 (…) 실수가 많다"라든지 "최근 요리가 귀찮아 대충 해먹기만 해서"라는 대목을 통해 일기에 기록된 일화 외에도 실패가 적지 않았음을 알 수 있습니다. 어머니가 여기에 쓴 세 가지 실수는 정신의학적으로 기억이나 시간 감각의 저하, 요리와 같이 복잡한 작업을 해내는 실행 기능의 저하, 주의력 저하로 보인다고도 할 수 있지만, 이는 정상적인 노화로 일어난 변화이지, 인지증의 특징적인 증상은 아닙니다. 어머니는 이러한 실수에 다음과 같이 대응하려고 합니다.

"미도리가 야마나시山梨에 가서, 나는 오후에 일본어교육학회의 강좌를 들으러 도라노몬에 갔다. 가방을 잃어버리지 않으려고 꼭 안고 있었다. ① 과도하게 지치지 않기 ② 쇼핑으로 짐을 늘리지 말기 ③ 졸지 말기"(11월 30일).

꽤 좋은 대처법이지만, 가장 중요한 점은 나이를 먹으면서 이렇게 부주의한 실수가 늘면, 해야 할 일을 정리해서 단번에 여러 가지를 해치우려고 하지 않는 것입니다. 이즈음 어머니의 생활은 나이에 비해 지나치게 바빴습니다. 무슨 일이든 정도껏 하는 게 중요합니다.

68~75세(1992~1999년)
인생의 집대성과 엔딩 노트

매년 4월 첫 주의 일기를 보면, 이 시기 어머니의 생활에는 특별히 큰 변화가 없었습니다. 굳이 변화를 지적하자면 체력 저하가 드러나는 기록이 늘었다는 점입니다.

이 8년 동안에 대해서는 커다란 사건과 일기에 나타나는 인지 기능 저하에 대해 정리해보겠습니다.

68세(1992년)
"1시 28분 남자아이 출생, 52.5센티미터 3694그램"

1992년, 한 달 평균 외출 횟수는 25회 이상이었고 방문자 수도 20명 정도였습니다. 외출 목적은 단카 및 교회 관련 일, 영화, 음악회, 전시회, 학창 시절 친구들과 하는 고전 공부 모임, 개인적인 교제 등 다양했습니다. 이해에 일어난 가장 큰 사건은 손자가 태어난 것입니다. 첫 손자가 태어난 7월 7일과 이튿날인 8일의 일기에서 들떠 있는 어머니의 기분이 전해집니다. 다만 첫 손자 출생 당일과 이튿날 지나치게 흥분했는지, 그다음 날에는 몸에 탈이 났습니다. 4월 첫 주에도 7일 동안의 일기 중 몸이 좋지 않다는 기술이 나흘이나 있습니다. 건강하게 생활을 즐긴다고는 해도 신체적인 면은 서서히 쇠약해지고 있었습니다.

이해에 어머니 일기에 나타나는 건망증에 관한 기록은 3회인데, 모두 불을 제대로 살피지 않았던 한 일화와 관련이 있습니다. 12월 13일, 어머니는 일본어를 가르치는 몇몇 유학생을 집으로 초대해 크리스마스 파티를 열었습니다. 참석한 유학생들은 각자 자기 나라의 과자나 요리를 가지고 와서 즐거운 시간을 보냈습니다. 그러다 현관 신발장 위 성가족 인형과 함께 장식해두었던 촛불을 깜박 잊고 끄지 않아 신발장 표면이 새까맣게 그을리고 말았습니다. 이 사건이 꽤나 충격이었던지, 14일에는 "오늘 아침에는 머리가 무겁다. 어제저녁에 샴페인을 마셨기 때문일까, 큰 실수를 저지른 탓일까" "왠지 몸이 무겁고, 요즘은 금세 피로를 느낀다. 머리가 멍해져서 언제 정신을 놓을지 걱정"이라 쓰고, 실수 이후 사흘이 지난 16일에도 "일요일에 불이 났던 일로 충격이 커서 아직도 망연자실. 지나간 일은 그걸로 반성하고, 다시 정신을 바짝 차리지 않으면 망령이 난다"라며 마음을 다잡습니다.

딸이 도와준다고는 하나 여러 명의 외국인을 집으로 초대해 요리를 준비하고 크리스마스 파티를 해내는 것은 보통 일이 아닙니다. 이 시점에서는 정신을 놓을지 모른다고 걱정하기보다 자신의 노화 현상에 맞는 생활인지 재검토할 필요가 있었지만, 이후에도 한동안 어머니는 점점 생활 반경을 넓혀갔습니다.

69세(1993년)
"희미하게도 등나무 꽃송이를 살랑 흔드는"

이해에도 건망증과 관련된 기록은 있지만, 어머니는 건강하게 생활했습니다. 외출은 한 달에 20회가 넘었고, 방문객도 20명 정도였습니다. 스페인어 공부도 계속해, 일기장에 인쇄된 열두 달을 가리키는 영어 단어 옆에는 어머니가 손으로 쓴 스페인어 단어가 나란히 있었습니다. 'April' 옆에는 'Abril'.

아버지가 돌아가신 지 5년이 경과한 이해에 어머니는 『등나무 꽃송이藤の花房』라는 시가집을 자비로 출판했습니다.

이 시가집은 삶과 죽음에 대한 어머니의 견해를 알아보는 데 매우 중요하므로, 조금 돌아가는 셈이지만 어머니의 시에 대한 이야기를 해보겠습니다. 시가집은 아버지가 위암 수술을 받은 1981년 12월부터 1988년의 재발과 수술, 그리고 사망 이후 1993년까지 이따금 지은 시들로 엮었습니다. 어머니는 아버지에 대한 진혼곡으로서, 또는 혼자 살아가는 자신에 대한 격려로서 『등나무 꽃송이』를 출판했습니다. 여기에는 어머니가 만년에 시가 지도를 받았던 하시모토 요시노리橋本喜典 선생님의 발문이 실려 있습니다. 그는 어머니의 시 가운데 아버지의 죽음을 노래한 두 수를 두고 이 시의 평온함을 지탱해 주는 것은 가족의 정에 대한 믿음과 신앙이라고 했습니다. 어머니는 무척 기뻐했을 겁니다. 하지만 아버지의 투병이 어머니의 신앙에는 커다란 시련이기도 했습니다.

그리되기는 바라지 않는다고
항상 말하던
껍데기뿐인 존재로 남편은 변해간다
あのようにはなりたくないと常言いし管人間に夫はなりゆく

병든 남편 곁 혼자 읽는 복음서
무엇보다도 내 흔들리는 마음
바로잡아야 하네
病む夫の傍にひとりよむ福音書わがたゆたいのなほしや
まずも

아들이 오고

51

『등나무 꽃송이』

마지막 수단 의지해 숨 이어가던

남편을 둘러싼 채 죽음을 기다린다

息子着きて延命の策は止められぬ夫を囲みて死の期を待つ

텅 비듯 모두 빠져나간 얼굴엔

차츰 죽음뿐

평온함이 깃들며 조금 기울어지고

管すべて抜かれて漸く死のみ顔安らぎませり少しかしげて

1988년 봄 폐암 수술을 받은 아버지는 수술이 끝나면 예
전과 같은 생활로 돌아갈 예정이었지만, 수술 일주일째에 고

열이 났고 그 원인을 특정하지 못한 채 몇 주가 지났습니다. 그사이 전신의 상태가 악화되었고 그 후로도 차례로 생겨난 합병증에 대응하는 데만 쫓기다, 결국 반년간의 투병 끝에 돌아가셨습니다. 어머니와 여동생은 교대로 아버지의 병실에 머무르며 계속 간병을 했습니다. 시의 첫 수는 조금씩 나빠지던 아버지의 용태에 맞춰 늘어나던 배액 튜브와 똑똑 떨어지는 약물, 산소 튜브 등을 멍하니 바라보던 어머니의 무상한 마음 그 자체였습니다. 그다음 한 수가 하시모토 선생님에게 칭찬을 받았던 가톨릭 신앙과 관련된 시, 마지막 두 수는 12월 8일 아버지가 돌아가시던 바로 그 순간의 모습입니다.

저는 어머니의 시가집에서 이 노래를 발견하고 놀랐습니다. 지금까지도 제 뇌리에 선명하게 새겨져 있는, 아버지가 떠나시던 순간의 모습 그 자체였기 때문입니다. 당시 마쓰자와 병원 의사였던 저는 직장에서 아버지가 위독하다는 전화를 받고 아버지가 입원 중이던 지바대학 의학부 부속병원으로 향했습니다. 세 시간 걸려 도착해서 병실 문을 열자 인공호흡기의 리듬에 맞춰 팽창과 수축을 반복하는, 야위어 늑골이 드러난 아버지의 가슴이 눈에 들어왔습니다. 마치 그 부분만 별개의 생물 같았습니다. 유족이 죽음과 대면하는 의식을 위해 인공적으로 연결된 생명의 모습이었죠. "이제 됐습니다"라고 제가 말을 꺼내자 기다렸다는 듯이 두 젊은 의사와 간호사가 아버지 위를 뒤덮더니, 몸에 꽂혀 있던 바늘과 관이 하나하나 제

거되었습니다. 마지막으로 인공호흡기가 떨어져 나가자 아버지의 야윈 가슴이 더는 부풀지 않았습니다. 환자복의 가슴께를 추슬러준 의사와 간호사가 예를 갖춘 뒤 나갔고, 침상 위의 아버지를 둘러싸고 가족들만 말없이 남았습니다. 가족들의 표정만이 아니라 방을 나가는 의사와 간호사의 등에서도 이상한 긴장감이 끝나고 한숨을 내쉬는 듯한 안도감이 보였습니다. 저는 반년 전의 수술 이래 처음으로 아버지의 평온한 표정을 본 기분이 들었습니다. 입원한 이래로 거의 하루도 거르지 않고 아버지 곁에서 간병을 계속해온 어머니의 눈에 비친 정경도 꼭 그러했던 것입니다.

입원하기 직전 해에 아버지는 집 정원에 등나무 덩굴시렁을 만들었고, 이듬해 봄은 등꽃 구경을 낙으로 삼으며 보냈습니다. 어머니는 아버지가 퇴원하면 여유롭게 등꽃을 감상하도록 긴 의자를 준비했습니다. 등꽃이 피면 등나무 시렁을 바라보고, 싸리꽃이 피면 싸리꽃을 향해 앉을 수 있도록 준비했지만, 아버지는 한 번도 그 의자에 앉지도 등꽃을 보지도 못했습니다. '등나무 꽃송이'라는 시가집의 제목에는 그런 어머니의 마음이 담겨 있습니다. 시가집 마지막에 실린 일련의 시는 남편의 죽음으로 느낀 무상함을 넘어서 평온함으로 가득해 안도감을 주었습니다.

'잠시만 쉬지'

남편이 부르는가 손을 멈춘다

동백나무 아래서 풀을 뽑고 있다가

「お茶にせう」夫呼ばふかと手をとどむ椿の木下に草をひき

ゐて

그리워하던 한 사람이 떠올라

가만히 서네

여린 초록빛으로 춘란이 피어나면

偲ばるる一人ありて立ちつくす淡き緑に春蘭咲けば

희미하게도

등나무 꽃송이를 살랑 흔드는

바람에 실려오는 떠난 사람 목소리

かすかにも藤の花ぶさそよがする風に添いくる亡きひとの

こゑ

시가집 표지에는 등꽃 그림이 있습니다. 이 그림은 어머니
가 모사한 『고지쓰고쇼故実叢書』＊라는 책의 한 페이지입니다.
도쿄여대에 다니던 시절, 도서관도 언제 폭격을 당할지 모른

＊ 공가公家와 무가武家의 의례, 관직, 제도, 복식, 법령 등에 관한 역사적
　선례와 고전을 집대성한 서적.

다는 은사의 조치로 귀중한 장서를 빌린 어머니는 밤에 근로
동원에서 돌아오면 언니에게 도움까지 받으며 사본을 만들었
습니다. 전쟁 중이라 변변치 않은 종이밖에 없었지만, 철을 해
서 묶은 페이지에는 헤이안 시대의 복식을 갖춘 귀족의 모습
이 아름답게 채색되어 있었습니다. 저는 소학교 3학년 때 어
머니 방에서 놀다가 가끔 이 사본을 펼치곤 했습니다. 일본의
전통 종이인 와시和紙로 묶은 책이 신기했던 데다가 그림이 어
찌나 아름답던지, 저는 완전히 사로잡히고 말았습니다. 그 책
은 제 생애에 커다란 영향을 끼쳤습니다. 하시모토 선생은 이
사본 속에서 시가집 표지로 삼을 그림을 선택해주었습니다.

　이해에는 건망증에 관한 기록이 두 군데 있습니다. 첫 번
째는 4월에 딸과 둘이 여행하면서 이전부터 약속되어 있던 유
학생 일본어 수업을 깜박 잊고 취소하지 않은 일입니다. 다른
하나는 12월 1일 "니시마고메행 전철을 탔다가 환승하는 걸
깜박해 오시아게까지 갔고, 결국 히가시긴자 부근에서 늦어
버렸다. 정신을 빼놓고 있었는지, 정말 어쩔 수가 없다"라고 쓴
기록입니다. 게다가 어머니는 깨닫지 못한 듯하지만, 4월 5일
과 6일 일기에 중복되는 부분이 있습니다.

4월 5일(월) 마누엘에게서 TEL. 토요일 수업에 왔다고 한
다. 토요일 수업에 양해 구하는 일을 까맣게 잊고 있었다.
면목이 없다. 요즘 역시나 주의가 조금 산만하다. 이른바

망령이 난 건지 걱정. 브라질의 낸시에게서 사랑스러운 편지가 와서 위로가 되었다. 어서 빨리 답장을 보내려고 했는데, 주소가 쓰여 있지 않다. 아키미에게 알아봐달라고 부탁해야겠다.

4월 6일(화) 브라질의 낸시에게서 우편물이 도착하다. 변함없이 예쁜 글씨로 쓴 사랑스러운 편지. 사진도 들어 있었다. 디자인 일을 하고 있다보니. 주소가 쓰여 있지 않아 답장을 보낼 수가 없다. 누구한테 물어봐야겠다. 감기에 걸렸는지 머리가 아파서 낮에는 조금 쉬었다.

낸시에게 편지가 왔고 주소가 없어 답장을 보내지 못한다는 기술은 명백히 중복됩니다. 이해의 일기장은 한 페이지에 일주일 분량을 세로로 쓰도록 구성되어 있어서 4월 5일 칸 바로 아래에 6일 칸이 있습니다. 6일 일기를 쓰면서 바로 위에 있는 5일 일기와 중복이라는 사실을 깨닫지 못했던 것입니다.

70세(1994년)
몽골 성묘

70세를 넘긴 어머니의 생활은 변함없이 바빴습니다. 이해에도 외출은 한 달에 20여 군데 이상, 방문객도 20명을 넘었으니 전년도와 비슷했습니다.

이해에는 큰 사건이 있었습니다. 7월 31일부터 8월 7일까지, 시베리아 억류 중에 사망한 오빠의 묘를 찾아 몽골을 방문했던 일입니다. 몽골에 체류했던 엿새 동안 오빠의 무덤을 두 번 성묘했고 2박 3일로 고비사막을 여행했습니다. 또한 현지 분들과의 교류 모임을 갖고 카라코룸* 같은 명소도 방문했습니다.

여행 경위에 대해서는 앞서 자세히 썼습니다만, 전쟁이 끝나고도 거의 50년이나 지나서 하게 된 성묘는 어머니에게 중요한 사건이었습니다. 어머니의 일기에는 고비사막 하늘에 펼쳐진 별들이며 몽골 사람들과의 교류에 관한 기술도 생생하게 약동하고 있었습니다.

이해, 어머니의 일기에는 실수에 관한 기술이 5회 나옵니다. 의료 기관 예약을 잊어버린 일이 3회, 물건을 잃어버린 일, 전철 환승을 착각한 일이 각각 1회씩입니다. 하지만 이해의 실수에는 '망령이 난 게 아닐까, 정신을 놓으려고 이러나' 하는 비관적인 말은 달려 있지 않습니다. 한편으로 직전 해부터 늘어나기 시작한 신체적인 힘겨움에 관한 기술은 이해에도 많

---

* 13세기에 약 30년간 몽골 제국의 수도였던 곳으로 '검은 성'이라는 뜻이다.

고, 의료 기관 이름이 일기에 등장하는 횟수도 늘었습니다. 일대 사건으로 기분은 고양된다 해도 노화에 따른 몸의 쇠퇴는 감출 수가 없었습니다.

71세(1995년)
"노인이란 이런 것인가"

1995년은 큰 사건 없이 조용히 지나갔습니다. 71세가 된 어머니는 변함없이 빈번하게 외출하고 다양한 사회 활동을 지속했습니다. 방문객 수는 조금 줄었는데, 일본어를 배우러 오는 유학생 수가 줄었기 때문입니다.

7월 21일부터 8월 6일까지 어머니는 큰언니를 돌보러 고부치자와에 머물렀습니다. 함께 살던 아들 부부가 뉴질랜드로 이주할 계획을 세우면서 사전 답사를 하러 가게 되었기 때문입니다. 이 17일 동안의 돌봄 체험은 어머니에게 자신의 늙음에 대해 생각해보는 계기가 된 듯합니다.

"언니는 결국 아무런 역할도 부여받지 못한 채 친구도 없이 홀로 가족들과 떨어져버렸다. 손자들이 여러모로 선뜻 손을 내밀며 함께해주긴 하지만, 전체적으로는 따라주지 못하는 모습. 노인이란 이런 것인가 쓸쓸해진다."(7월23일)

열 살 위인 큰언니는 어머니에게 모친이나 마찬가지인 분이었습니다. 71세의 어머니는 자신의 10년 뒤를 보는 듯해 남의 일 같지 않다고 썼는데, 10년 뒤인 2005년의 어머니가 어떻게 되었는지는 뒤에서 이야기하겠습니다. 어쨌든 큰언니를 돌보는 2주 동안, 어머니에게 늙음은 자신에게 당면한 문제라기보다는 오히려 10년 후 미래의 문제였습니다.

이해, 어머니의 일기에는 실패 일화가 4회 있습니다. 모임이 시작되는 시간을 착각해서 지각한 이야기가 2회, 크리스마스 콘서트 날짜를 한 주 착각해서 달력에 잘못 표시하는 바람에 가보니 아무도 없었던 일이 1회, 마요네즈를 만들려다 두 번이나 실패했다는 이야기가 1회입니다. 실패할 때마다 "이제 정신이 흐려진 건가?" "결국 요리도 제내로 못 하게 되다니 한심하다" "과도하게 지치지 않도록 꼭, 꼭 주의해야 한다"라는 감상이 쓰여 있었습니다. 덧붙이자면 이해 외에도 건망증과 관련된 일화는 대체로 같은 달에 집중되어 있습니다. 몸이 좋지 않을 때 유독 건망증이 신경 쓰이기 때문인지도 모르겠습니다.

72세(1996년)
"도라야키 쇼크인가?"

이어지는 1996년도 평온한 해였습니다. 어머니는 활동적인 생활을 한 것으로 보입니다. 방문객은 월 10명 정도로 전년과 같고, 30회가 넘는 외출은 교회와 단카 모임을 중심으로 여러 가지에 걸쳐 있습니다. 일본어를 가르치는 유학생 수는 줄었지만, 그중 한 명인 마누엘 군에게는 일본어를 가르치는 한편 스페인어를 배우게 되었고, 인근 스포츠 센터의 시니어 에어로빅 교실에도 다니기 시작했습니다.

이해 2월 초, 어머니는 자신이 참여하던 시 동인지의 50주년 기념호를 위해 전년도에 방문했던 몽골 여행기를 썼습니다. 자신의 기록에다 자료까지 대조하면서 충실하게 글을 썼습니다. 같은 2월 중순에는 고부치자와의 큰언니가 몸 상태의 악화로 돌아가셨습니다. 용태가 좋지 않다는 연락이 온 뒤 후나바시와 고부치자와를 여러 번 오갔고, 장례 미사와 묘지 안치 등도 어머니가 중심이 되어 살폈습니다.

3월 29일부터 4월 7일까지 어머니는 준텐도대학 병원에 입원해 양쪽 눈의 백내장 수술을 받았습니다. 부분 마취로 진행되었기 때문에 일기에는 수술 중에 일어난 일들도 상세하게 적혀 있었는데, 환경 변화나 수술에 따른 스트레스로 인지 기능이 흔들린 부분이 보이지는 않았습니다.

9월에는 도쿄 요양원에 있는 큰오빠가 암 진단을 받습니다. 이때도 오빠의 부인을 도와 세부적인 일들을 챙겼습니다.

이해, 건망증에 관한 어머니의 기록은 6월에 집중되어 있습니다. 유치원 동창생 넷이서 만난 날에 니혼바시의 우사기

야라는 가게에서 산 도라야키*를 전차에 두고 내렸던 일화, 그리고 성경 공부 모임과 마누엘 군과의 수업 날짜를 착각했다는 이야기 두 가지입니다. 그러나 세 번이나 멍청하게 있었다니 하는 심각한 반성은 없고 "목욕을 했는데도 피로가 가시지 않고 축 처지는 건, 도라야키 쇼크인가?"라든지 "모처럼 의욕적으로 공부할 작정이었는데 맥 빠지네"라는 가벼운 말로 넘겨버리는 모습이 보입니다.

73세(1997년)
예루살렘으로

1997년 73세가 된 어머니는 여전히 바쁘게 생활했습니다. 새로 습자를 시작했고, 전년도에 시작한 시니어 에어로빅도 띄엄띄엄이긴 했지만 계속했습니다. 단카 모임에서는 회계를 맡았고, 도쿄여대 동창생들과 고전을 돌아가며 읽는 윤독모임도 계속했습니다.

이해, 어머니에게 있었던 가장 중요한 사건 중 하나는 이스라엘 여행입니다. 어머니가 소속된 교회의 신부님 및 여러 신

---

* 밀가루, 계란, 설탕을 섞은 반죽을 팬케이크처럼 둥글납작하게 굽고 그 빵 두 쪽 사이에 팥소를 넣은 일본의 간식.

도와 함께 4월 9일부터 20일까지 다녀온 여행이었습니다. 9일에 나리타 공항을 떠나 파리, 텔아비브를 거쳐서 예루살렘으로 들어갔습니다. 그곳에서 기독교는 물론, 이슬람교, 유대교성지를 방문했습니다. 돌아오는 길에는 사해에서 해수욕도 즐기고, 빈과 잘츠부르크를 거쳐 뮌헨에서 나리타로 다시 돌아왔습니다. 중동의 극심한 기후를 경험한 어머니는 성경 말씀을 온몸으로 이해할 수 있게 되었다고 했는데, 이는 어머니의 신앙에 커다란 영향을 미쳤습니다. 여행 중의 일기는 여정을 확실히 기록하고 있었지만, 아닌 게 아니라 피로가 쌓였는지 귀국 후 사흘은 기록이 거의 없고 나흘째부터 서서히 회복되다가 2주가 지나서야 여행 전의 분량으로 돌아왔습니다. 4월 22일 일기에는 "사진이 다 나와서 정리하려고 해도 좀처럼 어디가 어딘지 알 수 없어서 곤혹스럽다"라고 쓰여 있습니다. 1994년 몽골 여행 전후의 기록과 비교하면 어머니는 명백히 인지 기능이 저하된 상황이었습니다.

같은 해, 또 하나의 주요 사건은 부모님 대신이었던 큰오빠가 9월 2일 요양원에서 별세한 일이었습니다. 큰오빠는 어머니가 부친을 잃었을 때 아직 대학생이었지만, 전쟁에 끌려가 사망한 작은오빠, 96세에 사망한 큰언니와 함께 어린 어머니를 키우고 돌봐주었습니다. 참고로 저와 제 남동생의 이름은 큰 숙부의 이름인 마사아키正陽를 한 글자씩 따서 지은 것입니다.

큰오빠 부부는 오랫동안 히로시마의 대학에서 학생들을 가르치다가, 정년 후에는 도쿄로 돌아와서 함께 요양원에 입주해 검소하지만 자유롭게 은둔생활을 하고 있었습니다. 큰오빠는 90세, 오빠의 부인은 89세에다 자녀가 없었기 때문에, 요양 중의 각종 문제 해결, 별세하기 전후로 지방에서 올라온 친척들 챙기기, 본가의 종교인 러시아 정교 니콜라이 성당의 신부님에게 장례를 부탁하고 돕기, 나아가 그 후의 재산 정리까지 모두 어머니가 주도했습니다. 피곤했다는 내용은 있지만, 그럼에도 이스라엘 여행을 다녀왔을 때처럼 사후 기록에 소홀하지는 않았습니다. 큰오빠의 사망과 관련해 몇 개월 전의 간병부터 장례 이후의 정리까지 다양하고 자잘한 일들이 이어졌지만, 73세의 어머니는 자신의 생활을 유지하면서 이러한 일들을 어긋남 없이 해냈습니다.

틀림없이 분주했을 이해, 어머니의 일기에는 인지 기능 저하를 한탄하는 기록이 거의 없습니다. 2월에 딱 한 번 파우치를 잃어버렸다는 기록이 있지만, 어머니는 이를 특별히 크게 받아들이지 않은 듯 그 이상의 기술은 없습니다.

여담이지만, 이해 일기장 속표지에는 작은 신문 광고가 붙어 있었습니다. 접착제가 이미 말라서 테이프가 떨어진 흔적이 남은 이 작은 종이는, 제가 편집해 나카야마쇼텐에서 출간된 『임상 정신의학 강좌臨床精神医学講座』제4권의 광고였습니다. 제 은사인 마쓰시타 마사아키松下正明 선생과 함께 편집했는데, 광고에는 '총편집 마쓰시타 마사아키'라고 나와 있을 뿐, 제 이름은 어디에도 없습니다. 전문 서적이기에 어머니에게는 자세히 이야기하지도 않았을 텐데, 제가 어딘가에서 무심코 흘린 말을 기억하고 있던 어머니가 신문의 출판 광고 속에서 우연히 발견했겠죠.

이듬해인 1998년 일기장에는 제가 출연했던 NHK 방송에 관한 신문 투고 기사가 붙어 있었습니다. 그 기사는 전년도의 광고보다 훨씬 더 작은데도 어떻게 어머니가 아들과 관련된 기사임을 알아차렸는지 신기할 따름입니다(이 투고 기사에도 방송 제목만 있을 뿐 제 이름은 없습니다). 어머니가 제게 쏟은 마음의 10분의 1만큼이라도 제가 어머니를 생각했다면 어머니의 만년은 훨씬 더 행복하지 않았을까, 지금에 와서야 생각합니다.

74세(1998년)
"내 장례에 관한 노트, 예의 서류철에 넣어두다"

74세가 되어서도 어머니는 건강하게 지냈습니다. 일본어를 가르치는 유학생 수를 줄였기 때문에 방문자는 한 달에 열 명을 밑돌았지만, 외출은 30여 군데에 달했습니다. 교회 활동과 단카 모임이 주 관심사인 데는 변함이 없었습니다. 이외에도 예전부터 계속하던 에어로빅, 습자, 꽃꽂이, 스페인어에 더하여 2월에는 인근 음악학원에서 피아노를 배우기 시작했습니다. 피아노 레슨은 난생처음이었지만, 마찬가지로 피아노를 배우기 시작한 어린 손자와 경쟁하며 연습에 열중했습니다. 레슨을 받은 날의 일기에서는 대담하게도 "리처드 클레이더만*처럼 연주하고 싶다"라는 야망을 내비치기도 합니다. 9월부터는 개인 레슨을 받았을 정도로 한동안 피아노에 열정을 불태웠습니다. 에어로빅도 시간이 맞으면 참여했고, 11월 26일에는 여기서 열린 크리스마스 파티의 상품으로 오렌지색 발 토시를 받았다며 신나하는 기록도 있습니다. 아들 입장에서는 오렌지색 발 토시를 하고 에어로빅을 하는 74세의 어머니 모습을 상상하고 싶지 않습니다만.

이렇게 바쁜 활동을 하면서 집안일에도 대단히 의욕적이었습니다. 어머니는 회사원인 여동생과 둘이서 이층집에 살고 있었습니다. 남편의 일터였던 치과의원이 집 안에 있었을 정도로 큰 집입니다. 여동생의 힘도 컸겠지만, 어머니는 매일 이 집을 깨끗하게 유지하며 정원을 손보고 빨래와 요리를 했습니다. 외식을 하거나 밖에서 완전히 조리된 음식을 사오는 일은 거의 없었고, 가까운 친구나 가족을 방문할 때면 직접 잼을

---

*1953~, 서정적이고 섬세한 연주로 유명한 프랑스의 피아니스트. 1976년 「아들린을 위한 발라드」로 큰 인기를 얻었다.

만들거나 정원에서 딴 매실로 매실주나 우메보시 등을 만들어 선물로 가져가기도 했습니다.

이해의 일기를 읽고 조금 의외라고 생각했던 부분은, 어머니가 몇 번인가 월드컵 축구 경기를 늦은 시간까지 관전했다는 점입니다. 6월 14일 일본이 아르헨티나에 패했을 때는 "포워드가 흩어져 있다가 제일 중요한 순간에 허술하게 하는 바람에 공격하러 들어가지 못했다. 아쉽지만 당연한 결과인가", 26일 자메이카 전에서는 "2점 먼저 뺏겼으니 이제 이길 가망이 없다. 하프타임 휴식 뒤 후반전에서도 전개가 별로 좋지 않았는데, 연락*도 압박도 안 되고 체격도 차이가 나니 이래서는 아무것도 안 된다. 한밤중이 되어서 그만 보고 잤다"라고 썼습니다. 어머니가 한밤중에 혼자 축구를 보며 이런 생각을 했다니, 상상만으로도 뭔가 신기합니다. 스스로도 잘 알지 못하면서 이러쿵저러쿵 비평하듯 말하는 것은 어머니의 문제점이었는데, 이는 그대로 저의 결점이기도 합니다.

어머니가 소속된 단카 모임이 지바현 가모가와시鴨川市에서 8월 21일부터 24일까지 3박 4일 일정으로 전국대회를 개최하여, 어머니도 간사 중 한 명으로서 몇 개월 전부터 준비 과정에 참여했습니다. 준비 기간의 일기를 보면, 많은 사람이 참가하는 단체 여행 준비를 하느라 짐이 가중되는 느낌을 받

---

* '연결'이라고 쓸 생각이었으나 한자를 잘못 쓴 것으로 보인다.

았던 모양입니다. 어머니의 일기에는 대회 전날인 8월 20일부터 종료 다음 날인 25일까지 전혀 기록이 없습니다. 일기를 쓸 형편이 못 되었던 걸까요. 너무 지친 결과였을까요. 대회 전, 준비가 순조롭지 않아 안절부절못하는 모습에는 '이게 아닌데……' 하는 초조함이 배어 있습니다. 이제부터 명확해질 인지 기능 저하의 전조였는지도 모르겠습니다.

이해에도 큰 행사가 있었거나 여기저기 돌아다닌 날 다음에는 "피곤하다"라는 말이 많이 보입니다. 자신의 체력이 쇠퇴했음을 자각했는지 어떤지는 모르겠으나, 1월 24일 일기에는 자신이 죽었을 때 가족이 어떻게 하면 좋을지 지시하는 메모를 썼다는 기록이 있습니다. 규슈에 사는 고령의 언니를 부를 시점까지 지시한 구체적인 내용이었습니다. 참고로 어머니는 이후에도 몇 번이나 이 엔딩 노트를 다시 쓰고 내용도 추가했는데, 실제로 어머니가 돌아가셨을 때 정말로 큰 도움이 되었습니다.

그 외 9월 5일에는 이웃집 앞에 서 있는 차에 '산다화 목욕차'라고 쓰여 있는 걸 보고서 "노인 돌보는 일도 참 힘들겠다"라고 썼고, 10월 6일에는 8월까지 습자 및 꽃꽂이를 가르쳐주던 선생님이 지내는 쓰지도의 요양원을 방문하고서 "이런 삶도 꽤 괜찮다"라고 쓰기도 했습니다. 이즈음부터 성경 공부 모임의 참가 빈도가 늘어났습니다. 가죽으로 장정된 성경을 저와 제 남동생에게 보낸 것도 이해였습니다. 어머니의 인지증 증상이 표면화된 것은 한참 뒤이고 돌아가신 건 10년도 더 지난 이후의 일이지만, 인생의 마무리를 의식하셨나 싶은 행동이 눈에 띄기 시작한 시기였습니다. 어머니가 주신 성경은 그 후로 늘 제 자리 곁에 있습니다.

이해 어머니의 인지 기능 저하에 관한 기록은 두 군데 있습니다. 4월 26일 약속 시간을 착각한 일, 12월 27일에 카드와 상품권이 든 지갑을 잃어버린 일입니다. 4월의 일화에서는 "이건 나이 탓이 아니라 내 타고난 결점"이라고 했지만, 연말의 실수는 돈이 얽힌 일이다보니 심각해져서 "내 실수인데도 뭐가 어떻게 된 건지 모르겠다. (…) 지금 여기 있었던 물건도 어느새 온데간데없고, 집에 있어야 할 것도 어디서 잃어버리고, 나이를 먹는다는 게 이런 건지 참담하다"라고 썼습니다.

75세(1999년)
이탈리아 여행 "올해도 무사히 저물어간다"

1기의 마지막 해인 1999년, 어머니는 75세가 되었습니다. 후기 고령자가 된 것입니다.

일기장은 변함없이 칸마다 작은 글씨로 빽빽하게 기록되어 있었습니다. 한 달 방문객은 열 명 전후, 외출은 25회를 넘었습니다. 1991년 67세 당시의 일기와 비교하기 위해, 또 한

번 4월 초 일주일 동안의 일기를 모두 게재합니다. 어휘나 기록의 내용에 큰 변화는 보이지 않습니다.

4월 1일(목) 몸도 어딘지 편치 않아 체조하러 가다. 조금씩 풀리니 오히려 더 편해져서 다행스럽다. 플로피 디스크를 받아오지 않아, 주소록을 전부 워드 프로세서로 다시 타이핑하느라 조금 힘들다. 아침의 워드 작업. 오후 체조. 『마히루노』가 왔다. 일곱 수. 하시모토 선생님이 뽑은 듯. 한참 읽다. 저녁 무렵, 성목요일 미사에 가려고 얼른 정리하고는 외출하다. 성체의 신비에 대해 깊이 생각했다. (저녁에 이스라엘 여행 앨범을 다시 보았다.)

4월 2일(금) 수난일. 오늘은 성경마저 아픈 장소가 된다. 매년 마음이 깊어지는 기분이 들지만, 올해는 앨범을 펼쳐보며 현실의 장과 결부시켜 생각해볼 부분이 많다. (작년 등에 비해) 특히 주님의 무덤 입구에 있던, 닫혔다 다시 열린 석문 등을 떠올린다. 게세마니 동산과 기도하셨던 바위가 거리상 많이 떨어져 있다는 생각이 드는데, 여행사의 일정 때문에 거꾸로 된 걸까. 유적도 관광지화되어서 정말로 스산한 모습은 죄다 없어지고 있다. 밤, 십자가 경배 의식. 올해는 성체도 받게 되었다. 밤에는 비, 낮에는 바람. 쓰쿠시회 꽃놀이 날이었는데 어땠으려나.

4월 3일(土) 부활절 철야 미사. 양초로 빛의 제전. 교회가 미모미로 옮겨가면 이렇게 고난주간 동안 매일 밤 외출하기 어렵겠지[당시 자택에서 몇 분 거리에 있었던 가톨릭 후나바시 교회가 전차를 이용해야만 갈 수 있는 미모미로 옮길 예정이었다]. 특히 더 깊은 마음으로 미사에 임했다. 두 번째 낭독에 참여한 미코(딸 미도리)는 회사에서 바로 교회로 왔다. 목소리가 다소 투명하지 않았다. 아쉬움.

4월 4일(일) 어제 부활절 미사 때문에 아침에 일어났지만 피곤해서 쉬었다. 오후, 성묘하러 가면서 미코에게 차를 태워 달라고 부탁. 밤, A(차남 아키히코)네 가족이 왔다. 아이가 쓸 책가방, 모자를 들고 와서 보여주었다. 팥을 넣고 찰밥을 지어 축하했다. 아이의 할아버지한테도 보여주고 싶다!

4월 5일(월) 발가락 사이에 난 티눈 때문에 아파서 피부과 진료를 받으러 갈 생각이었지만, 조금 나아지는 것 같아 그만두었다. 오전 중, 피아노. 사노 씨에게 얼음, 물 문제로 TEL. 가능하면 지출을 줄이기로 합의했다. 주소록을 복사해서 세이부西武 강좌(단카 모임)에 구비하다. 오카다 씨에게 책에 대한 답례 TEL. 오후, 요요마의 첼로를 들으며 독서. 단카. 풀 뽑기. 밤, 하시모토 선생에게서 TEL 오다. 원고 의뢰. 『스프링 칸타타: 작은 나뭇잎 프레디의 여행葉っぱ

のフレディー』으로 쓸 생각.

4월 6일(화) 아침, 피부과에 가다. 티눈에 고름이 찬 것 같다며 약을 처방해주고 발바닥에 난 것도 제거해주었다. 책방에 들를 생각이었는데, 피부과가 일찍 끝나 여전히 9시 반밖에 안 돼서 그 참에 후나바시기타병원으로 가 물리치료를 받다. 그러고 나서 세이부에 들러 『스프링 칸타타: 작은 나뭇잎 프레디의 여행』을 또 한 권 구입. 라디오 교재도. 돌아와서 시노篠 씨[가인 시노 히로시篠弘, 『마히루노』 대표]의 책을 읽었다. 『마히루노』 원고도 준비해야 하지만, 우선 내일 세이부에 제출할 글을 준비한다. 밤에는 또 비가 와 추워졌다. 도모(손자 도모히코) 입학식 1학년 3반.

4월 7일(水) 아침, 치과 10시. 흔들리는 치아를 고정해주었다. 오늘은 당번 첫날이라 조금 일찍 이케부쿠로에 가다. 도중에 사가와 씨와 만나, 에쓰코 씨까지 셋이서 아스터에서 함께 식사. 에쓰코 씨가 수선을 떨며 얼음 가득 넣은 차가운 물을 가져와서, 선생님이 만족스럽게 드셨다. 교실은 40명이 만원을 이루어 후덥지근했기 때문에 얼음도 좋은 생각이었는데, 다들 어떤 반응이었는지 궁금. 수업 뒤 회계 장부를 쓰고 조금 늦게 귀가. 명부에 보충한 부분 인쇄.

전년도에 시작한 에어로빅에 더하여 이해부터는 수중 보행에 참가했고, 스페인어, 피아노 레슨에도 계속 열정을 쏟았습니다. 개인 교습을 받으며 선생님의 피아노가 부러워 자택에도 진짜 피아노를 사서 놓으려는 야심도 품었습니다. 선생님은 앞으로 체력이 떨어질 테니 전자 피아노로 하시라고 어머니를 타이르기도 했습니다. 이래저래 지나친 활동으로 인한 피로를 자각했는지, 이해 3월부터 마사지를 받으러 갔다는 기록이 이따금 나타납니다.

4월 초의 생활에서 이미 보이듯, 이해에도 교회 활동과 단카 모임 활동이 어머니에게는 생활의 중심이었습니다. 75세의 노인으로서는 다소 지나친 감이 없지 않지만, 여러 일에 손을 많이 대면서도 하나하나 대충 하는 모습은 보이지 않습니다. "봄처럼 따뜻하다. 매화가 용케 피고 있다. 프리지어 꽃봉오리도 나왔다. 홍매화도 피었으니, 만세!"라며 작은 정원에 온 봄을 맞아 마음이 춤을 추는 감성도 간직하고 있었습니다. 동창생들과 시작한 고전 윤독 모임을 준비하면서는 "가게로닛키蜻蛉日記*를 조사했다. 고단샤 문고도, 이와나미의 고전문학대계도 원본은 똑같을 텐데 여러 가지로 차이가 나서 난감하다"라며 여러 출판본을 비교하면서 고민하는 습관도 유지하고 있었

---

* 954~974년의 일들을 담은 헤이안 시대의 일기문학으로, 저자는 후지와라노 미치쓰나藤原道綱의 어머니로 알려져 있다. 남편과의 결혼, 이혼 등 당시 상류층 귀족 여성의 삶을 담은 회고풍 작품이다.

습니다.

이해의 가장 큰 사건은 11월 14일부터 21일까지 일주일 동안 다녀온 이탈리아 여행입니다. 로마, 피렌체, 베네치아, 아시시를 방문했습니다. 전년도의 단카 동인 여행과는 달리 이때는 매일 어디를 갔는지, 무엇을 보았는지 확실히 기록했습니다. 한편으로는 2년 전인 1997년 이스라엘 여행 때와 다르게 귀국 후 여행 기록을 정리할 때 방문 순서를 혼동했습니다. 사진 필름의 순서를 참고해서 꽤 힘들게 정리하는 모습이 보입니다. 모르는 사람도 많이 모였던 전년도의 단카 동인 여행에서는 간사를 맡는 바람에 잔걱정이 끊이지 않았던 데 반해, 이때의 이탈리아 여행은 오랫동안 알고 지낸 신부님과 교회 신도들을 따라가면 되다보니 여행 중의 스트레스가 적었습니다. 그러나 2년 전과 비교해 인지 기능이 저하되어서 여행 중에 있었던 일들을 시간 순서에 따라 떠올리는 데 어려움을 겪었을 것입니다.

이해, 건망증이나 착각에 관한 글은 전년도의 2회에서 11회로 늘었습니다. 소지품 분실 3회, 약속 시간 착각이나 요리 실패, 빈 주전자를 불에 올려놓았던 일 등이 각각 2회, 그 외 2회가 있었습니다. 3월 8일에는 "밤, 가스 불을 확인하지 않았더니 가스가 핑핑거리며 새는 소리를 내 깜짝 놀랐다. 그래도 다행히 괜찮았다. 정신을 바짝 차려야 한다. 일이 좀 과도한지도 모르겠다"라고 반성합니다. 연말에 오세치お節 요리*

를 만들다가 실패했다는 이야기가 12월 30일, 31일에 연이어 나오고 "다시마말이를 만들다. 청어 손질에 실패해 또 물에 담갔다가 조리했다. 실패가 많다" "오후는 조림, 그 외. 설탕과 소금을 착각하는 등 역시나 뭐가 잘되지 않아서 슬프다. 나이를 느끼지 않을 수가 없었다"라고 한탄합니다. 섣달그믐의 일기 마지막에는 "미코가 죄다 맡아 설음식까지 해줘서, 올해도 무사히 저물어간다"라고 썼습니다. 75세였던 1999년은 어머니 인생의 전환점이었습니다.

＊ 설날이나 명절에 만들어 먹는 일본 전통 요리의 총칭.

2기 76~79세—
균열이 생기기 시작한 생활,
인지 기능 저하와 싸우다

2기는 76세부터 79세까지 4년간입니다. 일기에 등장하는 인지 기능 저하에 관한 기록은 20여 회의 추이를 보이지만, 어머니는 인지증에 걸린 게 아닌가 하는 불안감을 현실적으로 느껴 자신을 질타하기도 하고 그에 적응해보려는 여러 궁리도 하면서 문제를 막으려 합니다. 인지증에 걸리지 않았나 하는 직접적인 불안을 표출하기도 하지만, 나이를 먹으면 누구에게나 일어나는 일이라고 자신을 위로하기도 합니다. 여기서부터는 매년 4월 첫 주의 일기를 그대로 게재하겠습니다.

76세(2000년)

세탁소 소동

"절대 정신을 놓지 않도록 심신을 다잡자"

이해의 방문객은 한 달에 10명 전후, 외출은 20회에서 30회로 둘 다 전년도와 비교해 큰 변화는 없습니다.

4월 1일(토) 사토코 씨를 뵙는 날이 오늘이라고 착각했는데 내일이었다. 삿짱(둘째 며느리 사치코)을 불렀더니 도모와 함께 와주었다. 미안했는데, 내일은 아빠가 쉬는 날이라 짧은 여행을 간다고 한다. 오후까지 게임도 하고 비디오도 보며 놀았다. 미코는 상갓집에 가, 셋이서 저녁 식사. 미코가 준비해놓은 비프스튜를 도모가 어찌나 좋아하던지, 고기와 감자를 몇 번이나(내일까지 남겨놓으려고 생각했던 양까지) 더 가져다 먹었다. 미코가 돌아와서 놀라더니, 남은 것은 A의 야식으로 포장해주었다. 남자아이는 든든하다. 곧 수염이라도 나면 어쩌나!

4월 2일(일) 미코, 차 연수회 참석. 교회에서 데라다 씨와 함께하다. 오이타大分에서 오시는 사토코 씨 도착 전에 미코를 위해 요리 재료와 빵 등을 사러 외출했다. 장을 많이 봤더니 다소 피곤했다. 저녁 무렵 사토코 씨 방문. 오랜만에 느긋하게 이야기 나누다. 남편분의 동생이 일전에 돌아가셔서 사십구재를 치렀다고 한다. 나카시마 씨 네 형제 중에 벌써 두 분이나 일찍 떠났으니, 어머님이 참 안됐다. 나였다면 미쳐버렸을 것 같다. 밤에는 미코도 돌아와서 다 같이 즐거운 시간 보냈다. 일박.

4월 3일(월) 점심 기차로 돌아간다 하여 일찌감치 나가다. 역내 갤러리에서 그림도 함께 보려고 외출했는데, 도중에 TEL 와서 은으로 된 전통 양초가 필요하다고. 그길로 우에노로 가서 도매상가 거리를 뒤지다가, 겨우 다와라마치의 불교용품점에서 발견했다. 진종 특제품이라 하는데, 세 개에 1만 엔 가까이 했다. 스님이 돌아가신 까닭에. 서둘러 도쿄역으로 가서 기차 시간에 겨우 세이프. 다망한 날. 밤에는 요에짱[남편의 배다른 동생]이 생일이라고 와서, 쇼트케이크를 준비해 둘이서 축하했다. 양초 62개. 오늘은 양초와 인연이 깊은 날이었다.

4월 4일(화) 어제 피곤해서 늦잠을 잘 생각이었는데 괜찮았다. 아침 오랜만에 수영장에 가서 수중 보행. 조금 고급 수준의 걸음마라 힘들었지만, 재미나게 애썼다. 이제 걷기 전문으로 가자. 그게 가장 좋을 것 같다. 돌아가는 길에 파마. 도부의 미용실인데 의외로 느낌도 좋고 가격도 2000엔

78

으로 싸서 다행이었다. 미코는 다도 연습하는 날이라 줄곧 혼자. 내일 제출 마감인 시, 겨우 완성했다.

4월 5일(수) 피아노 레슨 중, 유야 씨에게서 TEL 오다. 아악雅樂 공연 가자고 했다. 반갑다. 아침 피아노, 의외로 문제가 많아서 엄청 지적받았다. 오늘은 시노 씨의 강습이 일찍 시작되어서, 피아노 레슨도 일찍 받고 시간 맞춰 갔다. 미타니 씨, 하세가와 씨, 다니 씨 등이 오셨는데, 쟁쟁한 분들이라 기가 죽었다. 선생님도 의욕을 보이시는데 우리도 나태하게 있을 순 없다. 좋은 자극이 되겠지. 시간이 꽉 차서 뭘 하든 피곤했다. 밤에 미코가 늦어서 그라탕을 만들어두다. 단카 제출 후, 팩스로 정정 사항을 받아 다행이었다. 앞으로 주의하자. 감기 기운이 좀 있으니 조심.

4월 6일(목) 아침 오랜만에 열심히 청소. 연금증명서를 받으러 시청 출장소에 가다. 내일 쓰쿠시회 낭독회라 샌드위치 재료를 사서 귀가. 돌아오고 점심때 콧물이 흘러 난감했다. 조금 피곤해서 체조는 쉬기로 하고 낮잠을 자다. 자꾸만 콧물이 나와 곤란. 소염진통제 먹다. 내일 소풍은 가지 않기로 하고 쉬다.

4월 7일(금) 쉬어서 좋았다. 온종일 몸 상태가 좋지 않아, 누

웠다가 일어났다가. 그래도 신경이 쓰여 구리타 씨에게 시에 대한 감상을 써주어 고맙다고 답장 보냈다. 오가와 씨에게 잡지 『단카』 일정이 겹쳐서 못 가겠다고 알리다. 지난번 가네코 미스즈金子みすゞ*의 시집, 기꺼이 주신 것 같아 좋았다. 오늘은 오전 중 다소 흐렸지만, 오후 맑게 개어 쓰쿠시회도 좋은 낭독회를 했으리라 본다. 밤, 이케가미 씨에게서 공연 보러 가자는 TEL을 받았다. 다정한 분이다. 내일 마누엘 시험 준비.

여전히 여기저기를 바쁘게 돌아다니며 새롭고 다양한 것에 기웃거리고 있지만, 체력 저하는 부정하기 어려워 큰 행사 뒤에는 어김없이 "피곤해서 잤다"라는 기록이 눈에 띕니다. 2월 7일에는 생활비가 나날이 예상보다 커지는 것을 염려해 "아무래도 머릿속 정리가 안 돼서 낭비가 많다. 이번 1년은 정신을 잘 차려야 한다"라고 썼고, 8월에는 "스페인어 중급은 포기했다. 단어가 어려워 따라갈 수가 없다" "수영장, 슬슬 졸업할까"라고 쓰는 등 조금씩 약해진 면도 보입니다. 그렇다고는 하나 수영장은 새로운 영법 배우기를 포기한 것일뿐 수중 보행은 계속했고, 이러니저러니 해도 스페인어 중급 강좌도 계

---

* 이름 표기가 다르다. 원래 가네코 미스즈의 이름은 반복 기호를 넣어 金子みすゞ라고 쓴다.

속 시청하고 있었습니다. 지적인 호기심도 여전히 왕성해 『겐지모노가타리源氏物語』* 전권을 다시 읽기로 결심했다거나, 오에 겐자부로의 『애매한 일본의 나あいまいな日本の私』를 읽었다고 쓰기도 했습니다. 흥미로운 점은 선거 때마다 한두 마디 잡다하게 정치적인 감상을 남겼는데, 이해에는 11월 칸 밖에 "모리 내각 불신임안, 야당이 나서서 부결시키고 가토加藤 씨가 쓰러지며 끝나다"라는 메모가 있습니다. 정쟁에 패했다고 나잇살이나 먹은 정치가가 우는 모습을 TV로 보며 분개하는 어머니의 얼굴이 떠오릅니다.

이해, 어머니는 국내 여행을 세 차례 했습니다. 첫 번째는 7월 7일부터 9일에 걸쳐 처음으로 자녀들 가족까지 다 같이 우라반다이 고원에 다녀왔습니다. 어머니는 일기에 그때 모습을 무척 즐겁게 기록해놓았습니다. 가을에는 10월 규슈, 11월 교토·나라를 여행했습니다. 이 두 차례의 여행에서 숙박 및 티켓 예매, 일정 계획 등을 대부분 어머니 혼자서 했습니다. 도쿄여대 동창생 셋이서 함께 떠난 10월의 규슈 여행은 가고시마 공항에서 미야코노조都城로 들어간 다음, 마찬가지로 동창생이 운영하는 복지 시설을 방문했습니다. 11월 여행은 오

---

* 11세기 초에 집필된 일본에서 가장 오래된 고전소설. 저자는 황실의 궁녀이자 작가였던 무라사키 시키부紫式部. 54권에 달하는 장편으로, 헤이안 시대의 귀족사회를 치밀한 구성, 생생한 인간 심리 묘사, 정교한 미의식 등으로 담아낸 걸작이다.

이타에 사는 언니와 함께였습니다.

2월에는 지금 돌이켜보면 큰 사건이었던 일이 있었습니다. 그때까지 늘 이용하던 세탁소에서 생긴, 세탁비 지불과 관련된 갈등입니다.

2월 24일 주반襦袢＊ 재봉이 다 되었다고 해서 세탁소에 갔더니 3만 엔이 미지급되었다고 한다. 집에 영수증도 있을 텐데 이상하다. 어쩐지 믿을 수가 없는 기분이 들어 불쾌했다.

3월 18일 저녁에 마사히코 오다. 세탁소에 돈을 다시 지불했다고 한다. 그쪽에서 장부를 보여주는데, 어찌해도 양보가 안 되고 싸워도 방법이 없어서 그냥 내기로 합의했다고 한다. 충격이었지만, 그러는 편이 어른스러운 사고방식인지도 모르겠다. 나로서는 불만이지만, 아들에게 맡긴 일이고 차분하게 해결되었으니 멀리서 와준 게 고맙다. 밤에 M(장남 마사히코, 저자)이 A가 화를 내더라고 했는데, A도 시간이 지나면 이해할 것이다. 다 같이 나를 걱정해주니 면목이 없다. 절대 정신을 놓지 않도록 심신을 다잡자.

3월 20일 혼자서 생각해보니 억울하다. 다시 지불해도 괜

＊ 기모노 안에 입는 일본의 전통 속옷.

찮지만, 내가 3만 엔도 내지 않고 버티는 사람이 아니라는 걸 세탁소 주인에게 확실히 말하고 싶었다. 오해도, 돈을 다시 주는 것도 어쩔 수 없지만, 눈을 멀뚱멀뚱 뜨고서 내 잘못이라고만 하면 내 인권은 어떻게 되나? 마사히코가 그것만큼은 확실히 얘기했을까? 이 생각을 떨치기 어렵지만, 마침 사순절. 수치심을 참으셨던 예수님을 본받아 작은 일은 개의치 말고 흘려보내기로 마음을 고쳐먹는다. 정말로 나약한 나.

발췌한 내용입니다만, 당시의 일기를 보고 놀란 점은 비용 지불 문제로 생긴 갈등보다 적당한 선에서 정리하려는 저와 남동생에 대한 분노가 몇 번이나 반복적으로 기록되어 있다는 점이었습니다. 이 세탁소는 오래전부터 기모노 재봉이며 염색, 수선 등을 맡겼기 때문에 어머니의 일기에 여러 차례 등장합니다. 오래 알고 지내며 종종 일을 맡겼던 터라 신뢰관계가 없지는 않았습니다. 상대방도 오래 알고 지낸 고객이기에 솔직하게 말했으리라 생각합니다. 건강하던 시절의 어머니라면, 처음 그 말을 들은 날에 싫은 소리 한마디 정도 하면서 그냥 돈을 지불하고 싸움은 피했을 겁니다. 하지만 이때는 어머니가 착각했다는 상대방의 주장을 제가 그대로 받아들여 돈을 지불해버림으로써 자존심에 큰 상처를 입었습니다. 어머니는 저 때문에 더 억울하고 화가 났던 것입니다. 이 일기를 읽을 때마다 어머니의 격한 분노 속, 행간에서 배어나는 늙음에 대한 슬픔이 느껴집니다. 퇴근하면서 가게에 들러 돈을 지불해버린 다음에 어머니 댁에 가서 보고할 게 아니라, 돈을 지불하러 가기 전에 어머니의 이야기를 한 번 더 차분히 들어봤더라면 조금 더 화기애애하게 끝났을지도 모릅니다. 배려 없는 저의 행동이 흔들리기 시작한 어머니의 자신감에 결정적인 상처를 내고 말았습니다. 그리고 제가 그 사실을 깨달은 것은 15년도 더 지나 어머니의 일기를 읽었을 때입니다.

이해에 인지 기능 저하와 관련된 일화가 기록된 횟수는 전년도와 비교해 폭증해서 23회에 달합니다. 세탁소 사건에 관한 기록은 몇 번이나 등장합니다. 구체적인 실패 횟수는 17회인데, 돈과 관련된 일이 2회, 집 안에서 물건을 잃어버린 일이 4회, 집 밖에서 잃어버린 일이 3회, 약속을 착각한 일이 4회, 요리를 대충 하거나 실패한 일이 3회, 그 외 1회입니다.

약속을 착각했을 때는 이전과 달리 상대방이나 주변 사람들에게 실제로 피해를 주기도 했습니다. 물건을 잃어버렸을 때도 남에게 폐를 끼치거나 걱정하게 만들었고, 한번은 집 열쇠를 잃어버려 새것으로 교체하는 공사도 했습니다. 예전처럼 깜박했다며 넘어가는 정도와는 차원이 다른, 심각한 기색이 보이기 시작한 것입니다. 앞서 이야기한 세탁소 사건 때는 격하게 반발했던 어머니도 당연히 심각하게 받아들여, "잃어버리는 게 많아지니 정말로 한심하다는 생각이 든다" "호쿠토[시동생의 아들)의 전화 메모를 잃어버렸다. 또 정신을 놓고 있었다" "역시나 정신이 흐려지기 시작한 걸까. 한심하다는 생각이 자꾸 든다" "요즘 자꾸 실패만 해서 머리가 멍청해진 것 같다. 완전히 지쳤다"라며 부정적인 표현이 많이 나타납니다.

외출 빈도도 방문객 수도 전년도와 큰 변화가 없어 보이지만, 훗날 돌이켜봤을 때 커다란 분기점이었던 해입니다.

77세(2001년)
"귀찮아서 죽으로 때웠다"

2001년에는 방문객이 이전에 비해 가장 적어 한 달에 두세 명이었지만, 외출 횟수는 30회가 넘었습니다. 이해에도 어머니 생활의 중심은 단카, 신앙, 피아노였습니다. 수영장이며 체조에 대한 기록은 줄었는데, 가지 않게 된 것인지, 일기에 쓸 정도로 인상적인 일이 없었던 것인지는 명확지 않습니다.

4월 1일(일) 어제와 달리 맑은 하늘. 후쿠시마 가즈키 군의 사제 서품식. 모리 사제님 때와 같은 형식으로, 기시 신부님 외에도 많은 신부님이 보였고 북적거리는 가운데에도 엄숙했다. 후쿠시마 군이 무척 훌륭해져서 다들 크게 기뻐했다. 부모님도 한숨 돌리신 것 같은데, 평생 고생이 많으

섰다. 미코에게도 이런 행사를 보여주고 싶었는데, 피곤한 모양이라 쉬게 했다. 밤에 하이라이스를 만들다.

4월 2일(월) 점심에는 피아노 레슨과 독서. 저녁부터 하시모토 유코橋本祐子 씨의 리사이틀에 야마카와 씨와 가다. 『마히루노』 동료 대부분과 만나다. 사카모토 씨는 감기로 휴식. 전자 악기인 일렉톤으로 연주되는 음악은 부드럽고 아름다웠다. 플루트와의 합주도 좋았지만, 이른바 근대적인 재즈풍의 합주는 피곤했다. 유코 씨는 무척 아름다웠다.

4월 3일(화) 한동안 내버려두었던 탓에 청소기를 돌리고 꽃과 나무에 영양제를 주는 등 집안일을 해치우다. 모직물 세탁을 했더니 지친다. 라라포트에 쇼핑하러 갔다가 돌아오는 길에 점심을 먹고 녹초. 한 시간 낮잠을 자고 나니 겨우 정신이 들었다. 저녁에는 조끼를 수선. 오시타 씨에게 보울레[프랑스식 둥근 빵]를 택배 편으로 보내다. 밤에는 독서. 내일 가메이 씨와 만나기로 해서 계획을 세우고, 구미코, 구니코에게서 지혜를 얻다.

4월 4일(수) 가메이 씨와 도쿄역에서 만나 야마타네 미술관에 가다. 어제 구니코가 가르쳐준 전시(사쿠라사쿠라전) (일본화)로, 대단한 분들의 명작이 즐비한 고즈넉하고 조용

한 미술관. 돌아올 때는 지도리가후치에서 꽃구경을 했다. 도쿄역으로 돌아와 다이마루에서 늦은 점심을 먹고 여유롭게 대화를 즐겼다. 조금 피곤했다. 내일은 '아시노회葦の숲'[도쿄여대 국문학과 동창생들과 세이조에서 함께하는 고전문학 공부 모임]. 이제부터 또 예습. 하라자와 씨 뵙기로.

4월 5일(목) 아침에 머리를 자르러 가다. 빨리 해주어서 시간이 남아 책방에 갔더니, 이소노카미 쓰유코石上露子 씨의 책이 보였다. 마쓰무라松村 선생님[도쿄여대 은사]과도 관계가 있는 책이고 재미있어 보여서 비싸지만(5500엔) 샀다. 전차 안에서 계속 읽으며 아시노회로. 급행으로 갈아타는 걸 깜박하는 바람에 시간이 아슬아슬했다. 하라자와 씨가 있어 좋았지만, 역시 기운이 없다. 불안. 오늘은 수다가 길어져서 공부는 나 한 사람 분량으로 끝났지만, 가끔은 좋다. 집에 가니 7시가 되었다. 서둘러 저녁 식사. 내일 시 낭송회 준비.

4월 6일(금) 쓰쿠시회의 시 낭송회 겸 꽃놀이. 신주쿠 공원에 가다. 기타무라 씨도 오랜만에 참석. 사카모토 씨는 몸이 좋지 않아 점심 뒤 모임이 끝나고 바로 돌아갔다. 벚꽃만개. 조금씩 날리기 시작하는데, 하얗고 붉게 늘어져 각양각색으로 대단했다. 그 밖에도 해당화, 복사꽃, 황매화

등이 앞다투어 피었다. 진귀한 낙엽송의 공기 뿌리며 울금 벚꽃, 오시마 벚꽃 등을 기타무라 씨가 가르쳐주어 오랜만[에] 즐거웠다. 저녁엔 치과에서 수리한 틀니를 받다. 판씨, 내일 휴가라고 TEL. 피곤한데 다행이다.

4월 7일(토) 판 씨가 휴가라 한숨 돌렸다. 오늘부터 '성서 백주간'이 시작되어서, 「창세기」 1, 2장을 오전 내내 몇 번이나 읽었다. 참 좋다. 지금까지 깨달음 없이 읽었던 데에서 여러 문제점을 발견했다. 다만 자료가 너무 많고 이런저런 이야기도 많아서 머리가 혼란스러워져 끝내다. 조금 더 깔끔하고 차분하게 가야 하지 않나, 지치는구나 싶다. 밤, 고해성사 하러 교회로. 성지 미사*도 드렸다.

이해에도 어머니의 의욕과 호기심은 여전히 왕성했고, 전시회, 음악회 등 과도할 정도의 활동을 계속했습니다. 자택에 사람을 부르는 일은 줄어든 듯 보이지만 밖에서 만나는 친구와 지인의 수는 이전과 변함이 없었습니다. 단카 동인, 교회 관계자, 유치원 동창생 4인방, 도쿄여대 동창생, 심지어 저는

---

* 성지주일聖枝主日 또는 종려주일棕櫚主日은 예수가 십자가형을 앞두고 예루살렘에 입성할 때, 군중이 종려나무 가지를 깔고 환영했던 일을 기념하는 날이다. 부활절 직전 일요일로, 이날부터 일주일은 고난주간이다. 가톨릭교회에서 성지주일에 드리는 미사를 '성지 미사'라고 한다.

졸업 이후 전혀 만나지 않았던 제 중학교 시절 친구의 어머니까지 있었습니다. 3월 18일에는 드디어 염원하던 피아노를 샀습니다.

이해에는 몇 차례 친족과 지인의 장례가 있었지만, 어머니는 그 행사들을 잘 버텼습니다. 특히 1997년에 큰오빠가 돌아가신 뒤로 요양원에서 지내던 오빠 부인의 마지막을 보살피며 장례와 납골까지 맡아 마무리했습니다. 다만 장례와 납골 같은 에피소드가 끝날 때마다 '미도리 덕분에 무사히 끝났다'라는 언급이 있는 걸 보면 혼자서는 조금 불안했는지도 모르겠습니다.

언뜻 보기에는 이전과 다르지 않게 생활하는 듯한 어머니의 일기에는 이해, 명확히 인지 기능 저하의 결과로 보이는 기록이 늘어납니다. 전년도에 4건이었던 약속이나 시간 착오는 7건으로 늘어났습니다.

2월 14일 아침, 피아노. 착각해서 30분 일찍 10시에 가버렸다. 또 실패.

9월 13일 수요일인 줄 알았는데 목요일이었다. 알츠하이머병인가(10일 마사히코 TV 출연. 조발성 알츠하이머병에 대해)

중요한 물건을 어디에 두었는지 잊어버렸다는 기록도 두

번 있습니다. 다행히 두 번 다 딸이 함께 찾아줘서 발견했지만, 없다는 사실을 깨달은 어머니는 우선 딸이 눈치채지 못한 사이에 자신이 어떻게든 해보려고 여기저기를 뒤지다가, 결국 안 되겠다며 포기하고는 딸에게 울며 매달리는 양상을 반복합니다.

8월 13일 미코가 맡긴 인감과 보험 신청서가 없어져 어젯밤부터 열심히 찾았지만 발견하지 못하다. 오늘도 하루 종일. 중요한 거라 일부러 눈에 띄지 않는 어딘가에 두었는데, 아무래도 생각이 안 나 집 안을 뒤졌지만 나오지 않는다.

8월 19일 미코가 휴가라, 내 방에서 인감을 찾아주었다. "여기 있잖아" 하는 미코. 습자용 책상 옆에 세워둔 레이온 주머니 속에 있었다고. 인감은 내가 정성스럽게 넣어두던 작은 천 주머니에, 보험 서류는 비닐 서류철에 들어 있었다. 나는 크라프트지 봉투에 넣었다고 착각해서 그것만 믿고, 아마 발견하고서도 만져보지는 않았던 모양이다. 겨우 마음을 놓았다. 강하게 확신하는 버릇을 고쳐야 한다.

이렇게 자신이 해놓은 일을 잊어버리면 곧바로 물건을 도둑맞았다는 망상으로 이어집니다. 그 밖에도 생협에 주문을 두 번 해서 똑같은 물건이 많이 쌓였다거나, 지극히 간단한 한자를 착각해 유학생에게 지적받고 부끄러웠다는 일화들이 "정신이 흐려졌나?"라는 불안감이 엿보이는 말이나 "글자를 확실히 써야 한다. 스스로 경계해야 한다"라며 자신을 고무하는 문장과 함께 기록되어 있습니다.

이해에 눈에 띄는 점은 요리 실패 및 그와 관련된 기록입니다. 제가 어렸을 때는 검소한 시절이었던 데다 의사인 아버지가 매일 집에서 일을 했기 때문에 식사는 거의 다 어머니가 준비했습니다. 간호사와 가사도우미도 있어 인원이 꽤 많았는데도 가게에서 배달을 시키거나 반찬을 사오는 일은 거의 없었습니다. 제가 배달이라는 단어를 소학교 고학년 즈음에 본 TV 애니메이션으로 알았을 정도로 집 안에서는 그런 개념이 없었습니다.

그런데 이해의 일기에는 몇 번인가 백화점에서 반찬을 사왔다는 기록이 있습니다. 예를 들어, 11월 13일 어머니는 후나바시의 집에서 세타가야世田谷의 동창생 집으로 가 『이세모노가타리伊勢物語』* 윤독 모임에 참석하고 오후 4시 반에 그 집을 나왔습니다. 그날 저녁에 대해 "미코는 꽃꽂이를 배우러 가는 날이라 귀갓길에 크림 크로켓을 사와서 먹어봤는데, 역시 기성 제품은 별로 맛이 없다"라고 썼습니다. 요리가 부담

---

* 헤이안 시대인 10세기경 작자 미상의 작품으로, 아리와라노 나리히라在原業平로 추측되는 한 인물의 일대기를 와카 125편으로 엮었다.

이 되었는지, 6월 20일에는 온종일 단카 모임에 참석한 뒤 "집에 오니 귀찮아서 죽으로 때웠다. 생협 제품이지만 케이크가 있어서 그거랑 커피, 그렇게 해결"이라고 쓰여 있습니다. "귀찮아서 죽"이라는 말은 이해 어머니의 일기에 몇 번이나 등장합니다. 딸이 집에 있어서 저녁을 만들어준 2월 17일 일기에는 "오늘은 미코가 만들어줘서 살았다"라고 썼습니다. 마지막의 "살았다"에서 정말로 마음 깊이 안도하는 느낌이 전해집니다. 77세 여성이 여기저기 쏘다니며 하루를 보냈다면, 저녁에 집에 돌아와 죽밖에 만들지 못했다고 해도 이상하지는 않을지 모릅니다. 하지만 이해 요리에 관한 기록은 여기서 그치지 않습니다.

4월 30일 마당에서 머위를 따다 죽순과 삶다가 마지막 즈음에 또 태워버렸다. 한심하다기보다 위험하니 실수하지 않도록 충분히 주의를 기울여야. 밤에는 맥이 풀렸다.

5월 1일 어제 태운 머위를 다시 한번, 이번에는 털머위와 함께 삶다. 미코에게 들은 대로 타이머를 맞춰서 잘되었는데, 또 다른 걸 삶다가 태워버렸다. 정말 싫어진다.

9월 24일 미코가 저녁밥 때까지는 돌아온다고 해서 튀김을 했다. 최근에는 무서워서 하지 않았다. 이제 이걸 마지막으로 삼자. 덤비다가 실수하면 큰일이니까.

10월 11일 요리가 잘되지 않아서 한심해진다. 요즘 부쩍 서툴러져서 큰일이다. 열심히 해도 어쩐지 맛이 제대로 나지 않는다.

10월 11일처럼 요리가 제대로 되지 않는 데에는 요리 솜씨가 나빠지는 실행 기능 장애, 소금을 넣는 걸 잊어버리거나 반대로 이미 소금을 뿌렸는데 한 번 더 뿌린다거나 하는 기억 장애 등 다양한 원인이 있습니다. 냄비를 태우는 것도 냄비가 불 위에 있다는 사실을 잊어버리는 기억의 문제인 동시에, 한 번에 여러 가지를 하려다 주의가 흐트러지는 문제 등 다양한 인지 기능 저하와 관계가 있습니다. 튀김이 무섭다는 말은 기름을 불에 올리는 작업이 여러 이유에서 위험하다는 점을 깨달았기 때문일 겁니다. 요리 중에 있었던 일은 아니지만, 어머니는 이해에 주방에서 화상을 두 번 입었습니다. 그런 것도 어머니의 자신감을 흔들리게 했을지 모릅니다.

요리 문제와는 별개로, 이해의 일기에는 어머니의 실행 기능 저하를 뒷받침하는 일화가 두 가지 나옵니다. 한 가지는 손자에게 주려고 전년도 말부터 뜨기 시작한 털모자가 좀처럼 완성되지 않던 것입니다. 어머니는 뜨개질을 잘했기 때문에 어린이용 모자 정도는 하룻밤 만에도 만들 수 있었습니다. 하지만 이때는 실패해서 풀었다가 다시 뜨는 작업을 반복한 끝에 겨우 완성했습니다.

또 한 가지는 '성서 백주간'이라는 교회 행사에 도전했다가 좌절한 일입니다. 성서 백주간은 1974년 마르셀 르 도르즈 신부가 창안한, 100주 동안 구약·신약성서를 독파하는 공부 모임입니다. 어머니 일기에는 "오늘부터 성서 백주간이 시작되어서 「창세기」 1, 2장을 오전 내내 몇 번이나 읽었다. 참 좋다. 지금까지 깨달음 없이 읽었던 데에서 여러 문제점을 발견하게 되었다"라고 적극적으로 의욕을 보이면서 "다만 자료가 너무 많고 이런저런 이야기도 많아서 머리가 혼란스러워 끝낸다. 조금 더 깔끔하고 차분하게 가야 하지 않나, 지치는구나 싶다"라며 자신 없음을 슬쩍 비춥니다. 실제로 성서 백주간을 따라가기가 어려웠던 모양인지, 같은 해 10월 25일에는 포기를 선언합니다. 상황 자체는 경솔하게 여기저기 발을 담갔다가 파탄에 이르는 어머니의 행동 양상에 비추어 이해하지 못할 일은 아닙니다만, 이때도 어머니는 조금 마음에 걸리는 기록을 남겼습니다.

10월 25일 성서 백주간은 내게 너무 무겁다는 생각이 들어, 결심을 하고서 야마가미 씨에게 전화했다. 의외로 선뜻 승낙을 받아서 마음이 놓였다. 벌써 느끼고 계셨던 걸까?

아마도 만류하지 않을까 싶어 이래저래 고민한 끝에 전화했는데, 상대방은 시원하게 아, 그러시냐면서 승낙했다는 겁니다. 어머니도 쓴 대로, 그때까지 반년간의 공부 모임에서 혼란스러워 따라가기 힘들어하는 어머니의 심경을 주변에서도 눈치채고 있었기 때문이라고 생각합니다.

이해 9월 10일, 저는 NHK 교육방송에 출연하여 조발성 알츠하이머병에 대해 이야기했습니다. 9월 13일 일기에 "수요일인 줄 알았는데 목요일이었다. 알츠하이머병인가"라고 쓰여 있습니다. 제가 TV 방송에서 말한 알츠하이머병의 증상을 자신의 현재 경험과 견주어보며 불안과 싸우면서 TV를 보셨던 모양입니다. 저는 그때까지 매년 몇 번인가 NHK 교육방송에 출연했습니다만, 전년도까지 어머니의 일기에는 아들이 방송에 출연해 자랑스럽다거나 지인들이 방송을 봤다며 전화했다는 기분 좋은 내용뿐이었습니다. 하지만 이해의 반응은 달랐습니다.

저희 남매는 어머니가 손수 한 음식을 먹으며 자랐고, 어머니가 만들어준 옷을 입고서 학교에 다녔습니다. 어머니에게는 요리도 바느질도 이른바 생활의 일부이자, 주부로서 지닌 정체성의 일부였습니다. 30년도 더 된 일입니다만, 어머니는 당시 런던 유학 중이던 저와 아내에게 각자 다른 색깔의 스웨터를 크리스마스 선물로 보내주었습니다. 지금도 겨울이 되면 저는 그 스웨터를 즐겨 입습니다. 전년도 즈음부터 조금씩 삐

격대기 시작하던 어머니의 마음에 작은 얼룩 같은 불안이 생겨났다고 하면, 이해에는 그 작은 얼룩이 점점 커지다가 기어이 불온한 검은 구름이 되어 어머니의 마음을 뒤덮었습니다.

여기까지 왔다면 인지증이 발병했음은 역력합니다. 함께 생활하던 여동생은 어머니의 변화를 알아차렸으리라 생각합니다. 하지만 두 시간도 채 걸리지 않는 곳에 살면서도 저는 현실을 보려 하지 않았고, 여동생의 걱정을 흘려듣고 있었습니다.

이해의 마지막 날, 어머니의 일기는 "정신이 흐려진 건지 건망증도 심해지고, 덮어놓고 고집을 자꾸 부려서 미코를 곤란하고 불안하게 만든다"라고 끝맺습니다. '위험하니까 튀김은 이제 그만하자'라고 몰래 결심하고는, 그럼에도 오늘은 딸이 일찍 돌아올 테니 '한 번만 더 해볼까' 하며 홀로 저물녘의 주방에서 고민에 빠진 어머니의 모습을 떠올리면 눈물이 납니다. 어린 시절, 다섯 식구에다 간호사, 가사도우미까지 대가족이 함께 저녁 식사를 할 때, 먹는 사람 수가 달라져도 양을 조정하기 쉬운 튀김 요리는 어머니에게 만일의 경우를 대비한 비장의 무기였습니다.

78세(2002년)

"도쿄 요양원에 들어가고 싶다"

이해에도 어머니는 단카 모임, 교회 활동, 피아노 레슨, 스페인어 강좌에 열정을 쏟았고 수영장에서 걷기도 계속했습니다. 표면적으로는 생활에 큰 변화가 없었지만, 인지 기능 저하에 기인한 갈등이 늘어나면서 어머니 역시 점차 앞으로의 생활을 염려하게 되었습니다. 체력 저하도 눈에 띄고 의료 기관에서 진료를 받는 횟수도 늘어났습니다.

4월 1일(월) TV 아침 드라마도 바뀌고, 새 학기. 도모도 4학년이 되다. 세탁물이 많아서 미도리가 짊어지고 맡기러 갔다. 청소하고, 교재도 구입하러 다녀오고, 오노 씨에게 쇼이치로 선생님의 '사이교西行'*에 관한 책을 반송하고, 생협도 다녀오고 여러모로 바빴다. 피아노가 이번 주에 또 있어서 힘들다. 『호겐모노가타리保元物語』**를 읽기 시작했다. 감기 기운이 조금 있어 일찍 잔다.

---

* 1118~1190. 헤이안 시대의 승려이자 시인. 불교 사상을 기반으로 자연을 노래한 서정적인 와카가 많아 애송되면서 후대의 마쓰오 바쇼松尾芭蕉 등 하이쿠 작가들에게도 영향을 주었다.

** 1156년 '호겐의 난'을 배경으로 한 일본의 고전. 왕조 귀족 중심 체제가 몰락하고 쇼군 중심의 무가 정권이 들어서는 계기가 된 전란의 무용담과 전쟁으로 인한 비극을 잘 묘사했다.

4월 2일(화) 열이 있어 온종일 꾸물꾸물했다. 오후 『마히루노』가 와서 읽다. [구보타 쇼이치로] 선생님 추모호라 두껍다. 가와카미 씨 부부와 사사카와 씨, 오무라 씨 등의 글도 실렸고, 하시모토 선생님이 고심한 흔적이 느껴진다. 훌륭한 기념호. 오후부터 계속 침대에 누워 있다.

4월 3일(수) 아침 평소처럼 일어났지만, 식욕이 없어 그걸 점심에 먹었다. 『마히루노』를 읽거나 TEL 하거나. 콧물이 그치질 않아 조금 괴롭다. TEL 이케모토 씨에게서. 하라자와 씨, 이모리 씨에게 TEL. 가든파티에 초대받았다. 갈까 생각했더니 28일은 기타무라 씨의 에리카ㅗリ까라고 한다. 오가미 씨도 몸이 좋지 않아 취소될지도? 일찍 잔다.

4월 4일(목) 아침, 피부과. 좀처럼 좋아지지 않아서 진료받았다. 늘 같은 약이지만 일단 안심. 열은 별로 나지 않는데 콧물이 나와 참을 수가 없다. 눈도 침침해서 낮부터 누웠다. 푹 잤다. 오후 미쓰코시 백화점에서 일전에 주문한 카펫이 오다. 미쓰코시에서 화려한 물건들 속에 있을 때는 볼품이 없어 보여 어쩌나 했는데, 방에 깔아놓으니 멋진 정도는 아니더라도 바닥에 못 자국이 뻐끔뻐끔 남아 있는 것보다야 훨씬 나아서 만족스럽다. 아픈 몸으로 침대 밑에 끼워넣기가 약간 고생스러웠다. 여행 전에 감기에 걸려 난감하다. 피아노 레슨도 연기해달라고 했다. '사이교' 뒤에 『호겐모노가타리』를 읽다. 재미있다. 쇼이치로 선생님 추모호로 나온 두꺼운『마히루노』도 도착했다. 꽤 읽을 만한 분량이다.

4월 5일(금) 콧물이 겨우 멈췄다. 열이 높지 않은 것치고는 꽤나 힘들어, 매일같이 낮에도 종종 잤다. 오늘도 오후에 잤다. 겨우 나아져서 저녁에는 오야코돈*을 만들었다. 미코가 학교 가는 날이라 밤늦게 식사할 거라서 가볍게 먹을 수 있는 걸로 했다. 오랜만에 밖에 나가 빵을 사러 라라포트에 가다. 버스로 돌아오다. 왠지 기력이 없지만, 어쩔 수 없다. 어서 잘 회복해야 한다. 밤 준코[시동생]에게 TEL. 큰시누의 어릴 때 사진을 보내다.

4월 6일(토) 가시와이에 사는 사이토 준 씨가 죽순을 보내줬다. 다정한 분이라 늘 고맙다. 크고 작은 것 6개 정도. 우치노 씨, 가야마 씨에게 나눠준 다음에 야마모토 씨에게도 가져갔는데, 놀랍게도 야마모토 씨네 집 정원에 센겐신사의 죽순이 자란다고 해서 다시 가져왔다. 누카미소를 넣고 끓이다. 그리고 성서 백주간으로. 아침이 어수선해 그 시

---

*닭고기와 달걀, 양파, 파 등을 육수에 익혀서 밥 위에 얹어 먹는 음식.

간에 집중해서 읽었다. 중간에 시간이 떠서 조금 괴로웠지만, 많은 분의 좋은 의견을 들었다. 사무엘 그림과 우치야마 씨가 이탈리아에서 사오신 커다란 '최후의 만찬' 카드를 받았다. 오랜만에 사람들 모임에 나갔더니 역시 몸 상태가 좋지 않아 한시바삐 귀가. 미코는 도쿄의 학교에 가는 날이라 나보다 먼저 집에 와 있었다. 토요일에 나갔더니 꽤나 빡빡하다. 밤에는 엄살떨며 저녁 식사로 미코가 해준 죽순 튀김을 맛있게 먹었다. 밤, 구니코가 TEL. 월요일 전시회에 함께 못 갈지도 모르겠다고 했다. 변함없이 즐겁고 긴 통화. 오늘 밤엔 목욕은 하지 않고 잔다.

4월 7일(일) 감기가 낫지 않고 질질 끌어 오늘 아침엔 미사를 쉬었다. A네 가족이 저녁에 온다고 해서 청소를 하고, 미코는 죽순밥을 지었다. 낮에 지에코 씨, 고마노 씨와 함께 요시노행 티켓을 사러 가다. 오늘은 미코가 집에 있으면서 요거트 케이크를 만들어줬는데, 무척 맛있었다. 삿짱에게 피아노를 보여주고 싶었지만, 미코랑 한참 신나게 이야기하고 있어 말을 꺼내지 못했다. 아쉬우면서도……(애초에 잘 치지 못하니 반쯤은 부끄러워서 말 못 했지만). 다 같이 와줘서 좋았다. 밤 M에게 TEL 오다. 오늘은 만세!

여러분도 알아차리셨겠지만, 4월 2과 4월 4일에 구보타 쇼이치로 선생님 추모호인 '두꺼운' 『마히루노』가 도착했다는 기술이 중복됩니다. 2일에 도착한 것을 4일에도 다시 읽고서 그날 도착했다고 착각한 모양입니다.

이해 4월 9일과 10일, 어머니는 단카 동료 네 분과 함께 요시노에 벚꽃 놀이를 갔습니다. 이전의 일기에 나오듯, 여행 전 사이교에 관한 참고 도서를 읽었고 그가 수행했던 요시노 산에서 사이교의 업적이 서린 곳들을 방문합니다. 이외에도 몇 번인가, 교회나 단카 모임 동료들과 1, 2박으로 국내 여행을 했습니다. 여행하는 동안, 혹은 여행에서 돌아온 뒤의 일기는 평소처럼 쓰여 있었습니다.

변함없이 지적 호기심은 왕성했습니다. 3월부터는 새로 만요슈万葉集* 강의에 참석하기 시작했고, "오에 겐자부로의 『나의 나무' 아래서「自分の木」の下で』를 읽었다"(1월 28일), "이와나미 홀까지 히라쓰카 라이초平塚雷鳥**에 관한 영화를 보러 갔다"(6월 3일), "우메하라 다케시梅原猛***의 『신들의 유배神々の流竄』를 읽었다"(10월 24일) 등 지적인 도전을 계속합니다. 4년 전과 마찬가지로 월드컵 축구에는 관심이 있었던 듯, 6월 4일

---

* 나라 시대 말엽인 8세기에 편찬된 와카집.
** 1886~1971. 사상가, 작가, 평론가이자 여성운동 지도자.
*** 1925~2019. 철학자 겸 평론가. 서양 철학부터 일본의 역사, 문학 및 예능까지 연구하며 일본 문화의 본질을 탐구하는 저서들을 집필했다.

벨기에와의 첫 경기, 15일의 튀니지전, 18일 튀르키예전, 심지어 30일 브라질과 독일의 결승전에까지 의견을 덧붙이며 승패를 기록해놓았습니다. 축구에서 골키퍼 외의 선수는 손을 쓰면 안 된다는 규칙 이상을 몰랐던 어머니가 혼자서 늦은 밤까지 TV로 관전하고 "축구 결승전, 브라질 대 독일, 2대0으로 브라질 우승. 호나우두의 슛으로 2점, 독일의 키퍼 칸은 대단했지만, 역시 당해내지 못했다. 이렇게 축구 열전도 끝"이라고 일기에 쓰는 모습을 상상하면 조금 다행이었다는 마음이 듭니다.

이해의 일기에는 '피곤했다'라는 말이 빈번하게 나타나고, 시를 마감 시간에 맞춰 쓰지 못했다는 한탄이 늘어납니다. [도표 2]는 일기에 사용된 어휘를 말의 의미에 따라 분류하고 출현 빈도를 표시한 그래프입니다. 2002년을 기점으로 '나쁜

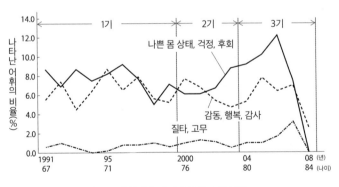

[도표 2] 일기에 나타난 어휘 수의 변화

몸 상태·걱정·후회'와 관련된 말이 증가하기 시작합니다.

그런데 거의 매일 빠짐없이 쓰던 일기도 이해 9월 1일부터 9월 10일 사이에는 한 줄도 채 안 되는 내용을 기록한 날이 5일 있을 뿐, 나머지 5일에는 아무런 기록이 없습니다. 그 직전인 8월 하순, 어머니는 무척 바쁜 나날을 보내고 있었습니다.

8월 24일부터 26일까지는 동인지 『마히루노』 연수 여행에 참가했습니다. 22일에 여행 준비를 시작하며 "물건을 잃어버리지 않으려고 어린애처럼 조심한다", 23일에는 또 "내일부터 『마히루노』 여행이라 준비한다. 대강 다 정리했지만, 물건을 깜박하지 말자고 또 마지막 마무리를 잊어버리지 말자고 변함없이 다짐해본다"라고 썼습니다. 이 여행 전후에는 왜인지 유언장을 다시 쓰려고 한 듯, "유언장 등 일단 대강 훑어봤다가 그대로 다시 봉해둔다. 통장 등 No 정정"이라는 기록도 있습니다. 24일부터 26일 오전까지 모임의 여행에 참가하고 26일 저녁에 집으로 돌아옵니다. 27일부터 31일까지 연일 피곤했다, 일찍 잔다, 늦게 일어났다는 말이 보이고, 31일에는 "느긋하게 낮잠, 조금 기운을 차렸다"라고 쓰여 있지만, 9월 1일 일요일에 "오후 니콜라이 성당, 후쿠코 씨 와주셔서 함께 기도하다. 함께 식사하고 헤어졌다. 돌아와서 침몰", 2일 "피곤해서 침몰, 그저 잠만", 4일 "세이부〔단카 모임〕 잊어버려 오시타 씨에게서 TEL 오다", 6일 "어머니 기일", 7일 "마사히코, 밤에 방문. 진료해주다"라고 한 줄도 채 안 되는 메모가 있고, 3일, 5일, 8일,

9일에는 전혀 글이 없습니다. 주치의 선생님에게 진료를 받았다는 기록도 없으니 특별한 증상이 있었다기보다 그저 피곤했던 건지도 모르겠습니다.

이 시기 어머니의 생활에서 가장 큰 문제는 78세의 노인으로서 이것저것 너무 많은 활동을 하고 외출도 지나치게 잦다는 점이었을지 모릅니다. 지금 돌이켜보면 이즈음의 어머니는 왠지 사소한 일에 정색하고 뭔가 해야 한다는 강박관념에 쫓기는 듯 보이기까지 했습니다.

인지 기능에 관한 기술은 이전과 비교해 가장 많은 26군데에 달합니다. 그중에서도 가장 많은 것은 앞으로의 처신에 관한 언급 6회이고, 약속 등을 잊어버리거나 물건을 잃어버린 일 5회, 현재 상태에 대한 한탄 4회, 요리 실패 3회, 기억 장애 관련 2회, 시간 착각 2회, 단카를 못 쓰는 문제 2회, 그 외 2회입니다.

어머니는 생활 속 다양한 상황에서 능력 저하를 자각하게 되었습니다. 2월에는 은행의 새로운 대여 금고에서 당혹스러움을 느낍니다. 2월 12일 "미쓰코시[은행] 금고가 너무 어려워져서 무섭다. 문이 닫히면 우두커니 외톨이. 익숙해지기까지 큰일이다"라고 썼습니다. 요리 실패도 어머니의 자신감을 해쳤습니다. "스키야키를 하려고 준비했는데, 밥하는 걸 잊어버려 슈퍼마켓에서 즉석밥이라는 걸 샀다. 남편이 있었다면 크게 화를 내고는 먹지도 않았겠지"(2월 18일), "생협에서 딸기를 잔뜩 사다가 잼을 만들다. 오랜만에 했더니 점점 이상해지다가 실패하고 말았다. 두 번째는 그럭저럭 괜찮아 보인다. 요리도 완전히 서툴러져 한심하기 짝이 없다"(3월 18일). 5월 5일에는 손자를 불러 어린이날을 축하하며, "팥을 넣은 찰밥은 새로운 방식으로 해봤는데, 꽤 잘되었다. 삿짱에게 배운 게 좋았다 (걱정했는데)"라고 쓰여 있습니다. 잼 만들기 실패담은 물론이고 애초에 생협에서 딸기를 잔뜩 샀다는 이야기도 주문을 잘못했기 때문일지 모릅니다. 11월 25일에도 "예상치 못하게 생협에서 뭐가 많이 와 난처했다. 나도 점점 정신이 흐려지나. 너무 많이 샀다고 미코에게 혼날 듯"이라는 기록이 있습니다.

약속을 깜박하거나 물건을 잃어버리는 문제는 어머니가 가장 직접적으로 자신의 기능 저하와 맞닥뜨리는 사태였습니다. 실패의 일화를 기록한 뒤에는 이따금 어머니 나름의 의견이 붙어 있습니다. 1월 13일에 약을 봉지째 분실하고 "정말이지 요즘은 심하게 잊어버려 스스로도 걱정", 3월 5일에는 책을 사고는 서점에 두고 와 "정말 멍청한 짓이라 나 자신이 싫어졌지만, 이런 실수는 젊은 시절부터 있었으니 새삼스럽지는 않다", 8월 14일에는 없어진 물건을 찾느라 집 안을 뒤졌다는 이야기에 뒤이어 "방금 여기에 있었던 게 뭔지도 이제는 잘 모르겠다. 확실히 정신이 나갔나. 젊은 시절부터 물건을 깜박하거나 잃어버리고 착각하는 데는 명수였으니, 앞으로는 어찌 되려나 싶어 불안하다", 12월 11일에는 여동생의 통장이 대여 금고 안에 없다고 믿고서(나중에 착각임을 알았지만) "요즘 건망증이 어지간한 게 아니니 이제는 정말 싫어진다. 노력하지 않으면 큰일나겠다"라고 썼습니다. 덜렁대고 물건을 잘 잃어버리는 것은 젊은 시절부터 그랬다며 억지로 납득해보려 해도, 인지증이 시작된 게 아닐까 하는 억누를 수 없는 불안이 배어나옵니다.

약속 시간 착각이며 실수도 늘었지만, 3월 25일에 친하게 지내던 유치원 동창 넷이서 사쿠라佐倉의 DIC 가와무라 기념 미술관에 가던 때에는 실수하지 않으려고 일찍 일어나 이런저런 준비에 열중한 나머지 약속보다 한 시간이나 일찍 나가버렸습니다. 도중에 역에서 깨달았지만, 거기 가서 약속 시간까지 기다리겠다고 또 전철을 한 대 일찍 탔습니다. 일기 마지막에는 "[알아차리고 하차했던 터미널역에서] 기도문과 시를 쓰며 시간을 보냈지만 메모하지 않아서 또다시 잊어버리고, 약속보다 일찍 전철에 타고 말았다. 차 안에서 생각하다 깨달았지만, 이미 시간이 맞지 않아 사쿠라에서 한 대 기다려서 합류했다. 시간이나 날짜 착각이 많고, 혼자만의 확신이 심해져서 걱정. 원래 그런 쪽으로 약했지만, 주의하지 않으면 어처구니없는 지경에 이르겠지"라고 썼습니다.

이러한 실패 일화의 증가와는 별개로 이해의 기록에서 눈에 띄는 점은 인지 기능 저하에 대한 한탄과 앞으로의 처신에 관한 불안입니다.

2월 10일 앞으로의 거취 등 한번쯤 여유롭게 상의하고 싶지만, 아무래도 딸애한테는 이야기하기가 어렵다. 아들들도 좀처럼 시간을 내주지 않아서 다 같이 이야기할 수가 없다. 그래서 지금까지 꾸물꾸물하고 있었던 거지만.

9월 16일 미코가 마사히코와 아키히코를 소집한 모양인지, 노인의 날에 모임을 열어주었다. 어쨌든 모여줘서 무엇보다 기쁘고, 미코의 입장도 가엾다. 혼자서 나를 떠맡고 있는 기분이 들겠지. (⋯) 어떻게든 건강하게 살면서 앞으로도 셋이 사이좋게 지내주기만을 바란다. 감사하는 마음으로 가득.

9월 21일 미코가 잘 해주고 나와 사는 것도 잘 참아주는 듯 보이지만, 내가 요즘 힘이 빠져버린다. 우울한 걸까. 내가 잘 잊어버린다고 귀찮아하며 사람 이름을 가르쳐주지 않는다. 겉으로 허세라도 부려볼까 싶지만, 이미 생각을 제대로 정리해서 말하기가 어렵다. 여행 다녀와서도 이야기를 들려주지 않고, 내 여행 이야기도 들어주지 않는다. 템포가 전혀 맞지 않는다. 내가 꾸물대니 싫은 거겠지.

11월 10일 교회를 쉬고, 오차노미즈에서 노인요양원 설명회가 있다고 해서 가봤다. 우선 치매 증상에 대한 의사 선생

의 강의가 있었고, 그다음 요양원 소개. 팸플릿을 많이 받
아서 돌아오다. 일단은 공부해볼 필요가 있겠다 싶어서.

어머니는 함께 사는 딸에게 짐이 되지 않으려고 애쓰는 한
편, 단카 모임이나 교회 집회에서는 어쩐지 마음이 불편함을
느끼기 시작했고, 집에서는 딸과 아들들의 생활에 뒤처졌다
는 외로움을 느끼게 되었습니다. 저희는 넓은 집에서 느긋이
생활해온 어머니가 요양원에 입주해 기분 좋게 지내시리라고
는 전혀 생각하지 않았습니다. 자식들로서는 그런 이야기 자
체가 불편했기 때문에 가능하면 뒤로 미루자, 정말로 힘들 때
어떻게든 하면 된다면서(어떻게 할지 구체적인 방법이나 계획이
있었을 리는 없습니다만) 어머니 문제와 직면하기를 꺼렸습니다.
이즈음 어머니가 요양원에 들어가고 싶다는 말을 꺼내면
저는 불편해서 화제를 돌리곤 했습니다. 실제로 어머니의 이
야기는 계속 같은 자리를 맴돌기만 해서 대체 어떻게 하고 싶
으신 건지 구체적으로 알 수가 없었습니다. 그저 자신이 태어
나고 자란 도쿄로 돌아가고 싶다, 요양원에서 자신을 돌봐주
면 딸에게도 짐이 되지 않을 테고 오랜 친구들과도 자주 볼
수 있으니 편안히 지낼 수 있으리라는 말뿐이었습니다. 실제
로 이 시점에 어머니가 바라는 대로 했더라도 잘 되지 않았으
리라 생각합니다. 그런데도 3월 3일에 도쿄 출신의 친한 친구
가 결혼 후 살던 지바현을 떠나 도쿄의 요양원으로 들어간다

는 소식은 어머니에게 무척이나 부러운 이야기였습니다. 도쿄로 가면, 도쿄의 요양원에만 들어가면 현재의 번거로움에서 벗어날 거라는 어머니의 생각이 저희에게는 비현실적인 계획으로밖에 여겨지지 않았습니다. 그 속에 담긴 현재의 생활과 장래에 대한 불안, 인지증에 대한 공포감은 진실이었고, 또한 지극히 구체적이었음을 저는 깨닫지 못했던 것입니다. 아니, 깨달을까 두려워 문제가 없는 척했는지도 모르겠습니다. 11월 10일, 어머니는 교회 미사를 쉬면서까지 요양원 설명회에 참석하는 실행력을 보였지만, 이때는 이미 자신이 앞장서서 일을 진척시킬 능력이 남아 있지 않았습니다.

겉으로는 별로 큰 변화가 없는 듯 보였던 어머니의 마음은 점점 외로운 세계에 고립되고 있었습니다. 단카를 못 쓰고 있다는 기록도 사실 이전부터 많이 보였지만, 이해에는 자신의 감정 변화와 관련지어 시를 잘 못 쓴다고 한탄하기 시작했습니다. 예를 들어 10월 29일에는 "어찌된 일인지 요즘은 감정도 없고 마음이 메말라간다. 시를 전혀 못 쓴다"라는 기록이 있습니다. 12월 14일에는 몸 상태가 무너져서 매년 유학생들을 초대했던 크리스마스 파티를 갑자기 중단합니다. 12월 26일 일기에서는 "올해는 집에서 크리스마스 파티를 열지 못했다. 내년에는?" 하고 넌지시 미래에 대한 불안이 배어나옵니다.

12월 31일 그믐날 일기에서 어머니는 "무사히 한 해를 끝낼 수 있었던 건 많은 이들 덕분이다. 온통 폐만 끼치는 몸이 되어버렸다. 내년부터는 신변 청소*를 해서 소박하게 생활해 나가기로 마음먹으려 한다. 어쨌든 고마운 한 해였다'라고 썼습니다.

79세(2003년)
"비참하고, 부끄럽고, 어서 사라져버리고 싶다"

이해, 한 달 방문객은 단 몇 명에 그쳤습니다. 어머니가 집에서 친구, 지인을 맞이하는 일은 부쩍 줄어들었습니다. 반면에 외출은 25회가 넘었습니다. 영화, 미술 전시회, 음악회 등 변함없이 빈번하게 외출했습니다. 수영이나 체조를 하러 갔다는 기록은 거의 보이지 않지만, 단카 모임, 교회, 여대 동창생들과 고전을 읽는 모임 등에는 계속 참석했습니다. 하지만 단카 모임도 여러 이유를 대며 쉬거나 도중에 빠져나와 집으로 오는 일이 늘었습니다. 교회의 성서 백주간은 아마 주변의 호의로 어떻든 참석하시라는 허락을 받았던 모양입니다. 그러나 이 역시 전년도부터 이미 허우적대는 상태였고 본인도 그것을 자각하고 있어, 몸이 좋지 않다는 이유로 쉬는 일이 많았습니다.

---

* '정리'를 잘못 쓴 것으로 보인다.

4월 1일(화) 눈 깜짝할 사이에 4월이 되었다. 오늘은 따뜻해서 치마를 입었다. 바지를 벗으니 드디어 봄이 왔다는 실감이 든다. 오전 중, 지난번 사고 처리로 도장 공사 업체가 와서 벽을 고쳐주었다[미끄러진 차가 집 벽을 들이받아 파손]. 벽을 완전히 새것처럼 만들어줘서 고맙다. 이웃집 후지오카 씨가 이사 가고 새 이웃이 들었는데, 쫓아와 인사하더니 선물만 주고 이름도 말하지 않고서 가버렸다. 조금은 나은가 싶다가도 다소 좀? 오늘은 휴일 같은 기분.

4월 2일(수) 아침부터 종일 비. 꽃샘추위라 하기도 어려울 정도로 춥다. 아침엔 피아노. 그 뒤 지난달 회계 계산이랑 바지 기장 줄이기. 오랜만에 하는 재봉이라 재봉틀이 잘 돌아가지 않아서 난감했다. 결국 손으로 했는데, 수선을 한번 맡겨야 한다. 저녁에 라라포트까지 가서 내일 성묘에 쓸 꽃과 식재료 조금, 빵 등을 사오다. 놀랄 정도로 사람이 많아 깜짝 놀랐다. 봄방학이라 그런지 젊은이들이 많았는데, 뭘 사러 온 걸까, 놀러 온 걸까?

4월 3일(목) 요에짱 생일이어서 함께 성묘. (요에 군 어머니의 기일, 4월 19일인데 좀 일찍) 함께 식사. 튀김 전문점 '하게텐'에서 맛있게 먹었는데, 마음뿐이지 대접이 다소 소홀한가? 싶다가도 너무 허세 떨지 않는 게 좋다는 생각도. 벚꽃 만개. 집에 와서 피아노. 겨우 칠 수 있게 되었다. 겨울옷을 정리해 넣고, 드디어 봄옷. 지금까지 입던 옷들로 그럭저럭 지나갈 듯하니 잘됐다.

4월 4일(금) 오전 중, 피아노 연습. 그 뒤 빵을 사러 후나바 시로. 미쓰코시 백화점, 미쓰이 은행, 예금통장 정리와 입 금. 일단 옷가게 견학(?). 딱히 구입할 건 없음. 벚꽃이 여기 저기 피었는데, 조금 추워 보인다. 돌아와서 피곤해 낮잠을 잤더니, 와타나베 씨에게서 TEL. 『갈대葦』를 처음 읽는다 는 소리에 놀라다. 그녀는 일이 꼬리에 꼬리를 물어 엄청 바 쁜 모양이다! 저녁 무렵부터 백주간 ○○ 두무지 모르겠디.

4월 5일(토) 어제도 오늘도 마사키에게서 TEL 오다. 이번 여행 계획을 들려주었다. 이시가키섬石垣島과 그 주변의 세 섬으로 2박 3일. 그 전에 명승지 야바케이에 가자고 권했 다. 조금 조용하게 언니와 만나고 싶다는 생각에 호의를 받 아들이기로 한다. 일정 등 미코와 상의. 전반부 일정은 미 코도 함께하면 좋겠다 싶지만…… 저녁에 후미코 씨에게 TEL하다. 변함없이 지내는 듯하지만, 혼자서 투병하느라 애쓰고 계시는 것 같다. 이런저런 인생이 있는 법이다. 나 도 과분하게* 살고 있으니 불평할 일도 없다. 미코, 교회에 서 『미노리みのり』 편집.

112

4월 6일(일) 어젯밤 내린 비로 벚꽃이 대부분 졌으리라 생각했는데, 교회 오가는 길에 미코가 벚나무 아래로 지나가면서 벚꽃을 보여주어 기뻤다. 교회 대청소하는 날이라 8할 정도까지 돕고 해산했다. 오후에는 미코의 화단 손질을 돕고, 미코의 스웨터 소맷부리를 짜고, 치마허리를 줄이고(만세!) 가정에 충실하며 보냈다. 좋은 휴일이었다. 밤, 오랜만에 미코가 치킨 카레를 맛있게 만들어주었다.

4월 7일(월) 어제 바람이 불어서 벚꽃도 다 졌을까 생각했는데 오늘은 따끈따끈 푸근한 봄날. 오전 중, 이마 피부에 염증이 생겨서 피부과에 가다. 혼잡해서 힘들었는데 용케 진료를 받았으니, 역시 병원에 가길 잘했다. 먹는 약과 바르는 약을 받았다. 큰 원장님이 일전에 돌아가셔서 힘들 테지. 오후는 성경 읽기. 오랜만에 영어 회화 방송을 들었다. 스페인어보다 가까운 느낌이 들어 즐거웠다.

이해에는 그동안 친밀했던 단카 모임에 나가지 않는 일이 늘었고, 교회의 성서 백주간도 거의 고행이 되어버렸습니다. 4월 6일처럼 딸과 하루를 함께 보내며 집안일을 하는 날의 기록이 제일 평온합니다. 혼자 있는 날이라도 외출 예정이나 단

✽ 한자가 잘못 쓰여 있다.

카 마감도 없이 여유로운 날은 차분한 마음으로 보낸 것 같습니다.

8월 14일 아침부터 비. 일본 전역, 여름 날씨가 아니다. 외출 예정이 없어서 아침엔 청소. 총채를 만들었다. 오전 중 피아노 맹연습. 아무리 해도 자꾸 걸리는 부분은 레슨을 받았다. 비가 심하게 와서 외출을 못 해 서랍이며 냉장고, 신경 쓰이는 곳들을 청소하고 정리하고. 이번 주는 외출 예정이 없어서 이것저것 손닿는 일을 한다. 시라도 쓸 수 있으면 좋겠건만. 고다 아야幸田文**의『나무木』를 읽다.

이해의 가장 큰 행사는 4박 5일의 규슈·오키나와 여행이었습니다. 오이타大分에 사는 언니 부부를 방문했는데, 세 조카가 준비해주어 오키나와의 이시가키石垣섬, 이리오모테西表섬, 다케토미竹富섬, 유부由布섬 등 야에야마八重山 군도를 돌아보았습니다. 5월 20일에 하네다 공항 출발부터 24일 밤에 다시 돌아올 때까지 일기의 기록은 무척 상세해서, 칸 밖에까지 작은 글씨로 평소의 두 배 가까운 분량이 적혀 있었습니다. 돌아온 뒤에도 다음 날 일기부터 빼곡하게 채웠으니 전년도까

** 1904~1990. 일본의 여성 수필가이자 소설가. 여성의 삶과 가족, 자연 등을 다룬 작품이 많다.

지의 여행과는 달랐습니다. 아마도 허물없는 친족의 안내 덕분에 긴장하지 않아서, 몸의 피로는 어떻든 정신적으로 지치는 일은 없이 여행을 즐긴 것으로 보입니다. 덧붙이자면 4월 30일부터 딸과 둘이서 갔던 1박 2일 기요사토 여행 때도 즐거운 기색이 일기장의 칸 바깥까지 넘쳐납니다.

그럼에도 이때 전후로 어머니의 인지 기능 저하는 연령에 따른 변화의 범위를 넘어섰음이 명확해졌고, 정신 기능의 붕괴도 조금씩 가속화되기 시작했습니다. 어머니는 점점 더 강하고 절실하게 자신의 능력 저하를 자각하게 되었습니다. 이해, 인지 기능 저하에 관련된 기록은 24회입니다. "만년필을 찾으러 갔더니 내가 맡기지 않고 갖고 돌아갔다는 말을 들었다. 메모가 없어서 내 착각일지도 모른다 싶어 집 안을 찾아봤지만, 만년필은 나오지 않았다. 요즘 기억에 자신이 없어 큰일이다"(2월 28일), "피아노, 착각해서 30분 일찍 가는 바람에 폐를 끼쳤다. 정말이지 시간과 요일을 자꾸 착각하니 더 신경을 써야 한다"(5월 28일), "생협, 실수했는지 말린 전갱이가 두 세트, 블루베리 열매와 잼은 둘 다 왔다. 주문을 이중으로 했나보다. 전갱이는 이웃에 한 세트 드리고, 잼은 오래 놔둬도 되니 다행이었다. 이런 쓸모없는 바보"(7월 14일). 기명력記銘力*

---

* 새롭게 지각하고 체험한 것을 기억으로 받아들이고 남겨두는 능력.

장애, 소재식所在識* 장애 등 알츠하이머병의 핵심적인 증상이 드러난 사건들입니다. 실수 자체는 큰 문제가 아니고 어머니도 어떻게든 이겨내지만, 일기의 행간에서 곤혹스러움이 배어나옵니다.

요리 실패에 관한 기술도 늘었습니다. "요즘 요리가 형편없어져 실패가 잦으니 적당히 하게 된다. 나이 탓인가?"(4월 24일), "[유학생들을 위해] 아침부터 요리 준비, 이렇게 귀찮은 생각이 드는 것도 나이 탓인가? 초밥용 밥의 분량 등 요리책을 펼쳐서 찾아보는 일도 귀찮아졌지만, 어쩔 수가 없다"(6월 14일), "어제 미도리가 따준 매실을 손질하다. 이런 작업이 무척이나 귀찮지만, 모처럼 하는 거라 매실조림 조금 하고, 매실주스, 많이 익은 것으로는 매실잼을 만들다"(6월 23일). 이전 같으면 어떤 어려움도 없이 해냈을 요리가 잘 되지 않았습니다. "밤에는 중화풍 탕수육을 만들었는데 밥하는 걸 잊어버려 또 늦어졌다. 하지만 미코가 늦게 들어와서 어떻게든 시간에는 맞췄다. 자꾸 실수만 한다"(8월 24일), "모처럼 만든 데리야키를 몽땅 태워먹었지만, 미코가 늦게 와서 다행히 괜찮았다. 피아노 연습? 잘 안된다"(11월 11일)로 이어집니다. 건망증이나 시간 감각이 희박해짐에 따른 실수는 자각할 수 있지만, 그때까지 늘 하던 대로 하는데도 실패하는 문제에 대해서는 스스

---

* 자신이 시간적·공간적·사회적으로 어떤 위치에 있는지 이해하는 의식.

로 메커니즘을 이해하지 못합니다.

'나이 탓인가?'라고 자문하면서도 그것만이 아닌 섬뜩한 변화가 자기 뇌 속에서 일어나고 있음을 느끼고 두려워하는 어머니의 마음이 전해지는 듯합니다. 눈이 불편해서 진료를 받으러 갔던 준텐도대학 병원에 전화로 CT 검사 결과를 물어보고는 "아무것도 아니었다고 한다. 이참에 오쓰무텐텐* 도 물어보려고 했는데 기회를 놓쳤네"(2월 22일)라고 하던 때만 해도 아직 어머니다운 유머 감각이 엿보입니다. 하지만 그 뒤 "〔눈이 온다는 예보를 듣고 교회 모임에 불참한 것에 대해〕 점점 더 소극적이 되는데 어쩔 수 없다"(3월 7일), "여러모로 생각해주니 비참하고, 부끄럽고, 어서 사라져버리고 싶다"(9월 2일), "어쨌든 정신 똑바로 차려서 멍청해지진 말아야지"(9월 26일), "이제 인생의 막이 내릴 때가 가까이 왔다보니 제대로 되는 게 없고, 우물쭈물하며 지내고 있다"(11월 23일), "슬슬 막을 내릴 준비를 해야 한다. 정신 놓고 살면 곤란하다"(12월 16일) 하면서 실수를 거듭할 때마다 자기 평가가 가혹해지고 표현에 여유가 없어집니다.

전년도처럼 앞으로의 처신을 스스로 고민하는 내용은 줄었지만, 대신에 어머니의 앞날이 걱정스러워서 자식들이 모여 상의한 것 같다는 기록이 2회 있는데, 전년도처럼 자신이

---

* 양손으로 머리를 통통 두드리는 아기들의 행동.

117

바라는 바가 어느 쪽인지를 쓰지는 않고 자녀들이 내릴 결론을 걱정하면서 지켜보는 모습입니다. 9월 30일 어머니의 일기에는 "아이들이 삼자회담을 통해 현재 상태를 유지하기로 결정했다고 한다. 미코가 조금 가엾다. 좋은 사람이 보이면 길도 열릴 텐데, 나도 애물단지가 되어가나? 어쨌든 정신 놓지 않고, 자리보전하지 않고 끝났으면 좋겠다"라고 썼습니다.

이외에도 일상생활 속의 자잘한 곤란함이 어머니를 괴롭혔습니다. "미쓰비시 은행 금고에 연금 증서를 가지러 갔다. 새 금고는 이해하기가 어렵게 생겨서 불안. 마침 그 자리에 있던 분한테 물어보고 용무를 끝마쳤다. 돌아와서 밤, 미코에게 이야기했더니 그럴 땐 위험하니까 은행 직원한테 물어봐야 하는 거라고 하며 혼났다"(7월 8일), "회계 계산, 뭐가 엉망진창이라 잘 안된다"(10월 24일) 등이 있습니다.

오랫동안 가까이해온 단카도 쓰지 못하게 되었습니다. "제출한 작품 두 수도 여지없이 탈락. 형식만 갖추는 데 급급하다는 혹평을 들으니 어떻게도 안된다. 게다가 사카모토 씨의 시에 내가 한 비평도 딱 엉망진창, 시 쓰기가 싫어질 것 같다"(11월 28일), "시도 못 쓴다. 여기다 시까지 못 쓰게 되면 어떡하나 생각하니 마음이 바작바작"(12월 3일). 단카를 잘 못 쓰고, 그에 대해 다른 사람에게 직설적으로 듣는 체험을 반복함으로써 어머니의 자존심은 다시 크게 흔들렸습니다.

3기　80~84세─
늙음에 휘둘리는 나날,
무너져가는 자아의 공포

3기는 어머니가 오랫동안 참가하던 사회 활동을 지속하기가 곤란해지고 가정생활에도 도움이 필요해진 시기입니다. 어머니는 명확히 인지증을 의식하고 자신의 상태에 자신감을 잃었습니다.

80세(2004년)
"이대로 정신을 놓아버린다고 생각하면……"

5월, 어머니는 80세가 되었습니다. 봄부터 집안일을 도와줄 사람을 구했습니다. 이해 이후로 방문자는 거의 가사도우미와 저희 가족뿐이었습니다. 한 달 외출 횟수는 20회 정도였지만, 외출한 곳은 대부분 의료 기관이고 가는 곳도 교통 기관을 이용할 필요가 없는 장소가 많았습니다. 스포츠 센터나 영화관, 미술관 등으로 외출하는 일도 줄었습니다. 예전처럼 유학생이나 친구가 어머니를 방문하는 일도 눈에 띄게 줄어, 어머니의 생활 범위는 축소되어갔습니다.

4월 1일(목) 아침 병원. 다음부터는 혼자서 갈 거라 이런저런 요령을 기억해둔다. 진찰은 간단하고 상태도 양호하니까. 약도 필요 없고 진료비는 80엔. 덕분에 경과도 좋고, 이제 조금씩 걸으라고 한다. 서둘러 돌아가는 길에 미코가 하마리큐*로 안내해줘서 일제히 핀 벚꽃, 유채꽃, 민들레 등을 구경했다. 조금 먼 길이라 피곤했지만, 겨우 세상에 복귀한 기분이 든다. 돌아오는 길에 점심으로 튀김 요리를 먹었는데(48층 카렛타 시오도메에서) 맛있었다. 이걸로 기운 차리자.

4월 2일(금) 아침, 비 그친 사이에 풀 뽑기. 꽃이 불쌍해 보여서. 오후부터 운동 삼아 도부까지 걸어가보다. 우산으로 지팡이를 대신하면서. 요에쨩에게 뭔가를 생각했었는

---

* 17세기에 지어진 쇼군의 별장으로, 도쿄 시내에 있다.

데, 생각이 안 나서 결국 조금 마음을 고쳐먹고* 골프 셔
츠를 보내다. 내일이 생일이고, 가끔 챙겨주고 싶었기 때문
에…… 그 밖에는 아무것도 사지 않고 바로 돌아왔지만
피곤했다. A, M네에도 뭔가 챙겨줄까 싶었지만, 오늘은 때
가 아니다. 저녁에 이케모토 씨에게서 TEL 오다. 친절한
분이라 반가웠다. 백주간 다음 모임 예습.

4월 3일(토) 따뜻한 하루였다. 아침, 미코는 휴일이라고 느
긋하게 있어서 세탁을 한다. 단카 강좌는 시간이 변경되어
듣지 못했다. 오전 중 미코가 청소를 했다. 나도 정원 손질
등. 저녁 무렵, 오늘은 성지 주일이라 오랜만에 미사에 가
다. 다무라 신부님이 복사를 13명이나 데리고 하는 미사라
대단했다. 후루카와 신부님에게 예를 표하고 헌금. 드디어
부활절이 준비가 다 되었다. 안심.

4월 4일(일) 어젯밤 교회에 따라갔다 와서 좋았다. 예보대
로 차가운 비가 오는 하루. 식후 또 오전 내내 자고 눈을
떠보니 1시 가까이. 어젯밤 피곤했던 탓인가…… 오후 TV
를 보면서 뜨개질을 했다. 털실이 많이 남아 있어서 방석
커버라도 만들까 하고 뜨기 시작했는데, 역시나 눈이 피로

---

* 원문에 문법적인 오류가 있다.

121

해져서 안 되겠다. 조금 마음 편하게 혼자서 시간을 보낼 방법을 생각해보고 싶지만…… 오늘은 미코도 집에 있어 한가로웠다.

4월 5일(월) 묶여 있던 보험이 풀려서 미쓰비시에 증서를 가지러 가다. 우편 저금뿐인가 싶었는데, 니혼생명 것도 때맞춰(80세까지라) 풀려서 무척 기쁘다. 그런데 집 TEL이 걸리지 않아 여기저기 연락할 수가 없다. 내일은 손님이 오니까 모레 부쳐야지. 내일 오전 유키카즈, 오후 이시카와 씨가 오실 거라 도부에서 장을 보다. 걸어서 돌아오는 길이 고생스러웠지만 그럭저럭 힘을 냈다. 고미다 씨를 낮이하는 여대 동창 모임, 나는 결석. 이모리 씨에게서 TEL 받다.

4월 6일(화) 아침, 유키카즈 씨가 와주었다. 케이크와 산가지* 등 여러 가지를 받다. 기뻤다. 요에 군과 합류해서 성묘하러 갔다. 고맙고 무척 좋았다. 오후에는 이시카와 씨가 오셨다. 준코가 선물한 치즈케이크를 함께 먹었다. 맛있었다. 따뜻한 친구들이 있어서 행복하다. 오시타 씨에게서 정원의 □□ 사진이 든 편지를 받다. 이 역시 기뻤다. 오늘은 만세. 니혼생명에 TEL 해서 수속 준비를 한다.

---

* 주판과 마찬가지로 과거에 숫자 계산을 할 때 사용되던 도구.

4월 7일(수) 조용하고 좋은 날이었다. 마쓰시타 씨, 미치코 언니[셋째 언니]에게 쾌유 축하. 위문 선물, 고지마 씨에게 부탁해 우송하다. 조금 걸었더니 피곤했다. 간식 먹고, 죽순 철이라 오늘 중으로 답례할 것을 마트에 사러 가서 햄과 통조림을 준비했다. 그다음, 사과를 끓이다. 보험 수속 등 서류가 왔는데 복잡하다. 밤에 미코한테 봐달라고 해야지. M에게 TEL 오다. 요에짱 일, 연휴 일정, 상의하면서 여러 가지를 걱정해주었다.

4월 1일에 기재된 '병원'은 쓰키지의 암센터중앙병원입니다. 어머니는 이해 2월 20일 암센터에서 위암 수술을 받았습니다. 어머니는 그 몇 개월 전 소뇌경색으로 응급 입원을 했는데, 재발 방지를 위한 항응고제 처방을 앞두고 전신 검사를 받았다가 위암을 발견했습니다. 아래는 소뇌경색으로 쓰러진 날의 일기입니다.

1월 17일 아침, 10시에 오아미의 단카 모임 신년회에 갈 생각으로 세수를 끝냈는데, 스윽 하고 정신이 아득해지더니 다리에 힘이 빠졌다. 구보타 선생 일도 떠올라서 일단 미코를 부르려고 했는데 목소리가 나오지 않았다. 기어간다기보다 굴러가듯이 거실로 가 TEL[1층 거실에서 2층 딸 방으로 내선 전화]을 걸었다. 미코가 뛰어와 일으키고는(변화가 오는 때를 아는 걸까?) 일단 구리하라 선생님에게 연락. 구급차를 부르라는 말에 알아봐주었다. 구급차에 실려가면서는 차츰 입도 풀리고 의식도 돌아왔다. 야쓰병원에 도착해 검사. 뇌경색일까? 생각도 못 한 일이다. 오후, 마짱이 달려와서 방도 개인실로 바꿔주었다.

아침에 자택에서 쓰러졌을 때부터 구급차가 오고 인근 병원에 입원할 때까지의 일을 기록한 일기입니다. 증상 묘사와 사건의 기술이 놀라울 정도로 생생하고 정확합니다. 아마 딸에게 일기장을 가져오라고 해서 썼으리라는 생각이 듭니다. 이후 퇴원하는 1월 31일까지는 일기장의 칸 밖에 메모까지 해가며 작은 글씨로 병원에서 일어난 일들, 검사, 그에 대한 감상, 병원 측 설명, 나아가서는 병문안을 와준 분들에게 받은 선물 목록까지 빼곡하게 기록했습니다. 퇴원 뒤인 2월 1일 이후의 일기에서도 전후 상황은 정확하게 파악하고 있으니, 어머니는 소재식의 혼란을 겪지 않고 이 위기를 잘 넘긴 것입니다.

2월 5일에는 제가 여동생과 함께 어머니를 모시고 쓰키지의 암센터중앙병원에 가서 진료를 받았습니다. 당시 외과부장이었던 동창생이 친절하게 응대해주었습니다. 이날, 정말로 암이라는 사실을 다시 확인하고 신부님과 친한 친구들에게 연락했습니다.

이해, 어머니의 생활 범위는 더 축소되었습니다. 어머니는 그때까지 삶의 보람이었던 단카 모임에 함께하기가 괴로워졌고, 교회에서도 가만히 앉아 있기만 하면 되는 미사는 그렇다 치더라도 성경 공부 등 인지 기능을 활용해야 할 때는 고통을 느끼기 시작했습니다.

따로 사는 두 아들이 방문한 날에는 기뻤다, 즐거웠다고 쓰여 있지만, 딸과 둘이서 보낸 날에 대한 기록에는 겉으로 드러나지 않은 마음의 소리가 담겨 있습니다. 딸과 둘이서 딱히 무엇을 하지 않고 느긋하게 휴일을 보낸 2월 11일에는 "천국에 가도 오늘의 기쁨은 잊지 못하겠지"라고 쓰여 있었습니다. 어머니는 인근 병원을 퇴원했던 1월 31일과 암센터중앙병원에 입원했던 2월 18일 사이에 유언장과 자신의 장례에 관한 지시 사항을 고쳐 쓰기도 했습니다. 그리고 20일에 수술을 받았습니다.

입원 중의 일기에는 밤사이 일어났던 일도 적혀 있어서, 그 다음 날 썼다는 사실을 알 수 있습니다. 20일, 21일 밤에는 섬망(신체는 깨어 있지만 뇌는 활성화되지 않은 의식 장애의 일종으로, 전신마취로 수술을 받은 고령자들은 종종 수술 섬망이 일어난다) 증세가 나타나 20일 밤은 간호 스테이션에서, 21일 밤은 스테이션에 인접한 관찰실에서 보냈습니다. 그즈음의 기억도 몽롱하지만 큰 줄기는 틀림없이 기억하고 있었습니다. 다음 날 썼다고 해도 따로 상태를 지켜본 가족은 없었으니 어머니가 자신의 기억에 기초해서 썼으리라 생각합니다. 그 후에도 3월 4일 퇴원할 때까지 매일의 몸 상태, 식사 모습, 병문안 와 준 손님들, 받은 선물 목록 등이 정확하게 기록되어 있습니다. 소뇌경색으로 응급 입원을 했던 날부터 암센터중앙병원을 퇴원할 때까지의 일기는 하루도 예외 없이 확실히 남아 있었습니다.

응급 입원했던 인근 병원에서는 어머니가 혼란스러운 탓에 방을 착각해서 곧바로 개인실로 변경했고, 암센터중앙병원에서는 수술 섬망이 일어나 이틀 밤에 걸쳐서 병동 간호사들의 도움을 받기도 했습니다. 제 기억에는 이제 점점 힘든 건가 싶은 일화만이 남아 있었기 때문에, 일기를 나시 읽으며 어머니가 거의 정확하게 상황을 파악하고 있었다는 사실을 알고 꽤 놀랐습니다.

퇴원 후에도 입원 중에 도움을 받았던 분, 병문안을 와 준 분들의 목록을 작성해서 전화로 퇴원을 알리며 고마움을 전하거나, 감사 편지를 쓰거나, 답례 선물을 보내는 일을 직접 다 해냈습니다. 3월 12일에야 처음으로 혼자 정원에 나가 재활을 시작합니다. "집 주변 콘크리트 위를 걸었다. 한 번에 100보씩 몇 번이나 반복했다."(12일) "처음으로 집 밖의 우편함에 편지를 넣으러 갔다. 괜찮았다. 정원 프리지아에 봉오리가 맺히고 무스카리에도 보라색 꽃이 피었다. 신경을 못 써서 포기하고 있었는데, 역시 봄이다."(13일) 그 뒤로 어머니는 조금씩 더 멀리 외출하게 되었고 그때마다 만보기의 기록을 일기 칸 밖에 써놓았습니다.

연초부터 갑작스런 입원과 수술, 그에 따른 스트레스가 이어진 데 비하면, 대체로 이해 봄까지는 일기의 기록이 명확합니다. 전년도부터 집에 가사도우미가 와줘서 요리를 포함한 집안일을 맡겨버렸다는 점, 병 때문에 단카 모임이나 성경 공부 모임도 자연스럽게 쉬게 되어 자신의 능력 저하에 직면할 기회가 줄었다는 점도 한 원인이었을지 모르겠습니다.

인지 기능 저하와 관련된 기록이 처음 나타난 것은 4월 9일입니다. 이해, 인지 기능 저하 관련 내용은 전년도의 24회에서 52회로 배나 증가했는데, 모두 4월 이후의 기록입니다. 수술 뒤, 원래 상태로 돌아가려고 노력했지만 생각만큼 효과가 없었습니다. 5월 이후 "꾸물꾸물하고 있다" "계속 잤다" "○○에 가려고 생각했다가 그만뒀다" "피곤했다" "기진맥진" "자는 시간이 늘었다"라는 기술이 늘어납니다. 교회 분들의 호의로 어떻게든 이어가려 했던 성서 백주간도, 힘겹게 준비하다가 막상 당일이 되면 몸 상태가 좋지 않아 포기하곤 합니다. 단카 모임도 결석하는 날이 많아지고 모처럼 참가하더라도 시각을 착각해서 지각했다, 피곤해서 조퇴했다는 기록이 따라붙습니다. 7월에는 오랫동안 참가했던 단카 모임 쓰쿠시회를 탈퇴했습니다.

자신의 인지 기능 저하에 관한 52회의 기록 중에서 한탄하는 말은 17회에 달합니다. 더불어 인지 기능 저하와 직접 관련이 없는 한탄의 말은 세기도 어려울 만큼 빈번하게 보입니다. 하려고 했던 일이 잘 안 된다, 간단하게 할 수 있다고 생각했는데 실패한다, 힘을 내야 하는데 힘이 나질 않는다…… 작은 실패 하나하나가 어머니의 자존심에 상처를 냈습니다. 관공서 일 처리에 쩔쩔매며 "여러 가지로 번거로워서 머릿속이 정리가 안 되니 큰일이다"(4월 9일), 쇼핑을 할 때면 카드와 백화점 회원 할인 등을 두고 갈팡질팡하다가 "이렇게 머리가 나쁜가 싶어 심히 한심스럽다"(8월 3일), 피곤해서 누워 있는 시간이 늘어난 것을 두고 "아침부터 누웠다가 일어났다가 하고 있다. 식사만큼은 맛있게 했지만, 머리가 멍해서 미덥지가 못하다"(4월 18일), "겉으로는 아무렇지 않고 아픈 곳도 없는데 활력이 생기질 않으니 난감하다"(5월 8일), "어쩌면 이렇게도 힘이 나지 않는 걸까. 노곤하기만 하니 비참하다"(5월 12일), "아직 체력이 회복되지 않은 건지, 정신이 흐려진 건지 답답하다"(8월 8일), 단카를 못 쓰면 "시 쓰기, 잘 안된다. 정신이 흐려진 건지 걱정"(8월 27일), 성경 공부가 잘 안되면 "마가복음. 어렵다. 머리가 멍해서 한심스럽다"(11월 23일), 크리스마스 장식이 마음처럼 잘 안되자 당황하며 "미코의 말을 듣고 크리스마스 장식을 했는데, 다소 귀찮았다(비밀)"(12월 5일). 이러한 능력 저하를 "어젯밤에는 심기를 조금 불편하게 해서 미코와 분위기가 좋지 않았다. 서로 바작바작 속이 탄다. 머리도 몸도

생각처럼 따라주지 않으니 안달이 나버린다. 반성"(8월 16일)
이라고 쓰거나 "여러 일이 능숙하게 되지 않으니, 나이 탓인지
너무나 한심해서 견딜 수가 없다. 나이를 잘 먹고 싶다. 조바
심내지 말자"(12월 6일) 하고 자신을 위로하거나 "칩거. 전화도
오지 않고, 걸지도 않고. 멍청해지는 듯"(12월 8일) 하고 탄식하
기도 합니다.

이해가 되면 일상생활의 작은 실수를 만회하기 어려워져서
한 가지 실수를 저지르면 차례로 일을 망치는 부정적인 연쇄
작용이 일어났고, 그때마다 어머니는 자신감을 잃었습니다.

7월 16일 매사 뒤처지고 또 뒤처지는 하루였다. 시도 때맞
춰 제출하지 못했다. 대체 어떻게 되려나 싶어 큰일이다. 뭐
든 제때 하지 못하니 적잖이 우울.

11월 5일 〔단카 동인 여행 도중〕 소가역 환승하면서 열차
안에 놓고 깜박한 지팡이를 가지러 들어갔다가 문이 닫혀,
혼자서 반대 방향으로 가버렸다. 되돌아와서 오아미역에
도착해보니 야마노 씨, 후쿠시마 씨 두 사람이 기다려주고
있었다. 감사. 변함없이 덜렁대니 큰일이다.

이미 어머니의 행동이 위험하다는 사실은 주변 사람들에
게도 명확히 보였던 게 아닐까요. 11월 5일의 실수는 시가 모

임 동료들의 친절 덕분에 무사히 지나갔습니다.

금융 기관에서의 일 처리는 한층 더 어려워졌고, 실수하면 그 뒤의 일도 제대로 처리하지 못했습니다.

4월 12일 니혼생명 보험금 수령 서류 준비를 못 해서 전화로 문의하지 않고 직접 가봤는데, 어찌 된 일인지 보험증도 지갑도 깜박해 잠시 고생. 미쓰비시 은행 통장을 가지고 있었던 덕분에 본인 확인이 가능했고, 접수처 담당자가 꼼꼼하게 챙겨주어 겨우 서류를 마련할 수 있었다. 마짱 생일이라 카드를 사려고 했는데 돈이 없어 불가. 회수권 덕분에 전철은 탈 수 있었다.

생명보험이 만기되어 보험금 수령 서류를 작성하려고 했는데, 일이 제대로 굴러가지 않았던 것입니다. 전화의 디지털 음성 안내에 따라 익숙지 않은 작업을 할 때는 인지 기능의 미세한 저하가 커다란 격차를 만들어냅니다. 전기통신금융사기가 전화로 많이 일어나는 이유도 '전화'라는 음성 매체를 사용하면 인지 기능의 미세한 노화 현상을 공격해서 큰 혼란을 이끌어낼 수 있기 때문입니다. 어머니를 위기에서 구한 사람은 얼굴을 맞대고 대응해준 보험회사 창구 직원이었습니다.

5월에는 은행의 대여 금고 열쇠를 분실해서 큰 소동이 일어났습니다. 이때도 어머니의 능력으로는 이러한 곤경에서 제대로 탈출하지 못했습니다.

5월 25일 집 안 어딘가에 두고 잊어버린 게 틀림없는
데…… 미칠 것만 같다. 게다가 어제 가지고 있었던 번호
를 쓴 종이마저 보이지 않는다…… 이대로 정신을 놓는다
고 생각하면 정말이지 온몸이 떨린다.

어머니는 토요일에 대여 금고 열쇠가 없음을 알아차리고
는 딸에게도 이야기하지 못한 채 주말 내내 걱정하면서 계속
찾습니다. 월요일에는 은행에 가서 상담도 해보지만, 수속을
밟는 게 큰일이라 망설이다가 다시 돌아와 온 집 안을 뒤집니
다. 화요일에는 교회 친구이기도 했던 가사도우미까지 동원해
다시 찾지만, 더는 안 되겠다 싶어 딸에게 자백하고 수요일에
금고를 봉쇄합니다. 안도한 어머니는 끝내 지쳐 나가떨어지고
말았습니다. 얼마 뒤 새 열쇠와 카드가 배송되었지만, 이미 어
머니는 직접 관리할 자신이 없었습니다. 대여 금고 관리에 대
해서는 전년도에도 실수가 있었습니다. 은행의 대여 금고실에
들어가기는 했는데 문을 열고 나오는 방법을 몰라, 마침 그 자
리에 있던 사람에게 열쇠를 건네고는 열어달라고 해서 용무를
마쳤던 일입니다. 전년도 7월 8일 딸에게 이야기했다가 '혼났
다'라고 썼던 일화입니다.

이해에 또 한 가지 눈에 띄는 부분은 기계 조작을 제대로

하지 못한다는 기록입니다.

8월 15일 혼자서 멍하니 있지 않을 생활 방식을 정해야 한다. 새로운 TEL 기계에도 아직 익숙해지지 못했고 메일도 할 줄 몰라 혼나기만, 훌쩍훌쩍.

12월 23일 밤, 새 냉장고가 배송되었다. 올해에는 전기제품들이 죄다 수명이 다해 한꺼번에 고장이 나버렸다. 난방기, 전화, 레인지, 세탁기, 냉장고. 적응이 안 돼 머리가 혼란스러운 레이코 씨입니다.

일상생활에서 늘 사용하는 기계를 능숙하게 쓰지 못하게 됩니다. 특히 익숙했던 것이 고장 나서 새롭고 더 편리한 것으로 바뀌면 대응하지 못합니다. 전화기나 팩스, 메일을 못 쓴다는 것은 단순히 기계를 사용하지 못하는 게 아니라 소통의 수단이 줄어드는 것입니다. 냉장고와 세탁기를 못 쓰면 집안일을 담당하고 아이를 키우는 주부로서의 기능에 손상이 가고, 주부라는 어머니의 정체성도 상처를 입습니다. 이런 과정에서 인지증 환자는 종종 불합리한 현실 부인이나 망상에 따른 합리화로 상처 입은 자아를 치유하려고 합니다. 어머니의 경우는 집 안에서나 사회적인 활동에서나 자신 없는 일에서 발을 빼고 스스로 생활 범위를 좁혀나갔습니다.

어머니는 꽤 확실히 인지증이 시작되었음을 깨닫고 있었던 듯합니다. 예컨대 7월 11일에는 친하게 지내던 이웃집 부인에 대해 "치매가 심해져서 교토쿠 쪽에 입원하셨다고. 남의 일이 아니다"라는 반응을 보이고, 10월이 되자 "아침, 아사히야〔서점〕에 주문해두었던 치매 관련 책을 찾아왔다. 수녀 대상의 연구를 다룬 번역서"(10월 5일), "잡지 『내일의 벗明日の友』에 치매 기사가 있어 숙독한다"(10월 10일)라며 인지증에 관한 책을 찾아보기 시작합니다.

저희가 어렸을 때, 연말의 주방은 어머니의 독무대였습니다. 연말이 가까워지면 집 안이 점점 깨끗해지면서 가도마쓰門松* 가 놓이고, 마지막 며칠은 주방에서 설음식인 오세치 요리가 만들어집니다. 그믐날이면 요리는 막바지 절정에 달해, 가족들이 도시코시소바** 를 다 먹고 함께 홍백가합전紅白歌合戰*** 을 보는 시간이 되어도 앞치마를 두른 어머니는 주방에서 뒷모습을 보이고 있었습니다. 완성된 요리를 수많은 찬합에 담아 난방을 하지 않는 추운 방에 두고 어머니가 거실로 돌아오면, 그게 새해맞이 준비 완료의 신호였습니다. 이해 어머니는 설음식을 딸에게 맡기고 "나는 이제 손대지 않기로

* 새해를 맞이하며 문 앞에 세우는 장식용 나무.
** 섣달그믐 밤에 먹는 메밀국수, 혹은 그러한 풍습.
*** 독보적인 위상을 지닌, NHK 방송의 연말 가요제. 여성은 홍팀, 남성은 백팀으로 나뉘어 공연한다.

하고, 행주를 갈거나 실내를 깨끗이 정돈하며 방해되지 않으려고 애썼다"(12월 31일)라고 일기에 썼습니다. 오세치 요리를 하느라 분투하는 딸의 뒷모습을 바라보며 무슨 생각을 했을까요.

그믐날에는 아침부터 계속되던 비가 눈으로 바뀐다는 예보가 있어, 저는 예년처럼 도시코시소바를 먹으러 가는 일정을 취소했습니다. 어머니는 아들의 방문을 체념하면서 한 해를 매듭지었습니다.

12월 31일 …… 눈이 내려 마사히코가 오지 못하게 되었다. 서로 무리하지 말아야 한다. 새해는 다들 건강하게 보내길 바라는 마음이다.

올해는 국내에도, 국외에도 천재지변이 많았고 게다가 극심하게 힘든 해였다. 지금도 생사를 알 수 없는 사람이 있다(인도, 아프리카, 남태평양). 쓰나미 피해 사망자만 12만 명이라고 한다. 일본인도 14명인데, 실종자는 더 많다. 니가타新潟 지진이 겨우 진정되나 싶었더니 다시 이런 난리. 인간이 벌 받아야 할 일이 이렇게나 많은 거겠지만, 희생자들을 생각하면 마음이 아프다. 내년은 평온하고 좋은 해가 되기를 마음으로 기도한다.

인도네시아 수마트라섬 앞바다에서 일어난 지진과 그에

따른 쓰나미로 막대한 피해가 있던 해였습니다. 전철이 멈출 정도의 큰 눈도 아니었는데, 어머니가 고대하던 식사 모임을 제가 얼른 취소해버린 것입니다. 인지증이 있는 어머니가 낙담을 숨기고 이런 불효자를 신경 써주신 것 같아 읽을 때마다 애틋해집니다.

81세(2005년)
"끝내 온 건가?"

교회 친구들의 소개를 받아 전년도 봄부터 정기적으로 어머니의 집안일을 도와줄 사람을 구했습니다. 이해 6월에 도우미가 집안 사정으로 못 오게 되어 잠깐 중단되었다가, 12월에는 다른 사람으로 바뀌었습니다. 두 사람 다 개호介護보험의 헬퍼*는 아니었기에 정해진 업무 내용을 수행하는 게 아니라 그때그때 어머니의 요청에 맞춰 유연하게 대응해주었습니다. 집 청소나 장보기, 때로는 도쿄에 있는 병원에 진료받으러 갈 때도 동행했습니다. 무료함을 토로하던 어머니의 말상대로서도 무척 고마운 존재였고, 어머니는 두 사람을 깊이 신뢰했습

---

* 노인 요양 서비스만 전담하는 사회보험 제도다. 일반 기업이나 시민단체 등이 서비스 제공의 주체로 참여하며, 가정을 방문해 노인을 돌보는 요양사를 헬퍼라 부른다.

니다. 이 시기, 낮에는 온종일 혼자였던 어머니의 불안을 지탱해준 것도 이들이었습니다. 어머니는 집에서 혼자 있는 시간에도 막연한 불안을 느꼈던 것입니다.

4월 1일(금) 어제 하루 쉬었더니 긴장이 풀렸다. 이번 진료는 꽤 힘들었다. 심장혈관연구소에서 바로 자료가 도착하다. TEL로 감사 인사. 아침, 기타무라 씨와 TEL. 유치원 동창들에게도 입원 보고. 오구치 씨에게서 엽서를 받다. 여러 사람을 걱정시켜 송구스럽다. 입원은 5월 2일? 그즈음 예정. 다음 진료에는 나카노 씨가 함께 가주기로 했다. 도모 입학식 때문. 내일 공부할 성경 예습. 아침, 마사지 치료를 받다(오랜만에). 낮잠.

4월 2일(토) 오늘은 따뜻할 거라는 예보가 있었는데, 비는 오지 않았지만 엄청나게 추웠다. 백주간, 아침에 준비해서 나가다. 내용은 잘 이해했다. 어쨌든 다들 석석하게 열심히 하시는데, 나는 송구스럽고 종잡을 수 없는 느낌. 돌아와 피곤해서 눕다. 4, 5월은 입원을 하니 바쁘다. 예정일을 착각하지 않도록 준비해야 한다. 어쨌든 일찌감치 끝내고 나면 안심. (아침 이시카와 씨에게 TEL. 허리가 좀 아파 걷기 힘들다고. 다들 나이 탓인가?)

4월 3일(일) 2일 로마 교황님 서거. 위대한 분이셨습니다. 훌륭한 분의 서거에는 거침이 없다. 오늘 교회에서는 에베 신부님 환영회가 있었다. 젊고 시원스런 느낌이 드는 분. 혼자서 힘드시겠지. 다카키 신학생이 보좌가 되었다. 오후에는 미코가 동행해줘서 옷을 보러 도부로. 초봄에 입을 정장을 구입. 오랫동안 옷을 사지 않아서. 나이도 있는데 이제 와서 뭐 하나 싶지만, 일단은 깔끔하게 하고 다니려고 애써 본다. 밤, 튀김을 해줘서 맛있게 먹었다.

4월 4일(월) 아침, 춥다. 내일 유키카즈 씨와 보기로 했는데, 그 준비도 있고 해서 아침나절에 집을 나서 치과에 가다. 의치 조정을 해주었다. 그다음에 정형외과도 가다. 집에 가는 길에 도부에 들러, 유키카즈 씨에게 줄 선물과 다무라 씨의 딸들에게 보낼 병문안 선물도 사다. (유키카즈 씨에게 내일 전해달라고 맡길 것). 오후에는 집에서 독서도 하고 이것저것 사부작사부작했다. 이케모토 씨에게서 TEL. 한참 이야기하다. 동창 모임 통지가 왔는데 갈 수 있을지 없을지? 단카도 써야 하는데.

4월 5일(화) 오늘 유키카즈 씨와 보기로 해서 기다렸더니, 부부 동반으로 성묘하고 돌아가는 길에 들러주었다. 과일 케이크 선물. [아내] 가즈코 씨는 의외로 기뻐했다. 도라야키를 세 개 준비(미코 몫까지)해둬서 다행이었다. 점심 식사는 안 해도 된다고 해서 차만 마셨더니 시간 여유가 꽤 있어서 식사를 했더라면 좋았겠다는 생각이 들었다. 후나바시 친구에게 들른 뒤 하치오지八王子의 다무라 씨를 문병할 거라 해서 선물을 부탁하다. (딸 앞으로) 오랜만에 유키카즈 부부와 만나서 좋았다. 내일 병원. 밤 M TV 출연.

4월 6일(수) 도쿄대병원. 나카노 씨가 동행해줘서 10시 경 마장역 출발. 점심 전에 수속과 ●[판독 불가]. 점심 식사. 오후 심장 초음파와 내과 상담. 심장연구소의 자료를 시게마쓰 선생님에게 부탁. 2시 사치코, 입학식 끝나고 와주어 나카노 씨는 해방. 그 뒤 집까지 차로 데려다주었다. 넓은 병원에서 이것저것 했더니 지쳤다. 나카노 씨는 산시로이케 三四郎池* 를 구경하고 돌아갔다고. 도모에게 축하를 전해달라고 삿짱에게 부탁. 일찍 취침.

4월 7일(목) 어제의 피로에 짓눌려 꾸물거리며 하루를 보내다. (나카노 씨, 세탁물을 찾아와주다.) 세이부에 드디어 시두 수 보내다. 오후, 우유와 요거트를 사러 가다. 겨우 용무를 마치다. 돌아와서 다시 자다. 온종일 골골. 이렇게 칠칠

---

* 나쓰메 소세키의 소설 『산시로』의 주요 무대가 되는 연못.

치 못해서 어쩌나 싶지만 아무래도 반듯해지기 어려우니 난감하다. 오늘은 어쩔 수 없지만, 체력을 키워서 살아가고 싶다. 내일은 유치원 동창들과 모인다. 교회에서 신부님 미사가 있는데, 조금 빡빡해서 무리.

이해 초, 어머니의 생활은 비교적 차분했습니다. 생활 범위는 조금씩 좁아졌지만, 수채화 교실에 다니기 시작했고 한때 포기했던 성서 백주간 모임에도 다른 이들의 도움으로 이따금 참가하게 되었습니다. 하지만 5월에 복부 대동맥류 수술을 받은 뒤 체력 저하와 인지 기능 저하가 겹쳐, 생활 양상은 크게 달라졌습니다.

전년도에 위암 수술을 받았을 때, 복부 대동맥류가 발견되었습니다. 방치해서는 안 될 만한 크기였기 때문에 이해 5월 도쿄대병원에서 수술을 받기로 했고, 3월부터 도쿄대병원에서 진료와 수술 준비가 시작되었습니다. 진료가 있을 때는 도우미 나카노 씨나 제 여동생, 또는 동생의 아내인 사치코 씨가 모시고 갔습니다. 통원에 따르는 피로를 안고서도 어머니는 정원 한구석에 핀 꽃에서 작은 기쁨을 발견했고, 가족에 대한 염려, 회사에 휴가를 내고 병원에 함께 온 여동생을 향한 감사의 말 등을 기록했지만, 매일의 불안에서 달아나지 못했습니다.

4월 13일 수술은 5월 2일, 입원은 그 일주일 전에. 또 여러 사람에게 폐를 끼친다. 이걸로 완전히 건강해지자.

어머니는 4월 25일 도쿄대병원에 입원했습니다. 수술까지 남은 일주일 동안에는 우리 가족을 포함해 문안객이 많아서 입원 전보다 오히려 더 활기차게 보냈습니다. 27일에는 도쿄대와 관련 있는 나쓰메 소세키의 『산시로』를 다 읽었다는 기록이 있고, 29일에는 예정에 없던 외박도 했습니다.

수술 전날인 5월 1일에는 평소의 두 배나 되는 일기장 공간을 활용해 하루의 모습을 기록했습니다. 유동식을 먹었더니 허기가 진다느니, 인턴이 점적 주사*를 놓으러 들어왔는데 잘 되지 않아 선배 의사가 와서 다시 했다느니 하는 스케치 뒤, '대학 병원도 꽤 재미있다'라는 말이 붙어 있습니다. 오후에는 저희 형제가 각각 문병을 왔는데, 누가 뭘 가지고 왔고 병실 냉장고에서 과자를 꺼내 먹었다는 즐거운 기록도 있습니다. 마지막은 "내일 편안하게 수술을 받고 싶다. 마음이 상당히 가라앉아서 다행이다. 미코에게 부탁해 야마가와 씨에게서 가집의 단카와 하시모토 선생님의 작품을 받아 보았다"라고 매듭지었습니다. 이 시점에서 어머니는 하루에 일어난 일들을

---

* 많은 양의 약물을 높은 곳에서 오랜 시간 한 방울씩 정맥으로 흘러들도록 하는 주사.

거의 정확하게 상기해냈고, 주변 상황을 관찰하며 즐기는 여유까지 보입니다. 집에서 혼자 보낼 때보다 오히려 병실에서 주변의 관심과 보살핌을 받을 때가 더 안정적인 모습입니다.

5월 2일 복부 대동맥에 스텐트 삽입술을 받았습니다. 전년도 2월 암 수술 때는 수술 당일부터 평소와 같은 필적으로 계속되었던 일기가, 이해에는 수술 당일인 5월 2일부터 6일까지 면회자 메모를 제외하고는 거의 기재되지 않았습니다. 5월 7일이 되어서야 이전의 기록 양을 되찾았습니다.

> **5월 7일** M(m?)이 테이프를 갖고 와줬는데, 돌아가고 나니 조작 방법을 잊어버려 사용 보류…… 어떻게든 남은 친척들만이라도 확실히 사이좋게 지냈으면 싶다. 나는 만년에 행복했지만, 그렇지 않은 사람도 있으니…….

'M(m?)'이란 마사아키인지, 미도리인지 모르겠다는 뜻입니다. 둘 중 누가 왔는지 생각나지 않았던 거겠죠. 아버지의 집안도, 어머니의 집안도 상속 문제로 친족 간에 꽤 심각한 싸움이 있었습니다. "남은 친척들만이라도 확실히 사이좋게 지냈으면 싶다"라는 부분은 그러한 배경에서 쓴 것입니다.

덧붙이자면 'M(m?)'의 정답은 M, 즉 저입니다. 5월 7일 제 일기에는 "점심 식사 후 도쿄대로. 어머니, 간호 스테이션 옆 관찰실에서 원래의 개인실로 돌아가다. DIV(점적 주사)도 떼고, 5일과 비교하면 확연히 좋아지다. 복도 끝에서 끝까지 건다. 저녁 무렵까지 함께 있다가 병원을 나오다"라고 쓰여 있습니다. 가져간 물건은 '테이프'가 아니라 'MD'였는데, 어머니는 조작을 하지 못했던 것입니다. 이틀 전인 5일에는 "점심 식사 후, 도쿄대로 어머니 병문안을 가다. 여전히 가벼운 의식 혼탁, 밤낮 역전"이라고 되어 있습니다. 수술 섬망에서 빠져나오지 못한 어머니는 스스로 일기를 쓸 상황이 아니었던 겁니다. 8일에는 어머니에게서 어머니의 날 카네이션을 받았다고 전화가 왔다는 기록이 있습니다.

5월 14일에 퇴원, "선생님(시게마쓰 □□) 간호사 선생님들에게 감사드립니다. 식사도 맛있었고 사다 씨라는 친구도 생겼다. 배의 수술 자리는 아직 아프지만, 무사히 퇴원할 수 있어서 감사하다. 마짱, 아키짱과 각자의 가족, 미코, 모두에게 정말로 신세를 졌습니다. 고마워, 우리 집은 화목하다"라고 썼습니다.

이 수술 뒤, 원래의 생활로 돌아가려고 열심히 노력합니다. 81세 생일인 5월 17일에는 수술 후 처음으로 혼자서 산책하러 나갔고, 20일에는 도쿄여대 동창생들과 이어온 고전문학 공부를 위해 『헤이케모노가타리平家物語』*를 구입합니다.

하지만 그 후 외부에서 열리는 모임에 출석하기는 쉽지 않

---

* 13세기 가마쿠라 시대 군기 문학의 일종으로 작자 미상.

아졌습니다. 단카 모임에 출석하려고 집을 나갔지만 도중에 지쳐 돌아왔다거나, 성서 백주간 공부 모임에 가긴 했는데 도중에 기분이 나빠졌다, 혹은 아시노회에 나갔지만 준비가 충분치 않아서 발표를 못 하고 다른 사람이 대신해주었다는 기록이 보입니다. 자신의 의견을 말해야만 하는 단카 모임, 고전문학 및 성경 공부 모임 등의 토론에 참여하기가 지극히 어려워진 겁니다. 어머니는 며칠 전부터 필사적으로 준비했지만, 막상 모임이 시작되고 참가자들이 각자 발언을 시작하자 머리가 혼란스러워져 내용을 따라가지 못했습니다. 그 결과 몸에도 무리가 오면서 모임 참석 횟수가 줄어들었습니다.

7월 14일 이렇게 시를 쓰기가 어려운 적은 없었다. 시시한 단어나 늘어놓으면서 겨우 10수를 채웠다. 이제 안되려나 하는 생각이 들지만, 시를 그만두면 더 껍데기만 남을 테니 어떻게든 애써보려고 한다. 겨우 10수 늘어놨는데, 몇 수나 뽑아줄까? 워드 프로세서를 사용하려 해도 이런저런 조작법을 잊어버려서 아무것도 안되고 한심해진다. 조금씩 원래 모습으로 돌아갈 수 있겠지 하고 노력해보지만……

8월 1일 『마히루노』 특별호를 읽다. 그림도, 피아노도 모두 엉망이 되어버렸다. 적어도 시 쓰기는 착실하게 계속하고 싶은데 마음이 안정되지 않는다. 확실히 공부해 현재 상태에서 뒤떨어지지 않도록 노력하고 싶다.

9월 30일 내일 성서 백주간이다. 그동안은 적당히 했기 때문에 조금 열의를 담아서 공부했지만, 그다지 이해가 잘 되진 않는다. 이 공부는 내게 좀 어렵다. 어쨌든 힘내어 읽는다.

12월 10일 『곤자쿠모노가타리今昔物語』* 모임. 올해 마지막. 어떻게든 참석했지만, 정작 하려니 목소리가 나오지 않아서 도중에 시노하라 씨가 대신해주었다. 귀가해 녹초가 되었다. 세이조는 지독히 멀다.

오랫동안 어머니의 마음을 지탱했던 단카와 고전문학, 가톨릭 신앙을 지속하고 싶어서 뭐라도 하려고 애쓰는 모습이 전해지지만, 결국 제대로 되지 않습니다. 힘내려고 초조해하면 할수록 머리는 헛돌고 몸이 비명을 지르게 되었습니다. 여러 사람이 저마다 하는 말에 임기응변으로 대응하기가 어려워진 어머니에게는, 몇 년 전까지는 무슨 일이 있어도 참석했던 아오야마가쿠인 및 도쿄여대 동창 모임조차 고민스러운 자리가 되었습니다.

---

* 헤이안 시대 말기에 성립된 것으로 보이는 설화 모음집.

이해, 인지 기능 저하와 관련된 기록은 전년도와 거의 같은 49군데입니다. 이해에도 집안일을 제대로 못한다는 기록이 많이 있습니다. 같은 물건을 너무 많이 샀다, 냄비를 태웠다, 불 끄는 것을 잊었다 등의 실수에 섞여 실행 기능의 저하가 어머니를 괴롭혔습니다.

4월 9일 저녁 무렵, A에게서 고이와에 있으니 들르겠다는 TEL이 왔다. 미코가 만들어둔 그라탱으로 저녁을 때울 생각이었는데 큰일. 황급히 더 만들려다 착각해서 스파게티를 삶기 시작하질 않나, 실수투성이. 한동안 게을렀던 탓에 머리도 손도 돌아가지 않는다. 이상한 스파게티를 A군은 먹어주었다. 미안, 미안, 땡큐 소 머치였다.

마카로니 그라탱과 해시드 비프는 저희가 어렸을 때 어머니가 가장 즐겨 하시던 요리였습니다. 갑작스런 남동생의 방문에 들떴던 어머니의 기분은 '이상한 스파게티'로 단번에 사그라들었지만, 남동생과 둘이서 저녁 식사를 할 수 있어 무척 좋았으리라 생각합니다. '땡큐 소 머치였다'라는 말에서 어머니의 신이 난 마음이 엿보입니다. 요리는 여러 작업을 병행하며 해야 합니다. 단순히 기억력만의 문제가 아니라 실행 기능이라는 복잡한 능력이 필요합니다. 전동 재봉틀을 사용하지 못한다는 이야기도 똑같은 장애에 해당됩니다. 여동생이 불이

날까 우려해 준비한 인덕션은 기계 조작이라는 실행 기능이 필요한데, 불이 보이지 않는 만큼 추상적인 이해를 요구하기 때문에 어머니로서는 사용할 수 없는 물건이었습니다. 입원 중에 제가 병실에 갖다드린 MD 플레이어를 사용하지 못했던 것과 마찬가지입니다.

실패를 자각한 날의 일기에서는 "당황스러워도 어쩔 수 없으니 뭐라도 해서 극복해야 한다"라고 자신을 위로하고, 화장실용 휴지를 너무 많이 사고는 딸에게 혼나지 않으려고 "비밀 장소"에 두고, 냄비를 태운 뒤 딸에게 "혼날 것 같아서 조금 주눅이 들기"도 합니다. 혼자서 안절부절못하는 모습이 눈에 보이는 듯합니다. 이러한 상황에 저항할 기력도 없어 싸움을 포기하는 듯한 날도 있습니다. "밤은 혼자라서 뭘 해도 상관없다. 간식으로 초코빵을 사서 돌아오다…… 혼자라 재미가 없다. TEL도 없다. 혹서"(9월 15일)라고 쓰여 있습니다.

혼자서 전철을 갈아타고 병원 창구와 금융 기관에 가서 기계 조작을 하기가 어려워졌음을 깨닫는 기록도 늘어납니다.

9월 4일 암센터 검진. 오랜만이라 히가시긴자에서 쓰키지로 돌아가나 하고 착각해, 역에서 당황하고 말았다. (히가시긴자의 다음 역인 신바시까지 지나쳐 감) 바로 알아차려서 다행이었지만, 세상일에 어두워져서 큰일이다. 진료 절차는 이전 그대로였지만, 벌벌 떨다가 스스로 질리고 말았다.

146

11월 24일 준텐도 병원 가는 날. 미나미스나마치는 급행이 서지 않고 통과해서 되돌아갔다. 바보인가. 병원 진료 등 조금 바뀌어서 갈피를 못 잡았다…… 오랜만에 왔더니 제대로 수속 밟는 것도 잊어버려서 자유 진료가 되었지만 찍소리도 못 했다. 조금은 약이 되었을까. 진이 빠져 돌아오다가 후나바시부터는 택시.

12월 21일 오전 중 은행에 정리하러 갔다가 여러 가지가 있어 망연자실했다. 확실히 해두려고 가서, 5시간이나 걸렸지만 어찌저찌 수습했다.

환승을 제대로 못 해 갈팡질팡한 끝에 겨우 목적지에 도착해도 금융 기관이나 병원의 디지털화된 기계 앞에서 다시좌절합니다. 은행 일 처리는 마지막에 직원이 나와 일대일로 친절하게 응대해주어 문제가 정리되었습니다. 대학병원 수속을 제대로 밟지 못해 자비 진료가 되었다는 이야기도 나옵니다. 초고령 사회가 된 오늘날, 이때의 어머니 정도로 인지 기능에 저하가 온 사람이 넘쳐날 텐데, 기계화에 의존하는 합리성만 좇지 않고 부분적으로는 인간이 대응하는 자리도 남겨두면 안 되는 걸까 생각해봅니다.

물건 분실이나 시간 착오는 변함없이 계속됩니다. 지팡이, 지갑, 핸드백 등을 외출 중 어딘가에서 잃어버렸다는 기록이 많이 있습니다. 은행 통장 등 중요한 물품은 은행 금고에 두고 딸에게 관리를 맡겼기 때문에 전년도와 같은 문제는 없었습니다. 시간 착오에 대해서는 제사 날짜를 착각해 참석하지 못한 일, 늘 즐거워했던 아시노회 날짜를 착각해 전날 세이조까지 갔다가 결국 지쳐 다음 날에는 참석하지 못한 일도 있었습니다. 그때마다 "아침, 미코에게서 세 군데나 돌아다니기는 무리라는 말을 듣고도 어떻게든 지금까지 해온 대로 애써 보려 했다가 후회. 앞으로 조심하자"(1월 19일), "정말로 시간이 얼마 남지 않았는데도 허송세월만 하고 있다"(3월 28일), "병과 함께 머리도 어두워져서 이치에 안 맞는 말만 하고 있으니 한심하기 짝이 없다. 어떻게든 차분해져서 적어도 평범하게 살아갈 수 있도록 노력하고 싶다"(9월 7일), "오후, 마트에 가려고 했더니 지팡이가 없다. 어제 전철에 놓고 내렸나? 내가 싫어진다"(2월 3일), "[잃어버린 물건을 발견해서] 안도했지만, 예상 밖의 실수. 가방에 중요한 물건이 잔뜩 있었는데도 화장실에서 내려놓으리라고는, 내가 했지만 생각도 못 한 짓이라 마음에 사무친다"(11월 32일)라고 반성하며 점점 자기 평가가 하락하고 있었습니다.

이해의 일기에서 눈에 띄는 점은 자신의 능력 저하에 관한 한탄의 말입니다. 인지 기능 저하에 관한 기록 49군데 중 절반 이상은 자신의 능력 저하에 관한 한탄이었습니다.

6월 14일 몸이 아무래도 낫지 않아서…… 안달복달했다가 맥이 탁 풀렸다가, 수술 후 이제 한 달 반 지났으니 어쩔 수 없나…… 여기저기 지장이 생겨서 참담하다. 머릿속도 새하얗고, 적어도 그쪽만이라도 나았으면 했는데 <u>절망</u>. [밑줄은 본인]

7월 17일 이번 여름은 상당한 체념이 든다. 기력이 조금도 나질 않고, 오히려 지능, 그 밖의 감퇴를 자각하게 되니 참담하기 짝이 없다. 힘을 내봐도 도리가 없지만, 어떻게든 조용하고 차분하게 지낼 수 있기를 간절히 바란다.

7월 31일 아무것도 할 기운이 없어 자다가 일어나다가 하며 하루를 보냈다. 절절하도록 비참하지만 나이 때문인지, 체력 때문인지, 의지가 없어서인지 스스로 판단하기가 곤란하다. 어쨌든 초조해하지 말고 가보자.

11월 20일 의지가 없어져서 금세 누워버린다. 너무 초조해하지 말고 게으름 피우지도 말자고 생각하지만, 좀처럼 어려워 금세 실패한다. 끝내 온 건가? 하고 걱정

때마다 자신의 한심함을 탄식하며 뭐라도 하려 안달하고 기도하면서 조금씩 저항하는 힘을 잃어가는 듯 보입니다. 어

머니가 "끝내 온 건가?" 하고 두려워했던 것은 인지증입니다. 7월 19일에는 "저녁 무렵 라라포트에 허브차 등을 사러 가서 조금 걸었는데, 너무 무리하지 말아야겠다는 생각에 다시 집에 틀어박힘. 유언장 등 완성하기가 걱정이다. M의 책, 재독"이라는 기록이 있습니다. 'M의 책'이란 제가 쓴 『부모의 인지 저하를 알아차리면親の「ボケ」に気づいたら』입니다. 저는 이 책에 한 인지증 노인의 발병부터 사망까지의 과정을 묘사했습니다. 어머니는 이 과정을 따라가면서 자신의 증상을 확인하고 스스로 진단을 내리고 있었는지도 모릅니다.

그렇듯 불안정한 나날 속에서 어머니는 네 명의 유치원 동창 모임, 딸과 떠나는 둘만의 여행, 자신을 이해해주는 사람과 둘이서 조용히 보내는 시간으로 긴장을 풀었습니다.

4월 8일에는 유치원 동창생의 그림을 보러 우에노에 가 넷이서 식사를 하고 "즐거웠다"라고 기술하기도 했습니다. 이 유치원 4인방은 아마 마지막까지 어머니와 가장 허물없고 즐거운 사이였으리라 생각합니다. 몸 상태가 나빠진 이해 하반기에도 이 친구들과의 모임은 즐겁게 기록되어 있습니다.

10월 12일 유치원 동창들과 도쿄역에서 집합, 고쿄 앞 광장 바이킹에 가다. 1200엔이니 노인에게는 딱이다. 고기 맛이 그리 진하지 않은 가벼운 점심 식사. 다 먹고는 야외 벤치에서 분수를 보며 수다. 3시 지나 귀가. 다만 차 안에서 잠들어 쓰다누마까지 가버렸다. 돌아와 다시 한숨 잠.

가을 고쿄 앞 광장에서 80세가 넘은 할머니 넷이 벤치에 나란히 앉아 가을 하늘을 바라보며 담소를 하는 모습을 상상하면, 읽고 있는 제 마음까지 구원받는 느낌입니다.

가족 중에서 어머니 마음을 가장 잘 이해해주는 사람은 함께 사는 딸이었습니다. 일기에는 '혼났다' '무서운 얼굴을 보였다'라는 기술과 비슷한 빈도로 딸에 대한 고마운 말도 자주 등장합니다. 수술 뒤, 딸과 둘이서 하코네와 고부치자와를 여행했습니다. 두 여행 모두 일기의 마지막에서는 딸에게 고마움을 표현했습니다.

6월 24일 〔하코네 여행 마지막 날. 일부 생략〕 요세기寄せ木

* 로 세공된 벼루 상자를 사다.** 호수도 아름답다. 조금 피곤해서 몸은 겨우 움직였지만, 덕분에 예상 밖의 즐겁고 호화로운 여행을 했다. 미코는 오죽이나 피곤했을까 싶다. 너무나 고맙다.

10월 21일 〔고부치자와 여행 마지막 날. 일부 생략〕 돌아와

---

* 나무토막을 모자이크처럼 짜맞춰서 만든 공예품.
** 한자가 잘못 쓰여 있다.

저녁을 먹으며 미코에게 미안스러웠다. 피곤했지만, 나한테 맞춰 느린 템포로 함께해줘서 고마웠다. 미코 덕분에 행복을 맛보았다.

이 시기, 어머니를 돌봐주었던 나카노 씨 등 도우미들이 좋은 사람이었다는 점도 어머니에게는 복이었습니다. 이즈음 여러 사람이 모이는 곳을 힘들어하던 어머니는, 그와 마찬가지로 혼자 있는 것도 점점 더 견디지 못하게 되었습니다. 기억력 저하와 소재식 장애로 실수를 잇달아 반복하다보면 혼자가 되었을 때 뭔가 잊어버리지 않았나, 여기에 이렇게 있어도 괜찮은가 하는 불안감이 몰려옵니다. 두 사람은 그러한 어머니의 불안감에 정말로 자연스럽게 대처해주고, 때로는 약속된 날 외에도 어머니를 살펴보러 집에 들러주었습니다.

이 시기에 인지증 전문의이자 장남이기도 했던 저는 무슨 생각을 하고 있었을까요. 2005년을 통틀어 제 일기에는 어머니에 관한 기술이 불과 몇 차례, 그마저 대부분은 '어머니에게서 전화'라는 정도 외에는 별 내용이 없습니다. 내용이 있는 기록은 단 두 번밖에 없습니다.

7월 23일 ……점심 식사 후, 점토로 만든 성가족을 가지고 후나바시로. 어머니의 푸념이 늘어 미도리가 힘들어함. 우울증? 혹은 인지증일까. 원래 그런 성격이기는 했다. 미도

152

리를 위해서라도 뭔가 손을 써야겠다. 귀갓길, 이치카와역에서 M5 지진. JR이 멈춰 동창회에 늦다. 데이코쿠 호텔에서 도쿄대 졸업 25주년.

9월 18일 ……점심 식사 후 밤을 넣은 오코와おこわ*를 만들다. 올해 처음으로 밤을 깎다. 모토코 씨에게 보내고, 그길로 후나바시에 가다. 오코와 등으로 미도리, 어머니와 넷이서 저녁 식사. 어머니의 건망증이 두드러지게 나타나, 미도리가 불안해하는 게 느껴진다. 어머니는 입을 열면 푸념뿐. 9시 헤어지고, 귀갓길 정체.

만약 이때의 어머니가 인지증을 걱정하는 딸과 '원래 이런 성격이었다'라고 우기는 아들을 동반해 제게 외래 진료를 받았다면, 저는 틀림없이 다음과 같이 차트에 써넣었을 겁니다.

81세 여성. 차림새와 태도, 단정함. 질문에 대한 이해와 합리적인 대답 가능. 기명력 저하, 소재식 저하, 실행 기능 저하는 경도이지만 명확함. ADL은 자립, 최저한의 사회 활동도 스스로 가능. 알츠하이머병 발생 의심, 현재 상태라면 MCI 가능성. 동거하는 딸이 묘사하는 증상, 거의 정확. 따

---

* 찹쌀에 고기나 야채를 섞어서 찐 요리.

로 사는 장남, 사태 직면 회피, 발병 부인.

ADL이란 일상적으로 행하는 동작을 뜻합니다. 당시 인지증 외래 진료를 받는 환자 대부분은 식사, 배설, 목욕, 환복 등의 동작에 도움이 필요할 정도로 진행되어 있었습니다. 어머니는 일상적인 행동은 물론, 식사나 목욕 준비도 스스로 할 수 있었습니다. 따라서 제 외래 진료에 오는 환자들에 비하면 증상은 가벼웠습니다. MCI는 경도 인지 장애를 뜻하는데, 건망증 등은 있어도 전체적으로 지적 능력을 유지하고 행동도 스스로 할 수 있습니다. 물론 그중에는 알츠하이머병이 진행 중인 사람도 있고, 주변 사람들에게 그저 노화 현상으로 혼동되는 사람도 있습니다.

가까이에서 돌보는 사람이 알아차리는 인지 기능 저하를, 같이 살든 따로 살든 직접 돌보지도 않는 친지가 부정하는 경우는 종종 있습니다. 그런 가족을 싫을 정도로 봐온 저도 막상 제 어머니의 일이 되니 그 '종종 있는' 경우에서 빠져나오지 못했습니다. "우울증? 혹은 인지증일까. 원래 그런 성격이기는 했다"라고 쓴 전문의인 저의 일기는, 인지증을 두려워하면서도 그에 직면하기는 회피하며 "기력을 회복하면 어떻게든 될 거다. 나는 원래 덜렁대곤 하니까"라고 쓴 어머니의 생각과 조금도 다르지 않습니다.

제가 반복해서 쓴 '어머니의 푸념'은 어머니의 SOS였지만,

제 귀와 마음 모두 그러한 마음의 소리에 문을 닫았던 것입니다. 이해 말의 일기에서 어머니는 다음과 같이 365일을 마무리했습니다.

12월 31일 화창하고 맑은 하늘. 낮잠을 자다가 미코가 깨워 일어났다. 드디어 그믐날. 내 담당은 멸치볶음. 조청이 잘 만들어졌다. 미코는 의욕적으로 이것저것 만들었지만, 나는 이제 힘이 없어 전부 맡겼다. 완전히 배턴 터치를 했더니 그믐날인데도 한가하다. 저녁에 마사히코가 와서 마음이 편안했다. 예년처럼 소바도 먹고 선물 받은 과자를 곁들여 커피를 마시고 돌아갔다. 장식해놓은 크리스마스 인형[제가 지점토로 만든 것]을 기분 좋게 보았다. 놔두길 잘했다. 나는 많이 부족했지만, 자식 셋(배우자들도 손자도) 다 착하고 좋은 아이들이라 참으로 고맙다. 이대로 조용하고 올바르게 세상을 헤쳐가기만 바랄 뿐. 아무쪼록 새해에도 평화롭게 지내기를! 데오 그라시아스.✱

✱ 라틴어로 '하느님, 감사합니다'라는 뜻.

82세(2006년)
이대로 정신을 놓을까 보냐, "힘내! 레이코!"

82세의 일기는 의심의 여지 없이 인지 기능 저하에 직면
하여 마지막 저항을 시도했던 나날의 기록입니다. 외출 빈도
는 매월 20회가 넘었지만, 외출한 곳 중 의료 기관이 차지하
는 비율이 늘었고, 12월이 되면 외출의 대부분이 의료 기관이
었습니다. 4월 초 일주일 동안의 일기만으로도 어머니의 인지
기능 및 생활의 질 저하가 여실히 드러납니다.

4월 1일(토) 아침, 느긋하게 늦잠을 자고 일어났다. 오전 중
미코는 치과와 장보기. 나는 시도 제출하고 한숨 돌렸기
때문에 느긋하게 TV도 보고 빨래도 하며 보냈다. 오후, 미
코가 벚꽃 구경에 데려가줬다. 벚꽃 코스가 된 강변도로에
서 조용하고 멋진 꽃놀이를 할 수 있었다. 후나바시에 온
뒤로 꽃놀이는 드물었고, 지금까지 이런 적은 거의 없었기
때문에 즐겁고 풍요로운 날을 보냈다. 고맙다.

4월 2일(일) 가야마 씨가 쉬는 날이라 미코와 둘이서 교회
로. 조금 피곤해서 일찍 돌아오다. 미코는 오늘 미사의 선
창자였다(수고했다). 오후엔 쉬었는데 미코가 꽃놀이에 가
자고 해줘서 아주 기뻤다. 활기차게 차에 탔다. 강을 건너

다녔어도 둑을 걸어본 것은 처음? 좁은 강이지만 조용하고 평상복처럼 편안한 느낌. 인파도 적당했고, 둑 언저리에 앉아 도시락을 먹는 사람도 있었다. 상류 쪽을 향해 걷다가 적당한 곳에서 제방 위로 올라가 집으로 돌아오다. 즐거웠다. 좋은 꽃놀이였다. 밤 오랜만에 오카다 씨에게 TEL.

4월 3일(월) 야쓰병원[동네 병원], 엑스레이 촬영.

4월 4일(화) 요에짱이 하코네행을 권했지만 몸이 좋지 않아 취소하고 기분이 언짢았는데, 준코와 둘이서 성묘하고 돌아오는 길에 들러주었다. 양배추쌈말이를 만들어 점심으로 함께 먹었다. 오랜만에 준코도 와서 즐거웠다. 쓰네코 씨 병문안에 쓰쿠다니佃煮*를 준비해, 둘에게도 같은 것을 부탁의 증거(?)로 나누다. 느긋하게 점심 식사를 함께 해서 즐거웠다. 준코와 요에짱은 성묘를 하고 돌아가는 길에, 식사 뒤 다무라 씨네 집에 들러주었다. 미안했는데, 다무라 씨가 많이 좋아졌다고 요에짱에게서 TEL 오다.

4월 5일(수) 추운 날. 오랜만에 세이부(신학기)에 가려고 나갔지만, 갈팡질팡하는 사이에 날씨도 나빠지고 시간도 지

---

* 작은 생선, 조개, 해조류 등을 간장과 설탕 등으로 조린 음식.

나버려서 중단하고 집으로 되돌아가다. 아무래도 기력이 나지 않아 곤란하다. 귀가해서 다시 휴식. 몸이 튼튼하지 않으니 항복.

4월 6일(목) 오랜만에 나카노 씨가 와주어 안심했지만, 며느리가 몸이 좋지 않아 다음 달부터 다른 사람이 대신해 줄 거라고 한다. 이제 별로 다른 사람에게 의존하고 싶지 않지만, 미코가 딱해서 다시 가정부협회에 의뢰할까 싶기도 하다.

4월 7일(금) 따뜻해져서 옷을 사러 세이부[백화점]에 가, 조금 얇은 정장을 한 벌 마음먹고 구입. 외출한 사이에 생협 배달이 와서 주문한 걸 못 받았다. TEL해서 다시 부탁하다. 몸이 좋지 않으니 여러 가지가 뒤죽박죽되곤 한다. 내일은 어떻게든 힘내서 동창회와 하라자와 씨를 방문할 작정. 쓰쿠시회는 오늘 꽃놀이. 날씨가 별로 좋지 않아 딱하다.

4월 1일의 꽃놀이 이야기는 2일에 똑같이 쓰여 있습니다. 이 꽃놀이는 1일인 토요일에 간 것 같습니다만, 기록으로 보자면 2일이 더 상세하고 생생합니다. 이즈음 어머니의 일기에는 대체 언제 썼을까 싶은 이상한 부분이 몇 군데 있는데, 이런 일이 이해에는 여러 번 일어납니다. 3일은 거의 공란입니다. 이런 부분 역시 이해에 두드러집니다. 입원이나 여행처럼 피로의 원인이 되는 일이 없음에도 기록이 거의 없는 날, 또는 분량이 평소에 비하면 3분의 1에서 2분의 1 정도에 그친 날이 늘었습니다. 4월 첫 주의 일기에는 나타나지 않지만, 고유명사가 들어가야 할 부분에 나타나는 공란도 눈에 뜁니다. 2006년 이후 어머니의 일기는 서서히 일기로서의 기록성이 손상되어갔습니다. 일기에 아무것도 기록되지 않은 날 수의 변화를 [도표 3]에 표시했습니다.

전년도부터 보이기 시작했던, 예정을 직전에 취소하거나 당일에 집을 나갔다가 중단하고 다시 돌아오는 일이 빈번했다는 점도 이해의 특징입니다. 6일에는 육친처럼 보살펴주던 나카노 씨가 집안 사정으로 못 오게 되었음을 전했다는 기록이

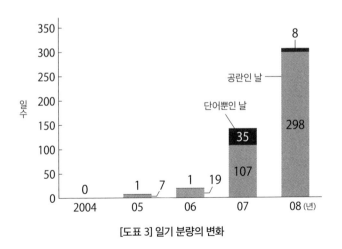

[도표 3] 일기 분량의 변화

있습니다. 집안일에 대해서만이 아니라 심리적으로도 불안을 몰고 왔던 이 일은 어머니에게 커다란 상처였습니다. 교회 친구들을 통해 소개받았던 나카노 씨 같은 사람은 가정부협회에 부탁해도 찾기 어려웠겠죠.

기억 장애, 소재식 장애, 실행 기능 장애 등 인지증에 기본으로 따라오는 실수는 점점 더 심각해졌습니다. 2월 3일에는 어머니의 2006년을 상징적으로 보여주는 사건이 있었습니다.

2월 3일 아침, 볼일이 좀 있어 마트로. 생협에서 배달 오는 날이라 기다렸는데, 다섯 상자나 와서 깜짝 놀랐다. 날라서 들여놓기도 힘들었다. 입춘 전날이라 콩을 사러* 라라포트로. 온종일 바보처럼 물색없이 보냈다. 후토마키를 만들 생각이었는데, 뭔가 자꾸 어긋나니 그냥 귀찮아져서 고기감자조림을 했다. 조금 마음을 내려놓고 싶다. 내일 성서 백 주간이 없어져서 한숨 놓인다.

생협에 주문했던 것을 잊어버리고 몇 번이나 다시 해서 물품이 엄청나게 많이 배달되자 깜짝 놀란 것입니다. 이해, 기억 장애로 생긴 실수는 더욱 증가했습니다. 전년도에도 그라탱

---

* 일본에는 입춘 전날인 세쓰분節分에 '악귀는 밖으로 복은 안으로'라는 말을 외치며 콩을 뿌리는 풍습이 있다.

을 만들려다가 스파게티를 삶아버렸던 적이 있습니다. 후토마키라고는 영 보기 어려운 요리가 되어가니 도중에 혼란스러워졌고, 계획을 변경해서 손에 익은 고기감자조림을 만들어 저녁 식사를 마쳤겠죠. 아들 입장에서는 어떻게든 고기감자조림이라도 완성되어서 다행이지만, 예전에는 요리로 고생하는 일 따위 없었음을 생각하면 이렇게 거듭되는 작은 실수가 어머니에게는 손상을 거듭되게 만드는 타격과도 같았을 겁니다.

"내일 성서 백주간이 없어져서 한숨이 놓인다"라는 한마디에도 당시 어머니의 불안한 기분이 스며 있습니다. 어머니에게 평생 마음의 버팀목이었던 가톨릭 신앙과 공부는 이즈음부터 모두 과중한 짐이 되어갔습니다. 쇠퇴한 인지 기능으로는 성경을 읽기조차 힘들어집니다. 앞서 언급한 것처럼 어머니는 성서 백주간 공부에 따라가지 못하게 되어 2001년에 이미 스스로 탈퇴를 했습니다. 그 뒤 다시금 허락을 받아 모임에 나가기로 했지만, 점점 더 힘겨움을 느끼고 띄엄띄엄 참석했던 것입니다. 어머니를 배제하지 않고 맞아준 가톨릭교회 동료들의 호의에 감사드릴 따름입니다.

기억 장애와 소재식 장애에 기인한 실수가 늘어나고 그 결과가 조금씩 심각해지자 일상생활이 불안해진 어머니는 쉽게 피로를 느꼈습니다. 공부 모임에 나가면 그날 일정이 아니거나 자신이 할 차례를 잊어버리는 반복적인 경험이 어머니를 틀어박히게 만들었습니다. 도쿄여대 동창생들과 계속해온 고전 윤독 모임에서도 실수는 이어졌습니다. "나부터 시작하는 날인데, 착각해서 실패. 벌써 한 줄 알았다. 급하게 오느라 책도 놔두고 와버렸다. 다른 분들에게 도움을 받아 역할을 다하다(?)"(4월 17일), "내가 맡은 순번을 착각해서 준비를 못해 부끄러웠다"(10월 9일). 어머니가 계속 참석할 수 있었던 데에는 동창생분들의 호의가 있었습니다. 학생 시절부터 이어진 우정을 유지하기로 마음을 모았던 것입니다. 모임에서 역할을 다하지 못하게 되는 것은 이런 우정을 잃게 된다는 의미입니다.

이전부터 이따금씩 있었던 약속 및 일정의 착각은 더 심각해졌습니다. 성경 백주간 모임에 갔다가 아무도 없이 휑한 방을 봐도 어머니는 얼마 전 성서 백주간이 끝나 축하 회식에 참석했던 일을 생각해내지 못합니다. 2월 13일에는 동인지가 "다른 곳에서 한 권" 나왔는데도, 즉 자신이 이미 한 권을 받았는데도 아직 못 받았다고 연락해 다시 받았던 일도 떠올리지 못합니다. 명백히 심각한 수준이었습니다.

이해에는 기억 장애와 연관된 고유명사나 보통명사를 원활하게 떠올리지 못하게 되었고, 일기에는 공란이 늘었습니다.

4월 18일 오후 (　　) 씨 병문안을 가려고 나갔는데, 마음이 내키지 않아 되돌아왔다. 비교적 따뜻했지만, 별로 기운이 나지 않는다.

4월 22일 저녁 무렵 (   ) 씨 부부가 방문. 마사히코와 상담을 하기로 했다며, 성경 모임에서 돌아가는 길에 들러주었다. 한 시간 정도 M과 함께 이야기했다. 저녁 식사는 둘이서 즐겁게 했다. 밤 8시까지 있다가 귀가. 아이들이 착해서 행복하고 고맙게 생각한다.(절절히)

9월 3일 마사아키 오빠의 기일이 9월이어서 니콜라이 성당에 가다. (   ) 씨, (   ) 씨 같이 와주셨다. 한결같은 자매들에게 감사하다.

10월 28일 미코 차 모임. 기모노를 입고는 양산을 두고 나가버렸다. 신문에서 비를 확신하기에 쫓아나갔는데, 보도에서 발이 걸려 넘어져서 대실패. (   ) 씨 부부가 도와주어 집으로 돌아와 자리에 눕다.

10월 28일 길에서 넘어진 어머니를 구해준 사람은 친하게 지내는 인근의 부부였지만, 그분들의 이름이 나오지 않습니다. 어머니는 이러한 능력 저하를 절실하게 자각하고 있었습니다. 11월 9일 일기 끝에는 "요즘 나이 탓인지, 사람 이름을 깜박 잊어버려 일기를 쓰기도 힘들어졌다"라는 기록이 있습니다.

요리 실패가 늘어남과 동시에 익숙하게 사용하던 기계의

조작도 어려워졌습니다. 1월, 어머니가 오랫동안 사용해왔던 워드 프로세서가 고장이 났습니다. 어머니가 사용해오던 제품은 이미 단종되어 시장에서 유통되지 않는 것이었는데, 여동생이 똑같은 워드 프로세서로 미사용 제품을 발견해서 사왔습니다. 그런데 똑같은 조작법으로 구동되는 새 기계에도 어머니는 고전합니다.

1월 29일 오늘은 시를 꼭 써야만 해서 차분해지려고 마음 먹었음에도 이래저래 할 일(?)이 있어 시 작업까지 가지 못했다. 새 워드 프로세서를 미코가 사왔지만, 왠지 조작이 잘 되지 않았다. 멍해지더니 완전히 아무것도 모르겠다는 기분이 들었다. 조금 차분해졌다고 생각했는데, 여러 가지가 단번에 달라져서 허둥지둥하고 있다.

결국 어머니는 이 새 워드 프로세서를 사용하지 못하고 방치해두었습니다. 이렇게 되면 이전에 쓰던 워드 프로세서가 정말로 고장 난 게 맞는지도 의문이 듭니다. 실제로는 조작을 못하게 되어서 기계가 제대로 돌아가지 않는 것을 어머니는 고장이라 믿어버렸고, 수리를 맡긴 회사는 이미 시장에서 사라진 지 몇 년이나 지난 워드 프로세서를 성실하게 수리할 마음이 없었고, 사정을 모르는 여동생은 어머니의 인지 기능 저하를 염려해 애써 똑같은 기계를 찾아서 사왔는데 어머니가 결국 사용하지 못했던 게 아닌가 싶습니다. 기계를 사용하지 못했던 날의 일기에는 "훌쩍훌쩍" "멍해지더니 완전히 아무것도 모르겠다는 기분이 들었다" "여러 가지가 단번에 달라져서 허둥대고 있다" "왠지 머릿속도 마음도 뒤죽박죽이라 한심하다" "바보짓만 하고 있다"라는 기록이 반드시 보이고, 이렇게 작은 실패가 이미 상처 입은 어머니의 자기평가를 한층 더 떨어뜨립니다.

이해, 어머니가 디지털화된 은행에서 일을 처리하기란 거의 불가능해졌습니다.

8월 8일 미코가 미쓰비시 금고에 함께 가주려고(회사를 쉬고) 동행해줘서 다행이었다. 왠지 귀찮아서 참을 수가 없지만, 의존만 해서는 안 된다.

8월 9일 미코가 회사에 휴가를 내줘서 미쓰비시에 수속을 밟으러 가다. 이제 보건* 기한이 다 되어서, 방침을 바꾸어 절약해야 한다. 예상보다 더 오래 살아버렸다. 미쓰비시에서 좀더 용무를 볼 생각이었지만, 어쩐지 멍해져서 애매하게 됐다. 모처럼 미코가 동행해줬는데 완전히 질려버렸는지 불안하다.

---

* '보관'의 한자를 잘못 쓴 것으로 보인다.

8월 8일과 9일에는 같은 일화가 반복적으로 쓰여 있습니다. 여기에도 도와준 딸에 대한 감사와 함께 "귀찮아서 참을 수가 없지만" "완전히 질려버렸는지 불안하다"라는 낮은 자기 평가가 어김없이 붙어 있습니다. 이해에 어머니를 도운 것은 어머니가 원하는 바를 알고 기계 조작도 할 수 있는 딸의 동행이었습니다. 고령사회가 원활하게 돌아가려면 디지털화가 아니라 언뜻 비능률적으로 보여도 신뢰에 기반을 둔 일대일 대면 소통이 필요합니다. 입력과 출력 사이의 과정이 보이지 않는 디지털화는 고령자에게만이 아니라 인지 기능에 장애가 있는 모든 사람들에게 높은 장애물입니다. 디지털 원어민이라고 불리는 현재의 젊은이들도 어쩌면 50년 후에는 지금의 고령자들과 마찬가지로 벽에 부딪힐 것입니다. 행정이나 금융기관, 공공 교통 기관 등의 디지털화가 경영 비용을 줄이고 이용자의 편리성을 높인 것은 사실입니다. 하지만 디지털화는 인지 기능 장애가 있는 사람의 생활을 불편하게 만들고 있습니다.

이즈음이 되자 어머니에게는 은행에서의 일 처리만이 아니라 가계 관리도 어려워졌습니다.

10월 7일 미코가 가계부를 봐주겠다고 해서 함께 점검. 예금 통장 등 전부 꺼내서 봐주었다. 이제 회계를 맡는 것도 벅차서 미코한테 봐달라고 하기로. 무슨 일이 생기고 나서는 늦으니까.

어머니는 젊은 시절부터 후진노토모사의 가계부를 애용했습니다. 우리 남매는 용돈을 받게 되면서 같은 출판사의 용돈기입장을 하나씩 받았습니다. 매년 연말이면 어머니의 가계부와 함께 새 용돈기입장이 배달되었죠. 아버지가 돌아가신 뒤에는 똑같은 후진노토모사의 '노년생활의 가계부'로 바뀌었습니다. 2004년까지는 가계부에 뭐라도 기록되어 있었지만, 2005년의 가계부는 아예 눈에 띄지 않았고 2006년에는 후진노토모사 가계부 주문을 잊어버렸는지 다른 가계부가 남아 있었습니다. 2004년 가계부에 비해 기록된 지출이 너무 적은 걸 보면 아마 많이 잊어버려서 제대로 기록하지 못했던 모양입니다. 다음 해인 2007년에는 다시 익숙했던 후진노토모사의 '노년생활의 가계부'로 돌아가지만, 그때는 거의 아무것도 기록되어 있지 않습니다.

게다가 매월 잡지에 단카를 투고하는 일이 어머니에게는 점점 더 고통스러워졌습니다. 매월 10수를 투고하면 거의 전부 게재되었던 동인지 『마히루노』에 3월에는 7수, 5월에는 6수밖에 실리지 않았습니다. 시 쓰기가 어려워졌을 뿐만 아니라, 완성한 시에 대한 평가가 낮았기 때문일 겁니다. 하지만 괴로워하면서도 성서 백주간에 참가하려고 애썼던 것과 마찬가지로, 어머니는 어떻게든 단카에 매달리려고 합니다.

1월 30일 좀처럼 시를 쓰기가 어려워서 바닷가 공원에 가보았다. 개를 산책시키는 사람이 두세 명, 그 뒤에는 조용했지만, 뭐라고 해도 마음이 동하지 않는다. 그래도 한동안 앉아서 바다를 보다가 귀가. 왜 이렇게도 마음이 평온해지질 않는지, 싫어진다. 머리까지 딱딱해서 새로운 워드 프로세서에도 아직 적응하지 못했다. 조금 여유롭게 쉬고 싶다.

6월 29일 영차, 시 제출. 연이어 계속 써낼 수 있으려나 걱정—아니, 계속 써야만 하는데…… 평생 뭘 해온 건지 전혀 모르겠다. 시시한 인간이라면 그 나름대로 남은 일생을 소중하게 보내야 함을 통감한다.

11월 29일 『마히루노』의 단카, 어제 완성해서 오늘 아침 투고. 좀처럼 시도 생각대로 진척되지 않지만, 이대로 그만두면 나는 껍데기만 남을 테니 힘을 낸다.

어머니는 시를 쓰지 못하는 이유를 자신의 마음이 메말라버려 감정을 이해하지 못하게 되었기 때문이라고 생각해, 때로는 뭐라도 하려고 자신을 질타하고 때로는 이제 안 되겠다며 비통한 한숨을 내쉽니다. 감정이 동하지 않거나 마음이 메마른 면도 확실히 있었을 겁니다. 하지만 어머니가 단카를 쓰지 못하게 된 진짜 이유는 감정이 둔해졌기 때문이 아니라, 예전처럼 단어를 머릿속에서 능숙하게 조작하지 못하게 되었기 때문입니다. 시를 쓰기 위한 감흥을 짜내려고 한겨울에 해변 공원까지 나갔던 어머니는 혼자서 바다를 바라보며 무슨 생각을 했을까요.

이 시기가 되면 능력 저하는 역력해졌고, 어머니도 그것을 알아차리면서 뭐라도 해야겠다고 저항을 시도합니다.

8월 6일 아무 생각 없이 빈둥빈둥 오후를 보내다. 이제 좀 더 충실해지지 않으면 곤란하다. 오늘을 마지막으로 조금 더 반듯해져야지. 힘내! 레이코!

자신의 노력으로 뭔가를 하고 싶어서 안달하다가 좌절하고, 힘을 내보다가 지쳐 나가떨어집니다. 힘내라는 말도 이해가 되면 도리어 공허하게 울립니다. 남편을 먼저 보내고 딸과 둘이서 사는 넓은 집에서, 밤이면 혼자 일기장을 향해 "힘내! 레이코!"라고 쓴 뒤 조용히 일기장을 덮고 취침 기도를 하는 어머니의 모습을 상상하면 말이 나오지 않습니다.

이해에 눈에 띄는 점은 앞서 언급했던 힘내자며 마음을 다잡는 말이 아니라, 이제 안 될지도 모르겠다는 힘없는 중얼거림입니다.

7월 18일 오후에는 축 처져서 보냈다. 이러면 안 되지만, 아무래도 힘이 나지 않는다. 멍한 상태가 심해지면 안 된다! 밤중에 다시 깼는데 잠을 자지 못했다. 1~4시경까지 뒤척 뒤척했다.

7월 30일 어쩐지 겨우 살아 있는 느낌, 잠만 잘 뿐…… 이 대로 정신을 놓는 게 아닐까, 큰일이다 큰일

몇 년 전부터 어머니의 일기에는 단카 모임, 교회 공부 모임, 동창생들과 하는 고전 공부 모임 등을 심각히 힘겨워하는 모습이 꾸준히 나타났습니다. 이해에는 결국 이러한 모임에 참석하는 것 자체가 곤란해졌음이 명백하게 되었습니다. 지금까지 발췌한 부분에도 종종 나왔지만, 어딘가로 나가려 했다가 도중에 되돌아왔다는 기록이 더 많이 출현합니다.

11월 17일 오후, 쓰쿠시회에 갈 생각으로 준비했지만, 막상 나가려니 바람이 조금 강해서 마음이 내키지 않는다. 시도 써내지 못해서, 2수 써서 가지고 가려니 좀처럼 마음이 내키질 않아 역까지 가지도 않고 되돌아오다.

물론 체력이 떨어졌다는 점이 커다란 요인이겠지만, 어머니의 말투를 보면 모임으로 향하기 전에 거기서 능숙하게 행동할 수 있을지가 걱정돼 의욕이 떨어져버린 것처럼 보입니다.

170

오랫동안 친하게 지내온 사람들의 모임에 참석하기가 힘겨워짐과 동시에, 혼자 있는 시간의 고통도 늘어났습니다. 집에 있으면 금세 잠들어버리는 것도 혼자 있는 시간이 불안해서 마음이 가라앉지 않기 때문이리라 여겨집니다.

7월 16일 아침, 평소처럼 일어났지만 별로 상태가 좋지 않아 미사를 쉬기로 했다. 그리고 다시 잤다. 정말로 요즘은 제대로 해보지도 않고서 항복. 마음가짐이 나빠서일까, 나이 탓일까? (…) TV도 별로 재미가 없고 책을 읽는 정도밖에 하지 않는다. 이제부터 시간을 때울 방법을 궁리해야 한다.

친밀했던 모임이나 오랜 친구들과의 교류가 줄어들고 혼자 있는 시간도 고통스러워진 어머니는 차츰 자신의 거취를 고민하기 시작했습니다.

7월 23일 언제 끝날지 모르는 몸이니 미코에게 방해가 되지 않기를 바랄 뿐. 어딘가에 들어갈까, 적당한 곳을 찾아볼까 싶다.

결국 어머니는 자신의 거취를 결정하지 못한 채 해를 넘깁니다. 사실은 이미 어머니에게 그런 결단을 내릴 능력은 없었

고 제가 대신 결정해야 했지만, 현실에 직면하기가 싫었던 저
는 어머니와 이에 대해 언급하기를 피하며 결정을 미루었습니
다. 어머니도 어렴풋이 이야기를 피하려는 제 마음을 눈치챘
던 게 아닐까 싶습니다.

10월 9일 밤, 마짱이 문안하러 와줘서 기뻤다. 앞으로 있을
여러 일을 상담하고 싶었지만 그리 급하게 해서는 안 되겠
고, 나 자신을 다잡지 않으면 안 된다 싶어 오늘은 잠자코
있었다.

12월 10일 마짱이 묵으러 왔다. 만나면 앞으로의 문제 등
이야기를 나누고 싶었는데도 왠지 모르게 그냥 넘겨버린
다. 뭐, 무리하지 말자는 취지겠지만, 딸이 나한테 묶여버
린 꼴이 되어서는 안 된다 싶어…… 의지가 되는 아들들
과 딸을 두어 행복하지만 자중해야 한다.

이즈음 어머니는 자꾸만 '도쿄에 있는 요양원에 들어가고
싶다'고 말했습니다. 하지만 이야기를 들어봐도 고향에 돌아가
면 친구들이 있다, 다 같이 볼 수 있다고만 할 뿐 요령부득이
었습니다. 82세가 된 어머니의 심신은 명백히 쇠약해졌고, 시
모임에서나 교회의 교류에서나 어머니 세대는 조금씩 빛이 꺼
져가는 상황이었습니다. 도쿄로 간다고 해서 어머니의 기대대

로 예전의 교류가 부활할 리도 없고, 그때까지 남아 있던 주변의 교우관계가 활성화되리라는 것도 기대하기 어렵습니다. '도쿄'는 어머니에게 현재의 고독과 불안에서 도망쳐 오랜 친구들과 지낼 수 있는, 공상 속에 존재하는 '마음 편한 고향'이었던 것입니다. 자신도 모르게 불편해져서 이런 대화는 하고 싶지 않다는 분위기를 풍기는 제 앞에서 어머니는 하고 싶은 말의 반도 하지 못했겠죠. "의지가 되는 아들들과 딸을 두어 행복하지만"이라는 말은 어머니가 내몰린 괴로움과, 마음을 닫고 흘려듣던 저에 대한 마음속 조바심과 분노를 진정시키려는 주문이었을지도 모릅니다.

혼자 있는 것도, 모임 속에 있는 것도 불안했던 어머니에게 가장 마음이 편안한 시간은 친밀한 사람과 둘이 있는 시간이었습니다.

1월 17일 나카노 씨가 와줘서 함께 차를 마시다. 어쩐지 마음이 가라앉는다. 온종일 혼자면 역시 외롭다. 그렇다고 해서 외로워하기만 하면 앞으로 아무것도 안 되니까 그걸 극복하지 않으면 안 된다.

11월 5일 아오야마 씨 방문. 뜻하지 않은 일이라 기뻤다. 미코도 함께 느긋하게 이야기해서 오랜만에 즐거웠다.

나카노 씨는 일하러 오지 못하게 되고 나서도 어머니가 마음에 걸려 이따금씩 방문해주었습니다. 아오야마 씨는 제가 어렸을 때 아버지의 치과의원에서 일했던 간호사로 가족처럼 교류하는 사이였습니다.

어머니는 12월에 열두 번, 근처에 문을 연 마사지 시료원에 갔습니다. 많은 날에는 하루에 두 번 이곳에서 마사지를 받았습니다. 마사지실의 젊은 직원들이 어머니의 이야기 상대가 되어 불안을 지탱해주고 고독을 위로해주었음은 물론, 설령 대화가 끊어져도 마사지 자체에 몸을 맡기면 되니까 어머니에게는 크게 신경 쓰지 않고 다닐 만한 장소였을 겁니다.

함께 사는 딸에 대한 어머니의 의존은 물심양면으로 한층 더 심해졌습니다. 어머니는 이해에 여행을 두 번 했습니다. 첫 번째는 5월 19일부터 21일까지 딸, 그리고 규슈에 사는 바로 위의 언니네 가족과 함께한 고치현高知県 여행이었습니다. 고치에서는 어머니 집안의 시조라 하는 오다카사 마쓰오마루 大高坂松王丸 기념비와 마쓰오마루를 기리는 마쓰쿠마신사를 방문했습니다. 남북조시대, 도사에 유배당한 고다이고 덴노天皇의 충신이었다는 오다카사 마쓰오마루와 도사의 땅은 어린 시절 양친을 잃은 어머니에게 마음의 고향과도 같아서 "마음에 두고 있었던 고향 방문도 이루고, 규슈의 가족들과도 볼 수 있어서 좋았다"라며 여행 마치는 소감을 남겼습니다. 한편 집에 돌아온 21일 일기의 마지막에는 "미코가 마지막까지 신경을 써줘서 고맙다. 덕분에 피로를 꽤 덜고 건강하게 다녀와서 다행이었다. 현저한 체력 감퇴를 통감"이라고 썼습니다.

두 번째는 10월 16일부터 17일까지 딸과 둘이서 닛코日光에 다녀온 단풍놀이 여행이었습니다. 닛코를 돌아본 것은 아오야마가쿠인 고등여학부 2학년 때 이래로 처음이라고 어머니는 썼습니다. 정말로 그랬는지는 확실치 않습니다만, 1박 2일 여행 중 어머니의 일기에는 학창 시절의 여행과 비교한 기술이 몇 군데 있습니다. 딸과 둘이서만 여행해서인지, 고치 여행보다 다소 편안했던 듯합니다. 출발 전인 10월 15일, 어머니는 다음과 같은 일기를 썼습니다.

10월 15일 점점 머리가 멍해지니 비참하다. 차분하게 정신이 흐려지는 수밖에는 없지만…… 오후, 미코가 쇼핑에 함께 가주어, 도부〔백화점〕에서 하얀 블라우스를 한 장 샀다. 미코는 휴일 온종일 주방에 서서 이것저것 만들고 있다. 내가 불을 쓰지 않아도 되도록 대비해주고 있다. 마음 씀씀이가 고맙다. 내일 여행 준비, 고맙다. 이제 앞으로 여행을 갈 수나 있을지? 몸 상태나 이런저런 걸 생각하게 된다. 마사히코가 여행비를 내줬다. 모두 마음을 나눠주는데 나는 멍하게 있으니 면목이 없다. 적어도 귀엽고 다정한 할머니가 되도록 노력하자. 내일은 드라이브, 만세*!

10월 17일 단풍이 아름답고, 이런 시기의 여행은 처음이라 대만족. 미코에게 완전히 의지했다. 앞으로는 이리 건강하게 여행하지 못할 거라 생각하니 감개무량. 미코에게 완전히 신세를 졌는데, 운전이며 양쪽으로 오죽이나 피곤했을까 싶다. 감사

어머니에게는 딸과 둘이 있는 시간이 가장 마음 편안한 시간이었던 것입니다. 딸도 일 사이에 짬을 내어 어머니가 즐거워할 만한 외출을 시도했습니다.

5월 14일 미코네 회사 동료가 출연하는 음악회에 가서 오랜만에 즐거웠다. 점심도 장어를 사줬고. 어머니의 날, 만세! 마사히코, 아키히코에게 TEL 받았다. 덕분에 다들 다정하게 신경을 써주니 정말 고맙다.

8월 5일 나라시노 문화홀에서 열린 음악회에 미코와 가다. 오랜만이라 즐거웠다. (…) 미코도 함께해서 이렇다 할 것 없이 편안하게 시간을 보내 기분 좋았다.

12월 23일 크리스마스 콘서트에 미코가 데려가주었다. 기

✽ 한자가 잘못 쓰여 있다.

뻤다. 소규모 실내악이었는데, 마침 가고 싶던 때라 미코의
마음 씀씀이가 깊이 느껴졌다. 다들 내게 두루 신경을 써
주니 행복하다. 뭐라도 보답을 하고 죽어야 할 텐데. 내가
없어도 삼남매가 아무쪼록 평화롭고 사이좋게 지내기를
기도할 뿐이다.

딸과 둘만의 외출이 즐겁다고 썼지만, 아마 이 시기에 어
머니가 가장 좋아했던 것은 딸과 둘이서 아무것도 하지 않
고 집에서 보내는 시간이었을 겁니다. 이전처럼 가벼운 마음
으로 외출을 즐기지 못하고 집 밖의 환경에도 적응하기 어려
워진 어머니는, 먼 곳에 다녀오면 피곤을 느꼈고 사람들 속에
있으면 자신이 뭔가 실수를 하지 않을까 늘 신경을 쓰고 있
었습니다.

6월 3일 미코가 휴일이라 아무 데도 나가지 않아서 안심했
다. 함께 하루 보내다.

8월 5일 미코도 함께, 이렇다 할 것 없이 하루를 보낼 수 있
어서 좋았다.

8월 26일 별로 기력은 없지만, 미코가 있어주면 든든하다.
(…) 앞으로 딸이 행복하기를 간절히 기도한다.

이즈음, 딸과 보내는 시간과 더불어 어머니의 마음을 평온
하게 만들어준 것은 말 없는 식물이었습니다.

4월 23일 정원 시렁에 등꽃이 피기 시작했다. (   ) 하얀
꽃도 많이. 우리 집 정원은 이 계절이 제일 아름답다. 수선
화, 프리지아, 영산홍, 금작화, 설유화, 조팝나무, 산당화, 개
나리, 산법사, 술봇꽃 등등 무엇보다도 큰 행복이다.

11월 26일에는 일기 칸 밖에 "언제 어떻게 뿌리를 내렸는
지 창문 아래 핀 맨드라미 꽃송이 주홍빛의 미더움いついかに根
づきたるにか窓下に咲く鶏頭の朱くたのもし"이라는 단카를 쓰기도 했습
니다. 창문을 열었더니 아래 좁은 곳에 붉은 맨드라미가 힘차
게 피었더라는 시입니다. 실력이 아직 녹슬지 않았다고 어머
니에게 얘기하고 싶었지만, 제가 이 시를 본 것은 어머니가 돌
아가시고 몇 년이나 지났을 때였습니다.

이해의 크리스마스부터 그믐날에 걸쳐서는 일기의 기록이
그다지 풍성하지 않습니다.

12월 29일 오늘부터 미코 휴가. 나는 마사지. 몸이 좋지 않
아 오후 한 번 더 마사지. 느긋하게 쉬다. 미코, 조림 등 시
작하다. 레이코, 가도마쓰 만들어 세우고, 떡, 두루마리 그
림, 꽃 등을 장식. 둘이서 함께 마사지. 미코는 식량* 준비

로 다망했고, 콩 등 조림은 얼추 다 끝났다. 땡큐 베리 베리 머치

12월 30일 아침 ●●[판독 불가], 미코, 오늘부터 휴가라 아침은 느긋하게. 나는 아침 동안 치료[마사지] 받으러 가다. 미코가 조림 등을 시작하다. 나는 곁에서 멸치볶음 등 예전처럼. 두루마리 그림과 가도마쓰도 갖추니 기분 좋다. 올해는 몸이 별로 좋지 않아 미코에게 모두 맡겼고, 또 미코는 그런 일을 좋아해서 의욕적으로 잘 해주니 고맙다.

이틀 사이에 같은 일이 몇 번이나 쓰여 있고, 문장도 어지럽습니다. 2005년까지 항상 연말의 감상과 새해에 대한 결심이 쓰여 있었던 그믐날 칸에는 아무것도 쓰여 있지 않았습니다.

83세(2007년)
"정신을 놓아버린 것 같다…… 정신을 놓았다!"

이해, 83세의 일기는 일기로서의 기록성이 더 흔들리고 기

---

* '음식'이라 표현하고 싶었던 것으로 보인다.

179

입되지 않은 날이 많아졌습니다. 직전 해인 2006년에는 기록이 거의 없는 날이 딱 20일 있었지만, 2007년에는 기록이 아예 없는 날이 107일, 찢겨나간 페이지가 8일치, 기록이 한두 단어에 그쳐 문장이 되지 않는 날이 35일, 모두 합치면 150일에 달합니다. 외출한 곳은 의료 기관, 마사지, 교회 등이 과반을 차지합니다. 방문자는 거의 돌봄과 관련된 사람이거나 친족뿐이었습니다.

4월 1일(일) 성지 주일. 새로 오신 신부님의 미사. 미사 뒤에 축하 식사. 집에 돌아와 녹초. 취침. 미코, 친구 아버님이 별세해 문상하러 가다. 오후, 혼자 축 처져서 자거나 일어나거나. 단카도 드디어 써서 한숨 돌렸다. 밤 TV에서 수태고지 등을 해서 꼭 보고 싶은데, 몸이 좀 힘들다.

4월 2일(월) 휴양.

4월 3일(화) 추위가 되돌아와서 기운이 나지 않는다. 근처에 마사지를 받으러 가는 게 고작. 하지만 거기서 우스갯소리도 하며 웃었더니 혼자 있는 것보다 마음이 좀 낫다. 가야마 씨가 교회를 바꿔서 외롭다. 어쩐지 조금 소원해졌다. 나도 이치카와市川에 가고 싶지만, 미코도 있고 고민 중이다.

12 December

18
19 MON
20 TUE
21 WED

2005년의 일기

12 DECEMBER

18 月
19 火
20 木
21 金

2006년의 일기

12月 DECEMBER

17 月 MON
18 火 TUE
19 水 WED
20 木 THU
21 金 FRI
22 土 SAT
23 日 SUN

2007년의 일기

4월 4일(수) 몸이 안 좋아서 아침부터 휴양. 와카 강좌(이케부쿠로) 쉬다. 저녁 무렵 마사지 다녀오고서 차츰 마음이 가라앉았다. 오늘은 가사도우미도 와줘서 오전 중에는 마음 놓고 휴식할 수 있었다. 이케부쿠로를 쉬어서 좋았다. 그럭저럭 몸 상태도 되돌아와서 밤에는 겨우 저녁밥을 먹었다. 미코, 귀가 늦음. 마사지?

4월 5일(목) 암센터. 점심에 미코가 회사에서 와 합류. 같이 점심. 오랜만에 암센터 위층에서. 끝나고 헤어지다. 돌아와서 낮잠. 아무것도 안 했는데 노곤해졌다. 수난주간인데 칠칠치 못한 일.

4월 6일(금) 오전 중 치료. 오후 야마모토 씨와 우연히 만나 야쓰에 가서 쇼핑(옷감). 돌아오니 기진맥진해서 다시 쉬다. 성 금요일인데 면목 없다. 하루를 축 처진 채로 끝냈다.

4월 7일(토) 아침부터 숨 쉬기 괴롭다. 요즘 좋지 않다. 미코, 오전 후나바시. 오후 → 저녁 무렵 마사히코 방문, 좋았다. 저녁 미사(부활절) 나가다. 오랜만에 찬송가 미사여서 좋았다.

4월 1일에 보이는 "단카도 드디어 써서"는 어머니의 착각입니다. 4월 첫 7일 동안, '지쳤다' '몸이 좋지 않다' '기진맥진하다' '축 처지다'라는 표현이 없는 날이 없습니다. 그때까지는 별생각 없이 쉽게 했던 일도 틀리지 않을까 싶어 하나하나 순서를 확인하고 또 확인했는데도 실패해 여러 번 다시 반복하는…… 그런 생활이 어머니의 피로를 가중시키고 의욕을 손상시켰습니다. 〔도표 2〕(102쪽)를 봐주십시오. 이해에 눈에 띄는 점은 자신을 질타하고 고무하는 말의 비율이 최고점에 이르렀다는 것입니다. 이런 말은 이전에도 많이 보였지만, 전체 어휘 중에서 차지하는 비율이 1991년부터 2005년까지는 1퍼센트 전후에 지나지 않았습니다. 그런데 2006년에 1.7퍼센트로 증가했고 2007년에는 3.2퍼센트로 올라갔습니다. 어머니는 매일 자신의 몸과 마음이 생각대로 움직이지 않는 것을 한탄하면서도, 힘내면 어떻게든 될 거야, 좀더 힘내자, 좀더, 좀더, 하고 자신을 고무하려고 했던 모양입니다. 이런 말은 이듬해에는 더 보이지 않게 됩니다.

마사지를 받으러 갔다는 기록도 7일 동안 두 번 보입니다. 전년도부터 빈번하게 다녔던 곳으로, 이해에는 1월부터 5월까지 거의 매일 다녔습니다. 3일의 "거기서 우스갯소리도 하며 웃었더니 혼자 있는 것보다 마음이 좀 낫다"라는 문장은 어머니의 속마음이었을 겁니다.

어머니는 이해에 준텐도대학 의학부 부속 준텐도병원에서 알츠하이머병이라는 진단을 받았습니다. 준텐도대학의 아라이 헤이이新井平伊 교수는 인지증을 전문으로 하는 정신과 의사로, 어린 시절부터 내 친구였습니다.

1월 20일 ⋯⋯저녁에 돌아온 뒤 마사히코가 방문. 내 진료 준비를 해주었다고. 감사. 이즈음(기분 탓일지도?) 정신이 멍해지는 일이 많아진 것 같아서 걱정했더니, 미코가 M에게 부탁했다고. 송구합니다. 어서 대비하는 게 좋겠다.

그렇게 정신이 멍해졌다고 말하던 어머니가 정작 진찰을 받을 단계가 되자 "기분 탓일지도?"라는 말을 끼워넣은 부분에서 어머니의 복잡한 마음이 엿보입니다. 그런 마음으로 다시 읽으면 "감사"라는 말과 "송구합니다. 어서 대비하는 게 좋겠다"는 말에서 미묘한 감정의 어긋남이 보이고, 후자는 어딘지 비꼬는 듯 읽히기도 합니다. 이날 저는 하루 업무를 끝내고 저녁에 어머니를 방문했습니다. 일기에 다음과 같이 썼습니다.

1월 20일 ⋯⋯후나바시로. 미도리는 집에 없어 어머니와 저녁 식사. 여느 때와 마찬가지로 요양원에 들어가는 게 미도리의 수고를 덜어주지 않겠느냐는 이야기를 몇 번이나 하셔서 짜증스럽다. 10시 귀가.

준텐도병원에서 진료를 받으시길 권했을 때 어머니가 보

184

인 태도에 관한 기록은 전후 일기를 봐도 전혀 없습니다. 이따금씩 방문해 이야기 상대가 되어드릴 뿐인 저마저 짜증스러울 정도였으니, 매일 어머니를 상대하는 여동생 미도리의 심리적인 피로도는 더 높았을 겁니다. 이즈음 제 일기에는 여동생이 답답해하고 있어서 걱정이라는 기록이 몇 번인가 보입니다. 저는 노년정신의학을 전문으로 하는 의사이므로, 어머니의 상태를 보고 인지증임을 알아채지 못했을 리 없습니다. 그럼에도 제대로 된 검사를 통해 진단받는 데에 그때까지 주저했던 이유를 생각해보면, 한 가지는 현실을 직시하고 싶지 않았기 때문이고 다른 한 가지는 진단을 받은 뒤의 치료에 기대가 없었기 때문입니다. 그런데 왜 이때였느냐고 하면, 어머니와 같이 사는 여동생의 심리적, 육체적 부담이 한계에 달했다고 생각되었기 때문입니다. 진단에 대한 어머니의 복잡한 마음은 그 뒤에도 일기에 기록되어 있습니다. 26일에는 드디어 처음으로 진단을 받아들였습니다.

1월 26일 준텐도병원, 내 인지 기능 저하 검사 결과. 미코가 회사를 쉬고 함께 와줬고, 삿짱도 와서 살펴봐주었다. 감사. 덕분에 큰 문제는 아니었던 것 같고, 그 뒤에는 또 다음 달에 데이터를 받는다. 미코는 일단 다시 들어갔고, 또 무로마치의 미쓰코시 백화점에 갔다. 나는 침몰.

이때의 검사 결과는 MRI와 심리검사 모두 알츠하이머병의 가능성을 부정하기 어려운 수준이었습니다. 30점 만점에 23점 이하여야 인지증 가능성이 있다고 보는 MMSE 검사에서는 25점이라는 무척 애매한 점수가 나왔습니다. 조금 더 자세히 인지 기능의 프로파일을 평가하는 COGNISTAT 검사를 보면, 비교적 이른 시기부터 알츠하이머형 인지증으로 장애를 입어 소재식과 기억에 관한 점수는 확실히 낮았지만, 이해, 판단, 추상적 사고력 등 다른 인지 기능은 높았습니다. 아라이 선생이 어떻게 설명해주었는지는 모르겠지만, 이런 애매한 검사 결과에 대한 설명이, 검사 전부터 인지증일지 모른다고 두려워하면서도 한편으로는 기우이기를 바랐던 어머니에게 '큰 문제는 아니다'라는 식으로 들렸던 모양입니다.

3월 9일 준텐도병원 진료. 미코와 정오에 병원에서 만나다. 지난번에 이어 내 인지 기능 검사. 20퍼센트 정도 마이너스가 된 것 같다. 참담하지만 조금 안심이 되었다. 미코는 병원에서 회사로. 신세를 져서 미안하다. 집에 가니 노곤했다. 일찍 잔다.

'20퍼센트 정도 마이너스'라는 말이 무슨 뜻인지 모르겠으나, 어떤 검사 결과가 정상치보다 약간 낮다는 의미로 보입니다. 그런 설명을 들은 어머니는 가벼운 장애라고 생각했겠죠.

"한심하지만 조금 안심이 되었다"라는 기록은 1월 26일 "큰 문제는 아니었던 것"과 통합니다.

알츠하이머병이라는 진단에 이어 이해의 큰 사건은 골절 때문에 입원한 일이었습니다. 10월 15일 근처 쇼핑센터에서 친구와 만난 어머니는 보도에서 넘어져, 상완골에 금이 가는 부상을 입었습니다. 그리고 바로 근처 병원의 응급실로 이송되어 입원했습니다. 어머니가 넘어진 날, 저는 오사카국제회의장에서 열린 일본노년정신의학회 때문에 오사카 리가로열 호텔에 투숙하고 있었습니다. 국제회의장 계단을 내려가던 도중에 여동생에게 사고가 났다는 전화를 받았을 때의 상황은 지금까지 생생하게 기억하고 있음에도, 그날 밤 호텔에서 쓴 제 일기에는 거의 학회 이야기뿐입니다. 마지막에만 "저녁 무렵, 미도리가 전화. 어머니가 외출 중 넘어져 상완골 골절, 야쓰병원에 입원했다는 연락"이라고 기록되어 있습니다. 스스로 의외일 정도로 관심이 희박한 어투입니다. 하지만 이제 와서 제가 쓴 일기를 다시 읽어보면, 이런 무관심한 어투는 이제부터 일어날 문제들에서 가능한 한 눈을 피하겠다는 심리적 방어였다는 느낌이 듭니다.

한편, 다쳐서 입원한 10월 15일 어머니의 일기는 거의 정확합니다.

10월 15일 넘어짐('넘어짐, ?넘어짐'이라는 글씨가 칸 밖에

도 있음] 라라포트 호텔 앞 돌계단에서 발을 헛디뎌 넘어
짐. 야마모토 씨와 해변에 산책하러 갈 생각이었는데……
가슴(팔?) 골절로 야쓰병원 입원

10월 16일 야쓰병원에서 도쿄대 와코병원으로 전원(마쯩네
병원) 미코와 A가 따라와주어 고마웠다. 뼈는, 왼쪽 어깨
와 두 팔 어딘가에 금이 간 듯 아파서 다시 병원을 옮기게
되었다.

10월 17일 M 와코병원장으로 개원? 10/11(동창회 불참)

10월 18일 A도 와서 S와 입원하는 길에 함께해주었다. 먼
길이었지만 무사 도착 여러 검사를 하고 개인실로 들어가
다 다들 걱정하게 만들어 미안하지만 힘낼 수밖에

10월 19일 M이 마침 병원에서 당번이라 잘 살펴봐줘서 고
마웠다. 밤에도 누굴 불러야 할 정도로 심하지 않아 어떻
게든 지나갔다. 아침부터 습포와 패치로 통증을 누른다. 꽤
나 중상이라 온갖 방법을 다해주니 고맙다

10월 20일 오늘은 혼자서 아침을 맞이했다. 이런저런 치료,
약 복용 S, T 병문안으로 방문, 미코 저녁부터 여러 짐을

챙겨서. 식당 자리도 정해지고, 드디어 입원 환자로서의 생
활이 시작된다. 단카도 몇 편 썼다.

'넘어짐'이라는 글자가 가타카나(ㄱㅁㅂ)로 세 번이나 적혀
있고, 그중 하나에는 '?'이 붙어 있는 점으로 추측해보자면
'넘어지다'라는 단어의 한자(転ぶ)가 생각나지 않았던 모양입
니다. 입원 다음 날인 16일, 17일 일기는 18일 와코병원으로
옮긴 다음에 썼는지 내용이 혼란스럽습니다. '도쿄대 와코병
원'이라고 쓴 이유는 제가 예전에 근무했던 도쿄대병원과 당시
에 원장으로 일했던 와코병원이 분간되지 않았기 때문일 겁니
다. 나라시노시習志野市의 야쓰병원에서 사이타마현埼玉県 와코
시和光市의 와코병원까지 차남 부부가 모시고 구급차로 이동
해 입원한 18일의 일기를 보면 어머니가 주변 상황을 비교적
확실하게 인식하고 있었음을 알 수 있습니다. 19일은 세밀한
부분은 혼란스럽지만 거의 정확히 기록되어 있고, 20일도 가
족 면회 순서 등을 거의 정확하게 기술하고 있습니다.

그러나 다친 지 7일째인 10월 21일 이후, 일기는 기록의
양이 적어지면서 글씨도 흐트러지고 내용도 혼란스러운 날이
많아집니다. 10월 29일, 30일에는 갑자기 또렷한 글씨로 집에
돌아가고 싶은 마음을 썼습니다. 소재식 장애 때문에 돌아가
고 싶다고 한 게 아니라 정확한 현실 인식하에 돌아가고 싶은
마음과, 몸이 생각처럼 움직이지 않아 어쩔 수 없다는 체념이

뒤섞여 있습니다.

10월 29일 어떻게든 후나바시로 돌아갈 수 없을까 생각하지만 어떻게……? 덕분에 기운 차렸지만 역시 쓸쓸하다. 겁쟁이라고 생각하지만 어쩔 수 없다. M은 아침 치료에는 보였지만, 내 담당은 여자 선생님과 젊은 선생님. 덕분에 무사. 아프다고 아무것도 손대지 않고, 또 찾지도 않고서 온종일 빈둥대며 보낸다.

10월 30일 오늘은 쾌청, 열린 남쪽 하늘은 멀리 후나바시로 이어지겠지.

퇴원한 12월 23일까지 67일 동안, 거의 반 정도는 제대로 정리된 문장이 남아 있지 않습니다. 기록된 문장 중에는 "온종일 아무도 오지 않고 아무 일도 없다. 내게는 아무것도 알려주지 않지만 마사히코는 스스로 방침을 결정한 것 같은데, 과연 그게 뭘까? 일단 천천히 설명해서 나를 이해시켜주지 않으면 곤란한데"(11월 21일)와 같이 소외감과 저에 대한 불만이 새어나오는 날도 있습니다.

한편 어머니가 와코병원에 입원했던 67일 동안, 제 일기에 어머니에 관한 기술이 나오는 건 19일밖에 안 됩니다. 대부분은 진료 기록처럼 어머니의 상태를 기술한 내용뿐입니다.

190

제가 근무하는 병원에 입원한 동안에도 어머니의 마음을 지탱해준 사람은 딸이었습니다. 어머니는 딸에 대한 고마움을 반복해서 일기에 썼습니다. 보러 올 때마다 인상에 남을 뭔가를 함께해준 것이 어머니에게는 즐거운 추억이 되었습니다. 11월 24일에는 단카 퇴고를 도와주어, 어머니는 오랜만에 동인지에 투고할 수 있었습니다. 12월 8일 남편의 기일에는 딸에게 성묘를 다녀왔다는 연락을 받고서 안심하는 모습으로 고인이 된 남편에게 말을 거는 듯한 일기도 썼습니다. 12월 2일 일기에는 1일의 일화가 반복됩니다. 실제 체험에서 하루 지난 2일인데도 장소를 혼동합니다.

11월 11일 미코, 문병하러 와서 온종일 상대해주고 보살펴주었다. 어쩌나 좋던지…… 오늘은 흐렸지만 1층까지 내려가 함께 정원 산책을 해서 행복했다. 고맙다 빨리 좋아져서 집에 가고 싶다.

11월 24일 미코, 내가 손으로 써놓고는 아직 완성하지 못한 단카를 10수 도와주고 응원해주었다. 덕분에 정서도 끝내고 제출할 수 있었다. 땡큐 베리 머치

12월 1일 미코와 외출. 다카시마다이라 근처 아카쓰카 식물원으로, 입원 후 처음으로 외출 바깥 공기를 마시며 예쁜

단풍을 봐서 조금 기운이 났으려나? 돌아와서 약 복용. 미코가 밤까지 있으면서 여러모로 신경 써줘서 좋았다. 저녁식사(도시락 지참)를 함께 하고, 느긋하게 있다가 돌아갔다. 고마워. 외로웠는데 밤까지 지켜주느라 수고했습니다. 정말로 기뻤어. 행복하길!

12월 2일 〔다음 페이지 칸 밖에 기록〕 미코 방문. 고향 안쪽 녹지와 공원을 걸으며 희한한 것도 보고 번화가 구경을 잘했다. 드문 일. 둘이서 차로 갔으니 가능했지, 혼자 걸어서는 도저히 갈 수 없는 곳이었다.

12월 8일 기쿠오〔남편〕 기일 미코가 성묘를 해준 모양이다. 덕분에 무탈하게 살고 있습니다. 여보, 고마워요

유치원 동창 친구분들도 입원 중의 단조로운 일상에 즐거운 자극을 주었습니다. 4인방은 모두 어머니와 같은 83세였기 때문에, 먼 와코시까지 다 같이 오기는 어려웠고 한 사람이 결석해 어머니를 포함한 3명이 모였습니다. 어머니는 와코병원을 도쿄대병원과 또다시 착각합니다. 그리고 짧은 일기 속에서 같은 이야기를 두 번 반복합니다.

12월 4일 (구니, 구미) 유치원 (스미 결석) 두 명 일부러 고향

192

까지 와주어 7층 티룸에서 차를 마시다. 옥상의 꽃을 구경했다. 유치원(스미코 빼고) 구니코, 구미코 내방, 7층에서, 도서실에서 책을 읽고 정원의 꽃을 보고, 약간 클래식한 분위기가 되었다. 돌아갈 때는 1층까지 걸어 내려가 배웅했다. 일부러 와주어 고맙다. 귀한 산책이었다.

12월 23일, 예정대로 어머니는 퇴원해서 집으로 돌아왔습니다. 그날 어머니의 일기에는 연필로 "퇴원"이라는 말뿐입니다. 실은 퇴원에 '예정'이라는 글자를 덧붙였다가 지우개로 지운 흔적이 있습니다. 무슨 생각으로 '예정'이라 쓰고 또 무슨 생각으로 지운 걸까요. 24일, 어머니가 매년 그토록 중요하게 여겼던 크리스마스이브의 기록은 "이브, 미사(밤)"뿐입니다.

입원 중에는 기억 장애나 소재식 장애가 급속히 진행되는 듯 보였던 어머니도 집에 돌아오자 나날이 차분함을 되찾았습니다. 이해에는 어머니가 자신의 인지 기능 저하에 대해 기록한 부분이 69군데에서 보입니다. 전년도의 113군데와 비교하면 줄었지만, 이해는 기록이 거의 없는 날이 150일이나 있습니다. 일기가 쓰인 날수로 따지면, 인지 기능 저하를 기록한 비율은 2006년과 2007년 모두 약 33퍼센트로 변화가 없습니다. 거의 세 번 중에 한 번꼴로 쓴 셈입니다. 이즈음, 어머니는 자신의 실패와 인지 기능 저하의 인과관계를 이해하지 못할 때가 많아졌습니다. 전년도까지는 구체적인 실패가 기록되어 있었지만, 이해가 되면 인지 기능 저하로 일어난 대부분의 사건을 자신이 장소나 시간을 착각하거나 약속을 잊어버린 결과로는 인식하지 못하고, 그저 결과가 좋지 않았다, 잘해내지 못했다는 사실만을 자각합니다. 똑같은 일화가 각기 다른 날에 쓰여 있는 것이 네 차례 있었는데, 그중 하나는 "오늘 새 가사도우미가 왔다"는 말이었습니다. 실제로는 5월 22일에 온 것으로 보이는데, 두 번째로 온 사흘 뒤 25일에도, 그 나흘 뒤인 29일에도 어머니는 "새 가사도우미가 왔다"라고 인식했습니다.

이해에 어머니가 스스로 알아차린, 인지 기능 저하에 기인한 구체적인 실패는 다음과 같습니다.

1월 10일 오전 중. 가사도우미, 소개업체에 12월분 지급. 업체 사람이 끝내고 갔고, 곧바로 이케부쿠로(단카 모임)로. 그런데 달력을 잘못 보고 일주일이나 일찍 갔다. 식사(튀김) 맛있었지만…… 또 이러고 말았다.

3월 7일 오후에는 세이부 강의. 오랜만에. 식사를 허둥지둥하고 외출했다. 플랫폼에서 평소와 다른 위치에서 내리는 바람에 긴 이케부쿠로역에서 당황해 시간을 지체했다. 세이부와 (   ) 백화점 위치를 혼동해서, 겨우 도착했을 때는 강의가 시작된 상태였다. 이렇게 정신이 없다니 참을 수가 없다.

4월 27일 지레짐작으로 오쿠보와 후나바시를 착각해 쓰쿠시회 모임에 갔더니 아무도 없다. 돌아와서 생각해보니, 달려간 시간은 이미 해산한 뒤였다! 오기 씨 등과 차를 마시고 귀가. 실패하고 물건만 잃어버린 하루였습니다.

7월 4일 오후 도쿄대병원. 사치코가 와주다. (…) 택시에 지팡이를 두고 내려 난감했다. (…) 미코가 하루의 순서를 써주어서 도움이 되었다. 조금씩 정신이 흐려져서.

그 외에 잃어버리거나 없어진 물건에 대한 기록이 네 군데 있습니다. 이러한 인지 기능 저하에 따른 구체적인 실패는 7월 이전에 집중되어 있고, 8월 이후 하반기에는 거의 보이지 않습니다. 이는 인지 기능 저하와 의욕 저하가 맞물려 외출할 기회, 스스로 집안일을 할 기회가 줄어서 실패도 줄었기 때문입니다. 물론 실패하거나 낙담했던 일화 자체를 잊어버린 경우도 있겠죠. 구체적인 묘사가 줄었기 때문에 고유명사를 생각해내지 못해 공란인 채로 두는 일도 줄었습니다. 하지만 이해의 일기에는 어머니 자신이 자각하지 못한 인지 기능 저하에 관한 기록이 늘었습니다. 예를 들어, 와코병원에 입원 중인데 도쿄대병원에 입원해 있다고 착각한 기록이 두 군데, 하나의 일화를 같은 날 두 번 반복해서 쓴 기록이 두 군데, 다른 날에 있었던 일인데 마치 그날 일처럼 기록되어 있는 곳이 세 군데 있

195

습니다. 따라서 이해에는 어머니가 실패라고 인식하지 못해 일기에도 쓰지 않은 사건이 더 빈번하게 일어났을 가능성이 있습니다.

이해, 자신의 상황을 한탄하는 기록은 37회입니다. 전년도의 66회보다는 줄었지만, 기록이 있는 날수를 감안하면 출현 빈도는 둘 다 약 20퍼센트로 거의 같습니다. 37건 중에서 16건은 고독을 토로하는 기록입니다. 인지 기능이 저하된 어머니는 여러 사람이 서로 의견을 나눌 때 흐름을 따라가기가 곤란해졌습니다. 그래서 어머니에게 존재 가치의 중요한 일부였던 성경 공부나 단카 모임, 여대 동창들과 계속해왔던 고전 공부 모임 등의 소규모 활동에 거리를 두게 되었고, 그에 따라 개인적인 교제도 점점 더 줄었습니다. 그 결과 어머니는 딸이 회사에 가 있는 동안 집에서 혼자 지내는 시간이 길어졌습니다. 본래 마당을 가꾸거나 단카를 짓거나 하며 혼자 시간을 보내는 데 서툴지 않았던 어머니가 점점 더 고독을 한탄하게 되었습니다.

1월 2일 미코가 예년처럼 아침부터 호텔 다도회에 가버려, 나는 온종일 혼자서 집 보기. 정월 이른 시간이라 전화도 걸지 못하고 침묵 속에서 시간을 보내다. 저녁 무렵에는 이외*로 일찍 돌아와서 기뻤다. 비도 내리지 않아 다행이었다.

1월 6일 미코는 오후 차 모임에 나가다…… 저녁까지. 나는
온종일 틀어박혀 있었다. 요즘 몸도 좋지 않고 축축 늘어
지는 게 몸과 마음 모두 시원치 않다. 앞으로의 일을 생각
하면 어떻게 해야 좋을지…… 모두에게 폐만 되지 않기를

매년 1월 1일에는 가족이 모여 북적거리며 보냅니다. 하지
만 우리는 그날 안에 돌아가버리고, 2일에는 여동생이 예년처
럼 하쓰가마初釜** 를 도우러 외출했습니다. 소재식 장애나
기명력 장애 때문에 지금 여기서 자신이 무엇을 하고 있는지,
무엇을 해야 하는지 자신감이 없는 어머니로서는 혼자 우두
커니 있는 시간이 불안했던 것입니다.

3월 23일 CT 촬영, 미코가 회사를 쉬고 함께 가주었다. 늘
여러모로 신경 쓰게 해서 미안하다. 집에 돌아온 다음에
미코는 저녁까지 외출. 혼자서 휴식했다. 친구에게 전화하
려 해도 화젯거리가 없어 요즘 어쩐지 외롭다. 봄이 되면
조금 기운을 내보고 싶다.

5월 8일 온종일 꾸물꾸물한다. 몸이 별로 좋지 않다. 울렁

---

* '의외'라고 쓰려다 한자를 잘못 쓴 것으로 보인다.
** 새해가 되어 처음으로 솥을 걸어놓고 차를 끓여 마시는 것, 혹은 그
러한 차 모임.

울렁거린다. 전화도 걸지 않고, 걸려오지도 않는다. 붙임성
없는 사람은 외롭다

5월 24일 괜히 빈둥빈둥하며 시간을 보내다. 시를 척척 써
내야 하는 시기에 기력이 없어 항복하다니. 누군가에게 전
화할 마음도 생기지 않고, 혼자서 자리에 누워 있다. 우울

어른이 되면 하루에 몇 시간쯤 혼자 있는 것은 그리 괴롭
지 않습니다. 혼자 있어도 자신이 많은 사람과 연결되어 있음
을 알기 때문입니다. 더군다나 함께 사는 가족이 있으면 그 사
람이 집에 돌아올 거라는 사실을 압니다. 인지 기능이 저하되
면 자신과 주변 사람들과의 관계에 확신이 없어지고 시간 감
각을 잃으면서 앞으로 얼마나 기다려야 가족이 집에 올지 모
르게 됩니다.

이외에도 자신의 상황을 한탄하는 기록이 반복적으로 나
타납니다. 생각대로 되지 않는 상황에서 근거 없는 기대도 해
보고, 자신을 격려해보기도 하고, 떨쳐 일어나려고도 해보지
만, 그래도 잘되지 않으니 무기력함을 내보이며 여의찮은 상황
에 곤혹스러워합니다. 발이 닿지 않는 늪에서 발버둥치는 듯
한 표현이 이어지는 것입니다.

4월 4일 후지야마 씨와 (   ) 씨의 가집, 답례 카드라도 보

내고 싶은데 감상도 전혀 나오지 않고 꾸물꾸물하기만 한다. 이런 일이 있나.

5월 1일 요즘 몸이 별로 좋지 않아, 미코가 외출하면 한동안은 아침부터 침대에 들어가버렸다. 스스로 적당히 주의하지 않으면 엄살떠는 몸이 되어버릴 것 같아서, 가능한 한 움직이자고 마음을 다잡는다. 오전 중에는 치료[마사지], 오후에는 정리 등, 시를 쓸 수가 없다.

5월 19일 좀더 마음이 깊어져야 한다고 절절히 느낀다. 언제 불려갈지 모르는데, 여러모로 너무나 힘이 모자라다. 모처럼 받은 교육도 몸에 익지 않는 게 정말로 뭐라 할 말 없고 비참하다. 이제부터 노력해서 조금은 깊이 있는 사람이 될 수 있을까.

6월 8일 오전 중 너무나 힘이 나지 않아 자다가 일어나다가. 이래서는 곤란해 마음먹고 오후 교회로. 도중 조퇴. 취침, 도우미가 저녁에 와서 식사 준비를 하고 돌아가다. 저녁 식사, 취침, 아예 기력 없음. 교회에도 마음이 내키지 않으니, 어쩌지?

8월 31일 오늘은 오구치 씨네에서 공부 모임. 용기 내어 나갔는데 역에서 좌절* 하고 돌아왔다. 마음도 완전히 꺾여 버려 한심하다. 오전 중 휴양, 오후에는 조금 일어나서 독서 등 하다. 마음을 단단히 세우고 단단히 걸어가자. 힘주지 말고 쓰자.

10월 5일 몸이 안 좋다. 오전 중 치료. 오후는 빈둥빈둥, 기력이 없어지니 다 싫다. 시도 못 쓰고 문장도 완성이 안 되니 마음부터 정리해야 한다고 생각하면서, 오늘도 온종일 해이하게 있었다. 내일은 제대로 해보자.

이해, 어머니는 인지증에 걸린 게 아닐까 하는 직접적인 불안을 좀더 절실하게 기록합니다. 1월 초부터 정신이 흐려졌다는 불안감을 표출합니다.

1월 8일 올해는 성인의 날이 8일로 옮겨졌는데, 휴일도 우왕좌왕하니 복잡하다. 날씨가 별로 좋지 않아 온종일 집에서 어정어정했다. 미코는 장보기와 음식 만들기, 기타 등등으로 바쁘게 일했다. 나 자신, 조금씩, 몸, 머리가 흐려졌음을 스스로도 알겠으니 미치겠다.

---

* 한자가 잘못 쓰여 있다.

1월 16일 쓰쿠시회. 몸도 그저 그래서 이번에 마지막으로 돕기라도 할까 하고 용기 내어 나갔지만, 처음으로* 곧바로 몸이 나빠져 퇴장. 정말 면목 없을 뿐. 택시로 귀가해서 쉬다. 오는 길에 미코는 미쓰코시에 다녀온다고 해서 먼저 돌아오다. 요즘 몹시도 정상이 아니어서 나로서는 항복. 마음을 가라앉히고 한 걸음 한 걸음 걷고 싶다.

1월 17일 오후 미코와 정원 풀 뽑기. 오늘은 미코도 쉬어서 집을 이렇게 저렇게 해주었다. 나는 요즘 조금 (?)이 되어서 내가 생각해도 걱정. 잃어버리는 물건이며 실패가 많아서 큰일이다.

2월 3일 아침, 미사. 돌아와서 자다. 미코 쇼핑. 저녁 무렵 m 방문. 단카에도 전혀 열중하지 못한다. 이대로 정신을 놓아버릴까 생각하면 불안. 힘내야 한다고 생각하지만, 어떤 건지……

2월 19일 머릿속이 엉망진창이어서 정신을 놓아버린 것 같다…… 정신을 놓았다! 집도 나도 뭐가 어떻게 되어가는지 모르겠다. 조심하다보니 오히려 대비를 못 하는 건지도

---

* '다시'를 잘못 쓴 것으로 보인다.

모르겠지만, 조금 차분하게 늙어가면서 알차게 매일을 보내도록 노력하고 싶다.

2월 23일 구니코의 그림 전시를 보러 가다. 네 사람 모여서 즐거웠다. 작품은 꽃. 오늘은 멍하게 있느라 그다지 잘 기억나지 않아서, 돌아온 뒤에 떠올릴 수가 없다. 뭘 하러 갔는지, 정신을 놓아버렸는지 걱정이 되었다.

3월 26일 아무것도 모르게 되고 바보가 되어버린 것 같다. 오전 중 마사지 받으러 가다. 그곳 사람들은 나를 보기 드물게 소중하게 대해줘서 고맙다. 오후, 쇼핑하러 후나바시로 가다. 내일이 교회라고 착각해서 쇼핑을 하러 갔는데 모레였고, 내가 애를 태우거나 주제넘게 나설 일이 하나 없었는데도 여전히 바보라 싫다.

6월 7일 나는 적잖이 멍해 있어서 내가 생각해도 걱정

1월, 2월에는 인지증에 관한 불안을 종종 표현하고 있지만, 그 뒤로는 3월에 1회, 6월에 1회 나올 뿐입니다. 일기의 기록이 빠진 날의 횟수는 이해 4월에 월 13회로 급증한 뒤 회복되지 않았고, 기록적인 폭염이있었던 8월에는 기록이 없는 날이 20일, 단어뿐인 날이 9일이고, 문장으로 쓴 날은 2일뿐이

었습니다. 그에 따라 어머니의 인지 기능도 위태로워져 불안을 구체적으로 표현하게 되었으리라 생각합니다.

이해의 일기에도 자신의 거취에 관한 걱정이 8회 나타나지만, 어머니는 구체적인 방안을 고민하거나 찾아보는 능력을 이미 잃었습니다. 주체적으로 어떻게 하고 싶다기보다는 불안에 쫓겨 뭐라도 해야 한다고 고민하는 방향으로 변화합니다. 스스로 생각을 정리하지 못하는 만큼, 자식들과 상의하려고 생각했던 것 같습니다.

1월 11일 앞으로의 거취를 생각하지 않을 수 없다. 유산 문제는 내가 가진 게 얼마나 되는지 모르겠지만, 미코의 앞날도 그렇고, 삼남매가 평화롭게 지낼 수 있도록 나눠야 한다. 그러려면 내 마무리가 제일 중요하니, 미코에게 상의해야겠다.

3월 10일 미코 외출해서 저녁에 M이 와주다. 모두가 애써주니 행복. 하지만 뭔가 제대로 정리하지 않으면 나 자신 곤란해서 M에게 상의해보다.

3월 25일 오늘은 아침, 미코는 다도 연습하러 가고 나는 외출하기도 어려운 데다 몸이 좀 안 좋아서 미사를 쉬어버렸다. 사순절임에도. 저녁에 미코 귀가. M짱도 방문해주었다.

늘 다정하다. 저녁 식사를 함께 해줘서 기뻤다. 미코의 장래, A짱의 일, 의논하고 싶은 게 여러 가지 있었지만, 나 자신이 확고하지 않아 말을 꺼내지 못하다. 가능한 한 빨리 집을 정리해서 미코의 앞길을 열어준 뒤 떠나고 싶은 마음이 절실하다.

7월 1일 M, A가 와줘서 기뻤다. 중요한 의논을 하려고 생각했는데 그냥 수다만 떨다가 끝났다. 실패.

제 일기에도 어머니와의 만남은 기록되어 있었지만, 거취에 관해 의논했다는 기록은 전혀 없습니다. 세 차례 모두 어머니는 어떻게든 자신의 생각을 전하려고 했을 겁니다. 제 일기의 기술을 읽어보면 저는 굳이 어머니 앞에서 그 이야기를 꺼내지 않으려고 했던 게 아닐까 하는 생각마저 듭니다. 그러면서도 저희는 어머니를 빼놓고 개호보험의 가정 방문 서비스 등에 대해 상담을 받기도 했습니다. 일하는 와중에 짬을 내어 얼른 정리해버리고 싶었던 저희로서는 어머니의 사고 속도에 맞춰 천천히 진행할 여유가 없었습니다. 어머니는 아마 자신은 소외된 채 일이 차례차례 결정되고 있다는 데 불안감을 느꼈겠죠. 자식들이 제시하는 방안에 확실히 이의를 제기하거나 자기 의견을 주장할 수 없었던 어머니는 다음과 같이 불만을 토로합니다.

7월[날짜 불명, 칸 밖에 기재] 뭔가 여러모로 이상해지면서 갈팡질팡, 그다지 마음이 내키지 않는 계획에 약간 당황하고 있다. 상태를 좀 보며 방향을 결정하고 싶은데, 자신감까지 내보이니 조건을 붙이기가 어렵다.

거취라기보다 신변 정리를 생각하는 듯한 일기도 있습니다.

1월 19일 남편 기쿠오의 장례 기록과 명부는 이제 20년 전의 것들이지만, 코트룸 선반에 기록을 남겨두었다. 언젠가 (시대가 달라*졌으니 어떨지 모르겠는데) 일단 장례 준비에 참고가 될 것이다. 물론 시신도 기증할 테니까 요란하지 않게, 여러분과 헤어져 떠나면 그걸로 족합니다. 잘 부탁합니다.

10월 20일 시노[가인 시노 히로시] 선생님의 세이부 강좌도 도리상 그만두기로 해서 인사하러 가다. 미코가 휴가를 내고 따라와줘서 다행이었다. 강의에는 참석하지 않고 친구들과도 만나지 못했지만, 어쨌든 선생님에게는 그동안 감사했다는 말씀 올리고 앞으로도 잘 부탁드린다고 했다. 시만큼은 한동안 계속 더 쓰고 싶다.

---

* 한자가 잘못 쓰여 있다.

1월 19일은 자신의 사후 준비에 대한 내용입니다. 어머니는 남편과 사별한 뒤, 조금씩 자신의 사후 준비를 진척시켜왔습니다. 10년 이상이 흘렀으니 내용은 조금씩 수정했겠지만, 이 시기가 되어 어머니에게는 이제 세밀한 지시를 고쳐 쓸 능력이 사라져 있었습니다. 자신이 능력을 잃어간다는 사실을 자각하면서, 다시 한번 의사를 밝혀두고 싶었는지도 모르겠습니다.

10월 20일 일기는 단카를 공부했던 강좌를 그만두던 날의 모습입니다. 단카를 지어 매월 투고하던 것은 이미 거의 못 하게 되었고, 이따금씩 인근 백화점에서 열리던 단카 강좌에도 참석 못 한 지 꽤 시간이 흘렀기 때문입니다. 시노 선생님에게는 개인적으로도 도움을 많이 받았기 때문에 이날 따로 작별 인사를 드린 모양입니다.

이해의 일기에는 잃어버린 물건이나 잊어버린 일에 관한 기록이 4회 있는데, 그중 2회는 제 생일에 관한 내용입니다.

4월 10일 마짱 생일도 다가와서 쓰다누마의 (   )에 축하 카드를 사러 갔다가, 간 김에 괜찮아 보이는 것을 샀는데 (상품권으로) 잃어버렸다. 이렇게 얼빠져 있다니 어쩔 도리가 없다.

4월 12일 어제 마짱에게 생일 카드를 보냈는데, 축하 선물로 산 것을 어딘가(찻집 역)에서 떨어뜨려 잃어버렸다. 오늘 찾아봐도 모르겠다 싶어 포기했는데, 대신할 것을 살 수가 없으니 난감하다. 어떻게든…… 오늘은 몸이 좋지 않아서 돌아다니지도 못하고 곤란했다. 어쨌든 카드는 보냈으니 용서해주길.

이해, 어머니에게 받은 생일 카드에는 다음과 같은 글이 쓰여 있었습니다.

생일 축하합니다. 나이 ○살?
어제 준비하다가 보내는 걸 깜박했어. 늙어서 그러니 용서해주기를.
지금 12일 오전 2시 30분 잠에서 깼다가 깜짝 놀랐어. 일어나서 쓰고 있단다.
오늘 때맞춰 보내서 다행이야!
어제 쓰다누마의 마루센에서 사왔어. 여든○ 살 할머니의 실수, 용서해다오.
늘 다정하게 배려해줘서 고맙다. 아무쪼록 건강하고 요코와도 행복하길!

2007년 4월 12일 레이코

같은 날, 제 일기에도 어머니의 카드에 관한 기록이 있습

2007년 4월, 어머니에게 받은 생일 카드

니다.

4월 12일 어머니에게 받은 생일 카드, 수신자 이름에 한자
를 잘못 쓴 데다 다른 사람 같은 필체, 카드를 열어보니 나
이가 ○세라 쓰여 있다

생일 당일 한밤중에 눈을 떴다가 책상 위에 둔 카드를 발
견하고는, 황급히 써서 우편함에 넣었던 거겠죠. 지금 어머니
의 일기를 읽고, 다시금 어머니의 기도가 응축된 카드를 읽고,
제 일기의 냉정한 문장을 보니 눈물이 쏟아집니다. 어머니, 용
서를 빌고 싶은 사람은 저입니다.

이해, 어머니는 심리학 전공자인 대학원생 두 사람과 함께

라이프 리뷰를 완성했습니다. 어머니는 마지막을 다음과 같은
말로 맺었습니다.

> 마사히코, 아키히코, 미도리, 아무쪼록 신의 가호를 믿어다
> 오. 나는 어릴 때 부모님을 잃었지만, 신앙을 지닌 아버지
> 의 모습을 보고 배웠기에 어떻게든 힘을 내며 살아왔단다.
> 힘들 때는 기도하자. 엄살 피우지 말고, 신에게 맡기고 기도
> 하자. 분명히 길을 열어주실 거야.
> 부족한 어머니라서 면목이 없구나. 물질적으로도 가난해
> 서 미안했단다. 여러모로 신세를 졌어. 각자의 길을 성실하
> 게 걸어가다오. 마음으로 행복을 기원한다. 진심으로, 고
> 마워.
>
> 2007년 6월 17일 레이코

84세(2008년)
"하루하루 정신이 흐려지는 것 같아서
무서워 견딜 수가 없다"

2008년 일기장은 어머니의 마지막 기록입니다. 유니세프
에서 페이지마다 어린이를 주제로 한 그림을 넣어 만든 아름
다운 일기장으로, 한 페이지에 일주일 분량을 기록하게 되어

있었습니다. 이해에 어머니가 기록한 일기는 전부 합쳐 69일로, 인지 기능 저하와 자신의 상황에 대한 한탄 같은 기술이 대부분입니다. 어머니의 일기를 쫓으며, 이해 전반부 어머니의 생활을 따라가보겠습니다.

1월 1일 아키히코 가족, 구니히코 씨 내방(마사히코 감기로 와병) 조용하고 좋은 새해 ← 다시 건강해진 3일 TEL

1월 2일 다소 피곤했다. 온종일 기진맥진. 미코는 다도 선생님(스즈키)께 인사드리러 우라야스 호텔에 가다. 나는 지금 한 장면이 떠오르지 않아 흔들흔들 꾸벅꾸벅 어쩐지 불안

1월 3일 따뜻한 한낮에 또 낮잠이나 자버렸다. 이렇게밖에 시간을 보내지 못하다니 한심하다. 미도리는 자신의 생각을 그대로 생활에 살리니 부럽다. 내 머릿속은 뒤죽박죽으로 흩어져 정리가 안 된다…… TV 소리만 공허하게 귀에 들어온다. 새해 벌써 이래서야…… TV 마라톤이 나오고 있다. 저녁에 산책, 미코와 함께

새해 사흘 동안의 일기는 한탄뿐입니다. "내 머릿속은 뒤죽박죽으로 흩어져 정리가 안 된다…… TV 소리만 공허하게 귀에 들어온다"라는 기술이, 자신이 통제할 수 없는 사태 앞

에서 망연자실한 어머니의 마음을 여실히 드러내고 있습니다. 이 시기의 제 일기를 다시 읽어보면, 어머니가 빈번하게 전화를 건다는 기록에 섞여, 여동생에게서 어머니가 마음을 가라앉히지 못하고 있다는 SOS 전화를 받았다고 쓰여 있습니다. 어머니의 일기는 9일의 공백 뒤 재개됩니다.

1월 13일 마짱에게 멋진 일기장을 받았다. 한발 늦어서 아쉽지만, 올해는 여기에 기록하기로 한다. 어린이들의 성장도 고마울 정도로 기특하니 변변찮은 기록이라도 채워나가자.

그 전날, 저는 지바현에서 강연을 하고 돌아가는 길에 어머니 댁을 방문해 하룻밤 묵었습니다. 제 일기에도 어머니가 일기장이 없다고 해서 함께 사러 갔다는 기록이 있지만, 실제로 어머니가 쓴 일기의 첫 페이지에는 '미짱에게 받음'이라는 글씨가 있습니다. 사실 이 일기장은 여동생이 어머니를 위해 준비한 것입니다. 13일에 저와 함께 사온 일기장은 어딘가에 소중하게 넣어두고는 그대로 잊어버린 모양입니다. 그 후 한동안 무미건조한 일기가 이어집니다.

1월 19일 쓰쿠시회 신년 모임 결석

1월 20일 아침 교회. 올해는 연초에 컨디션이 무너져서 처음으로* 미사에 참석했다. 미코가 여러모로 신경 써줘서 겨우 미사를 마치고 귀가. 이렇게 기력이 없어졌나 싶어 연초부터 벌써 한심한 생각이 든다. 미도리는 연휴라 요리며 뭐며 바쁘다. 나도 애써야 하는데. (오늘 헬퍼가 오지 않아서 마음 편함)

1월 24일 '무나잔요胸算用'**〔동창들과 지속해온 고전 독서 모임〕 (쉬는 날) 외출했다가 마음이 안 내켜 귀가(역에서)

1월 25일 ~~쓰쿠서회(휴식) 신년 모임~~ → 1월 19일이었다

1월 26일 새해 벌써 기운이 빠져 휴식

1월 27일 미사

1월 28일 오후부터 점심 모임에 갈 생각으로 채비했지만, 막판에 마음이 꺾여 결석. 이래서는 혼자 침울해질 거라 걱정. 나 자신에게 응원가를 보내면서 힘내자. 등이 아프다.

---

* 잘못 썼다고 하기는 어려우나, 부사로는 잘 쓰지 않는 한자가 들어가 있다.
** 꿍꿍이, 속셈이라는 뜻.

가톨릭교회의 미사, 고전 공부 모임, 단카 모임에 필사적으로 매달렸지만, 모두 잘 되지 않아 도중에 좌절하거나 큰 피로감만 남기고 끝났다는 기록이 계속됩니다. 기명력 장애나 소재식 장애가 점점 진행되면 혼자 있는 것을 더 불안해합니다. 뭔가를 잊어버리지 않았는지, 지금 내가 여기에 있어도 되는지, 도대체 지금은 언제인지 이해하지 못하기 때문입니다. 어머니는 외톨이가 되는 불안감을 참지 못하고 집 밖에 나갈 구실을 찾으려 하지만, 무엇도 잘 되지 않았습니다. "나 자신에게 응원가를 보내면서 힘내자. 등이 아프다"라는 어머니의 문장은, 아들이자 정신과 의사인 제게는 가슴에 못이 박히는 느낌입니다. 그 뒤, 일기의 기록 양은 조금 늘어납니다.

1월 29일 풀 뽑기는 끝이 없다. 담벼락 아래는 가장 눈에 띄기 때문에 열심히 뽑았다. 오늘은 비가 조금 올 모양이라 곤란했다. 온종일 거의 혼자 있으니 우울해졌다. 가까이에 친구가 없는 건 쓸쓸하다. 결코 사람이 싫은 게 아닌데, 조금 더 붙임성을 보이지 않으면 안 되겠구나. 노년에 이르러 애를 쓰려니 힘겹다.

1월 30일 오늘은 ●[판독 불가] 월말이라 시도 제출해야 한다. 이제 아무도 손을 내밀어주지 않으니 스스로 단단히 해야 한다. 아침부터 혼자서 오전 내내 자버렸다. 비는 내

213

리지 않지만, 정원 여기저기에 잡초가 위세를 떨쳐서 항복. 홀로 있는 시간을 소중히 여기자.

1월 31일 별로 힘이 나지 않는다. 온종일 틀어박혀 시를 써서 제출. 어쩐지 죄다 의욕이 없어져서 나로서도 난감하다. 친구도 오지 않고, 나가지도 않는다. 이제 좀더 문을 열어젖히지 않으면 외톨이가 되어버리겠지. 저녁 무렵부터 후지모토 씨와 ○후네 방면으로 나가 도로변 식당에서 저녁 식사. 이른바 ○식인데 그냥 그랬고, 마음 편하게 이야기하다가 귀가. 시 제출. 영차

2월 1일 벌써 2월이 되었다. 3월까지 확실히 다져서 새로운 한 해를 향해 가고 싶다. 오늘도 하늘이 맑아 기분이 좋다. 오전 중에는 치료 받으러 갔더니 건강해진 것 같고…… 오늘은 역 앞 선생님 댁에도 갔고. 오전을 어떻게 보냈더라? 그냥 치료 받고 무척 기분 좋아졌다. 오랫동안 붙잡고 쓰던 것 등 꺼내어 조합했다. 미코가 팥을 삶아달라고 해서 지금 팍팍 삶고 있다.

2월 2일과 3일 일기는 일기장의 날짜를 고쳐 쓰거나, 칸 밖에 날짜를 써서 추가로 기록하는 등 시간의 흐름이 불분명합니다.

2월 2일[?] 별로 몸이 좋지 않아서 몸도 마음도 멍해졌다. 요일이 겹치고(머릿속 정리가 안 돼서) 일기도 완전히 미쳐버렸다. 이대로 미쳐버린다고 생각하면 비참하다. 조금 차분해져서 마음을 여러모로 정리해보자.

2월 3일[?] 오늘은 니콜라이 성당에 갈 예정이었는데, 아침부터 비가 오고 몸도 개운치 않아서, 결국 모두 농땡이치고 말았다. 도쿄 쪽에 (   ) 양해도 구하지 않았다. 도쿄의 (   ) 씨도 미사에 오셨을지 모르는데 TEL도 하지 못했다. 온종일 다실 책상 앞에서 꾸벅꾸벅 졸고. 점점 한심해져간다. 눈은 오후까지 계속 내려 10센티나 쌓였다. 이번 ●[판독 불가]는 춥겠지만, 세상은 예쁘게 눈으로 완전히 덮였다.

2월 3일[?] 머리도 몸도 갈팡질팡이라서 요일도 혼란스럽다. 한심하다.

2월 3일[?] 2일, 3일, 혼란스러워 미치겠다. 오늘은 3일(일) 눈으로 도쿄에도 가지 못하고 집에 죽치고 있었다. 몸도 머리도 엉망.

2월 4일 어제는 지독히도 머릿속이 안정되지 않아 난감했

다. 토, 일요일과 월요일이 뒤섞여버려 난감했지만, 이번 주
는 월요일부터 제대로 힘내자. 공부하는 학생은 오전 중
한 사람 보였다. 조용하고 좋은 사람. 젊지만 여러 좋은 면
이 있어 부럽다. 눈은 오후에 점점 녹았다.

"풀 뽑기는 끝이 없다"라든가 "잡초가 위세를 떨쳐서"라는
기록은 시기를 보면 말도 안 되는 이야기입니다. 밤이 되어 일
기를 쓰는 어머니는 그날의 기억을 떠올리지 못합니다. 그때
까지 일상적으로 해왔던 풀 뽑기를 했을지도 모른다 생각하고
일기에 쓰는데, 그러는 동안 실제로 일어난 일과 구별하지 못
하게 됩니다. 1월 31일의 '시 제출'도 실제 일어난 일은 아닙니
다. 하지만 동인지 마감일이라는 사실은 기억이 나서, 월말이
니까 틀림없이 단카를 정리해 투고했으리라 여기고 이렇게 썼
을 겁니다. "오전 중에는 치료 받으러 갔더니 건강해진 것 같
고…… 오전을 어떻게 보냈더라?"와 같이, 떠오르지 않는 부
분을 당혹스러워하며 그대로 기술하기도 합니다. 2월 3일에는
구체적인 일화를 쓰려고 해봤지만, 머릿속에 깊이 기억되어 있
어야 할 고유명사를 떠올리지 못해 공란으로 두었습니다. 일
기의 공란은 사고의 공백 그 자체입니다.
　요일을 모르겠다, 혼란스럽다는 기록도 반복적으로 출현
합니다. 시간 인식 능력이 사라지고 일기의 기록도 혼란스러워
졌음을 어머니 자신도 깨닫고 있습니다. 정신과 의사는 시간

에 관한 소재식을 간단히 알아보기 위해 인지증이 의심되는 환자에게 무작위로 "오늘은 며칠, 무슨 요일입니까?"라고 질문합니다. 어머니의 일기를 읽다보면 이런 질문이 얼마나 무신경하게 환자의 불안을 조장하는지 알 수 있습니다.

이후 일주일 동안 일기가 끊겼다가 13일부터 재개됩니다.

2월 13일 애를 써볼 작정이었는데 좀처럼 내 안에서 정리되지 않는다. 이제 조금 산뜻하고 시원시원하게 살고 싶은데 버석버석하기만 하다. 조금 마음을 가라앉혀서 독서도 사색도 진전시키려 노력해본다.

2월 14일 저녁 무렵에는 성경 독서회(?)에서 좋은 공부를 할 수 있어 기뻤다. 역시 스스로 신경 써서 준비를 안 하면 ●●[판독 불가]하는 시간은 얻지 못한다. 저녁부터는 혼자였기 때문에 여러 가지로 마음속을 정리하고 고민할 수 있어서 좋았다.

2월 15일 맑고 추운 날이 계속된다. 대한인걸…… 하지만 해님의 힘은 감사하다. 오늘도 체육관에 나란히 서서 체조를 했다. 오후는 여러 가지로 독서 등…… 원래는 단카 모임이 있었을 텐데 변경된 것 같다. 내가 너무 자주 빠져서 이제는 무시(?)하는지, 연락도 오지 않는다. 하지만 시만큼은 적어도 계속해나가고 싶고, 계속해야 한다고 생각한다. 오후에도 사람이 와서 여러 가지 의논하고 바빴다. 저녁까지 사람들의 출입이 있었다.

2월 17일 미사(쓰다누마 성당에서) 그 뒤 성묘(미코와) 여러 가지 일로 바빴다. 저녁은 드디어 차분하게 독서를 하며 보내다. 어쩐지 사람의 출입이 많은 하루, 가야마 씨에게서 아오모리 특산품을 받았다. 미코가 외출에 동반해줘서 다행이었다.

2월 18일 아침, 학생들(기억 공부) 돌아가고 점심 식사, 한숨 돌리다. 옛 도쿄 무척 ●[판독 불가] 말로 다 할 수가 없다. 다른 쪽으로라도 미코에게 연이 없을지 모르겠다. 오늘은 그럭저럭 날씨도 차분해서 감사하다. 말은 그렇게 해도 외출할 기운은 없어 쪼그라들었다. 낮에도 자버려서 난감하다. 오후에는 이제 좀 제대로 하기로 결심했다.

2월 19일 오전 중 조용. m 아르바이트도? 오후는 이어서 새로 들어온 사람 있음. 조금 복잡해서 명확치 않음. 야쓰의 도시락 가게 주인이 맡아주다.

2008년 1월 28일부터 2월 19일까지는 일기로서 체계를 갖추고 있었던 마지막 시기임과 동시에 인지 기능 저하와 싸우던 어머니가 자신의 의사로 자아의 통합을 유지해보려 했던 마지막 시기였습니다. 1월 28일부터 2월 4일까지 마지막 저항을 시도하고, 일주일 동안의 공백 뒤 2월 13일의 일기에 "애를 써볼 작정이었는데 좀처럼 내 안에서 정리되지 않는다"라고 썼습니다. 그다음부터 19일까지의 기록에는 자신을 고무해서 저항하려들지 않고 현실 앞에서 어찌할 바를 몰라 망연자실한 마음 상태가 드러나 있습니다.

이 시기가 되자 어머니는 가족 외에는 방문자의 얼굴을 인식하지 못하게 되었습니다. 집에 들어갈 때 자기소개를 하면 그나마 이해하지만, 돌아가고 나면 누가 무엇을 하러 왔는지 잊어버립니다. 저희가 어머니에게 도움이 될까 해서 의뢰했던 심리사나 도우미가 드나들 때마다 '사람들의 출입이 많다'고만 인식했던 것 같습니다.

일기가 정리되어 기록된 것은 여기까지입니다. 4월은 3일에 "아침, 왕진 있음. 힘이 나지 않는다"라는 내용이 있고, 그 후로 아무런 기록도 없습니다.

이즈음 어머니가 집에서 어떤 생활을 하셨는지는, 인지 기능 재활을 하러 매주 어머니를 방문한 심리사 시토 씨의 리포트에 가장 적확하게 남아 있습니다. 시토 씨와 아이자와 씨 두 사람은 인지 재활과 함께 다음과 같이 어머니의 상태를 관찰해주었습니다.

2월 20일 세션 중, 교회 친구에게서 전화. 메모를 하려고 했지만 필기 속도가 쫓아가지 못하는, 혹은 무엇을 쓰면 좋을지 이해하지 못하는 모습이었다. 전화 응답 자체는 합리적.

2월 25일 책상 위에 "시토 씨와 드세요"라는 메모가 붙어 있는 과자가 있는데도 알아차리지 못하고 차와 과자를 찾는 행동. 메모를 보면 그대로 수행할 수는 있으나 메모를 알아차리지 못한다. '차, 과자' 같은 메모는 레이코 씨가 습관적으로 반드시 찾아보는 찻장에 두는 게 좋을까?

3월 10일 차를 마시며 이야기 나눌 때, 홍차 주전자를 능숙하게 사용하지 못해 당황하는 장면. 스푼과 포크를 착각해서 내밀고는, 안 되겠네…… 하고 낙담한다. 농담을 하며 밝게 지나가려 해도 동요한다. 안경이 없다며 찾는 장면이 있었다. 한 번은 없음을 납득했으나, 조금 지나자 안경이 없다고 다시 자리에서 일어난다. 그때마다 납득할 때까지 찾는 것을 도왔지만, 온화함을 크게 잃는다. 물건 찾는 일이 적지 않기 때문에 어떤 방책을 세울 수 있을지 검토 중.

3월 24일 차를 준비할 때 몇 번이나 주방과 식당을 왕복하지만, 무엇 때문에 왕복하는지를 이해하지 못하는 모습으로 우왕좌왕한다. 설탕용 스푼을 찾으러 주방에 가면 뭘 찾으러 왔는지 몰라 다시 돌아온다. 테이블 위에 있는 설탕 용기의 뚜껑이 테이블과 같은 갈색이어서, 선 채로 내려다보면 설탕임을 알아차리지 못하고 의자로 돌아간다. 의자에 앉으면 용기 속 설탕이 옆에서 보이므로 설탕 스푼이 없음을 알아차리고 스푼을 가지러 일어선다. 이 같은 일을 반복한다. 뚜껑을 열어 서 있는 자세에서도 설탕이 보이게 해두면 주방에서 헤매다가도 식당에 돌아왔을 때 앉기 전에 필요한 것을 떠올릴 수 있다.

시토 씨는 어머니의 상태를 관찰할 뿐만 아니라, 혼란의 원인을 심리학적으로 분석하고 그 대응 방법으로 구체적인 아이디어를 제시해주었습니다. 시토 씨 등의 조언은 딸의 부재중 혼자가 되는 어머니의 생활을 지원하는 데 커다란 힘이 되었습니다.

시토 씨 앞에서 허둥대던 어머니는 혼자 있을 때는 어떻게 하고 있었을까요. 뭐가 뭔지 몰라 허둥지둥하다가 이내 지쳐서 노력을 포기하고는 침대에 들어가서 잠들어버리지 않았을까 상상합니다. 이러한 생활이 이미 쇠퇴한 시간 인식 능력을 더욱 저하시켰습니다.

3월 30일부터 31일, 어머니는 남동생 가족과 함께 이누보자키를 여행했습니다. 어머니의 일기장에는 여행이든 그 뒤의 일이든 전혀 기록이 보이지 않지만, 이 여행은 어머니의 인생에 큰 변화가 일어나는 계기가 되었습니다. 여행에서 돌아온 당일, 함께 갔던 남동생의 아내 사치코 씨가 여동생에게 여행 중 어머니 모습을 전하는 다음과 같은 메일을 보냈습니다. 읽기 편하도록 구두점과 줄 바꿈을 해서 인용합니다.

3월 31일 사치코 씨 → 미도리

안녕하세요. 어머니와 함께한 온천여행에서 잘 돌아왔습니다.

결국 미도리 씨에게 히가시후나바시까지 배웅을 받고 거기서부터 여행 개시, 평소보다 긴장하신 탓인지 걷는 속도도 빠르고 피로가 염려되는 개막이었어요. 소부선 열차가 늦어서 가슴이 두근거렸지만, 지바에서 특급으로 갈아타고, 아키 씨, 도모히코와 합류해서 모처럼 '그린 열차'로(빈자리가 많아 허전하고 춥고……) 조시銚子까지 갔죠. 조시부터는 조시 전철로 이누보자키까지, 거기서 마이크로 버스를 타고 호텔 도착.

애초에 '어디로 왜 무엇을 하러 가는가' 하는 지점부터 혼란을 느끼셨어요. 몇 번이나 똑같은 대답을 해드리면 그때는 안심하시지만, 그래도 납득에는 이르지 못했고 그 질문은 결국 마지막까지 계속되었죠.

호텔 방은 넓고 근사했지만, 어머니는 조금 주눅이 드신 것 같았습니다. 만주를 바로 드시고도 테이블 위에 제가 남긴 것까지 두 개째 손을 뻗으셔서 얼른 보이지 않는 곳으로 치웠어요. '배가 고픈데······' 하는 불만스러운 표정, 못 본 척! 기분 전환 하시라고 욕탕으로. 온천은 오랜만이라며 반가워하셨습니다. 넘어지지 않으려고 주의하셔서 문제는 없었고, 바구니가 어디에 있는지 등도 제가 하는 말을 잘 들으셨기 때문에 어렵지 않게 해결하셨어요. 몸을 씻고 머리도 감고, 천천히 몸을 담갔다가 머리를 말려드렸더니 기분 좋다며 즐거워하셨습니다. 평소와 같은 어머니 모습이었습니다. 욕탕을 나온 뒤 보리차를 마시는 코너에서 잠시 멈춰 서시는 바람에 5분 휴식. 보리차에 자꾸 설탕을 넣고 싶어하셔서 넣어드렸습니다. 드시고 힘이 나는 거라면 좋을 텐데, 하고 한 번 아무렇지 않은 척 주의를 드렸지만, 그대로 드셨습니다.

식사는 정말로 잘 드셨습니다. 다만 도중에 "내가 착각해서 이렇게 주문했지만, 지금 돈을 안 가지고 있어서 계산은······" 하셔서 눈물이 났던 순간도 있었어요. 목욕하시던 와중에도 "내가 모두를 꼬드겨서 몇 번이나 온 적 있는 이 호텔에 왔지" 하고 새로운 이야기를······ 여기서도 똑같은 설명을 반복했습니다. 맛있었다고 하신 것으로 다행, 또 다행이었어요.

그 뒤, 배가 엄청 불러······ 하며 쉬고 계시는데, 제가 한

번 더(늦기 전에!) 온천에 갈 거라고 하자 "어, 그럼 나도"라고 하셔서 부드럽게 말렸습니다. 이게 불만의 근원이 된 듯, 제가 없는 동안 아키 씨와 도모히코가 더 힘들었어요. 표면적으로는 "베개가 안 맞는다"라고 말씀하셨는데, 프런트에 전화해서 베개를 바꿔달라고도 해보고 방석에 수건을 말아보기도 하며 해결책을 찾았지만, 모두 다 아니라며 한숨만 폭풍처럼 내쉬셨죠. 미도리 씨에게 전화한 게 이때였어요. 덕분에 조금 안정되셨습니다. 조금씩 화제를 돌려 원점으로 되돌아가서, 애초에 어떻게 여기까지 왔는지 메모를 하던 중 약도 드시고 취침하셨어요.

이 소동이 한참일 때 아키 씨는 마사지를 받느라 자리에 없었다가 마지막에 등장해서 이야기를 정리해주었습니다. 아들의 말은 특별합니다. 밤에는 네 번 정도 깨어 화장실에 다녀오셨습니다. 한 번은 유카타의 끈이 풀려 침대 아래로 떨어졌는데, 바로 발견해서 휴우! 밤에는 '베개에 대한 불만'을 잊어버리셔서 다행이었어요.

아침에는 상쾌하게 기상. "한 번 더 목욕을 하고 싶구나"라며 재빠르게 가셨습니다. 적극적이시죠. 아침 식사도 많이 하시고 즐겁게 호텔을 나가서 조시의 명물인 누레센베ぬれせんべい를 기념품으로 산 뒤 돌아오던 길에 추워, 추워(이틀째) 하셨어요. 그때는 비도 심하게 왔는데, 그래도 얼마 걷지 않아서 괜찮았습니다. 다만 스스로 우산을 들고 걷는

건 지팡이도 있어서 무리였고요. 어제와는 반대 경로로 지바에서 아키 씨와 도모히코와 헤어진 뒤, 후나바시에서 샌드위치를 사서 집으로 돌아와 점심 식사. 미도리 씨가 난방기를 예약 설정해두었는데도 추워, 추워 하셨어요. 감기가 아니면 좋겠는데요.

여행 중 어머니는 도모히코에게 자꾸 남편[제 남동생]의 어릴 적 별명인 '아키보'라고 부르셨어요. "많이 컸네, 이제 대학 들어가니?" "아니, 이제 고등학교예요" "어머나, 그러면 축하해야겠네". 그런데 어젯밤에는 "도모히코가 장가가는 걸 보고 싶구나"라는 장대한 꿈을 말씀하셔서 앞으로 15년은 건강하시겠다고 확신했습니다.

괜히 멍한 기분으로 계시기도 했지만, 그래도 순간순간 즐겁고 비일상적인 느낌만은 맛보시지 않았을까 싶어요. 어쨌든 즐겁게 다녀와서 다행, 또 다행입니다.

사치코

사치코 씨는 우리 형제와 소꿉친구이기도 해서 어린 시절부터 어머니를 잘 알았습니다. 어머니에게 보살핌이 필요해진 뒤에도 손자인 도모히코를 데리고 종종 놀러 와주었습니다. 어머니의 일상적인 모습은 잘 알고 있었을 테지만, 하룻밤 함께 지내는 동안 지금까지와는 달리 다양한 문제가 일어났고 거기에 혼자 대응해야 하니 곤혹스러웠겠죠. 손자를 아들로 착각하고는 많이 컸다는 말을 하고, 같은 말을 몇 번이나 되풀이하고, 순간순간 하고 싶은 일은 무조건 해버리고, 그걸 제지당하면 몸 상태가 나빠지는…… 의학 교과서에 나오는 전형적인 인지증 할머니입니다. 어머니의 행동을 묘사한 내용의 행간에는 사치코 씨의 놀라움과 곤혹스러움이 스며 있었습니다. 여동생은 메일에 이렇게 답장을 보냈습니다.

3월 31일 미도리 → 사치코 씨

삿짱, 목욕 때문에 힘들었겠어요! 함께 들어가면 느긋하게 있기 힘들죠……

제가 함께 못 가서 죄송해요! 목욕을 하면 잠이 잘 온다 싶으신지 밤중에 제가 욕탕에 들어가 있으면 "잠이 안 와서 그러는데, 그다음에 내가 들어가도 돼?" 하고 들여다보십니다. 잠시만 기다리시라 해도 몇 번이나 같은 말을 하러 오셔서 여유롭게 못 했는데…… 얼마 전까지는 "목욕 정도는 천천히 좀 하게 해줘!"라고 화도 냈지만 최근에는 기력이 약해지시니 안쓰러워서, 결국 제가 얼른 나온 다음에 들어가시게 하고 주무시고…… 하는 방식이 평화로운 해결책이었어요. 엄마가 여행한 건 잘 기억하고 계세요. 여유롭게 다녀오셔서 다행이에요…….

미도리

이즈음, 회사원인 여동생의 직장 환경에 변화가 생겨 점점 업무상의 책임이 커졌습니다. 그럴 때 어머니를 돌보는 문제가 일어난 것입니다. 사치코 씨가 여행 중 혼란스러워하는 어머니에게 대응하느라 쩔쩔매는 동안 남동생은 마사지를 받고 있었고, 일이 수습되기 시작할 즈음에 그가 돌아오자 어머니가 얌전하게 따랐다고 메일에 쓰여 있습니다. 힘든 면은 보고도 못 본 체하면서 마지막의 달콤한 부분만 '아들'이랍시고 어머니에게 납득시켰던 것은 저나 남동생이나 매한가지였습니다. 어머니 또한 열심히 돌봐주는 딸과 며느리의 의견보다 아들들의 말을 잘 들었죠.

사치코 씨와 여동생이 메일을 주고받는 동안 저와 남동생 사이에도 메일이 오갔습니다. 여행 다음 날인 4월 1일, 남동생이 제게 메일을 보냈습니다. 여행 중 어머니의 모습을 보며 인지증 진행 상태에 놀랐던 것입니다. 남동생의 절박한 기분이 전해집니다.

4월 1일 아키히코 → 마사히코

어머니 말인데, 혼자 지내시는 생활은 위험하다고 봐. 후나바시의 집에서 생활하신다면 낮 동안은 데이케어 같은 곳에서 지내시고, 모시고 다니는 거나 그 외의 시간은 헬퍼를 의뢰하는 방법, 아니면 요양원에 들어가시고 가까이에 미도리가 사는 방법, 둘 중 어느 쪽을 빨리 실행해야 하지 않을까. 화재나 부상 등 사고가 생길 위험이 크다고 봐. 어떻게 생각해?

아키히코

남동생은 이전부터 온종일 혼자 지내는 어머니의 생활을 우려하며 명확한 방침을 결정해야 한다고 말했지만, 저는 그때마다 애매한 반응을 보이며 문제를 뒤로 미루었습니다. 이때에도 남동생에게 어머니를 시설에 모실지 판단해야 한다는 압박을 받으면서, 어찌 하면 좋을지 결정하지 못하고 우유부단한 대답을 했던 것 같습니다(제 답장이 남아 있지 않습니다). 그런 제 반응에 남동생은 '늘 진전 없이 맴돌기만 한다'라는 메일을 다시 보냈습니다.

4월 2일 아키히코 → 마사히코 / Subject: 진전 없이 맴도는 이야기

또 이야기가 진전 없이 맴돌고 있네. 1박 2일 여행을 같이 해보니 혼자 계시는 시간이 너무나 위험하다는 느낌이 든다고. 이미 사회 정보에는 거의 흥미가 없어지셨잖아. TV 뉴스나 드라마 같은 건 이해하실까? 전문가의 눈으로 봐서 집에 계시는 게 괜찮다는 판단이라면 따르겠지만, 걱정이 아주 커.

어머니가 스스로 판단하시는 건 이제 무리라고 보여. 우선

급한 대로 데이케어에 모시고 다닐 분을 알아봐줘. 내 생각만 적어 보내서 미안해.

장황한 얘기지만, 사카도坂戸나 도내 요양원 중에 어느 쪽을 어머니가 더 좋아하실까.

아키히코

4월 3일 마사히코 → 아키히코 / Re: 진전 없이 맴도는 이야기

일반론을 말하자면, 어머니의 상태 정도면 집에서 생활하는 사람도 많아. 누군가 옆에 같이 있으면 집 안에서는 아직 꽤 많은 일이 가능하니까. 미도리도 헬퍼를 늘리거나 데이 서비스 계약을 알아보고 있고. 내가 부탁한 가정교사[심리학 대학원생을 말함]도 주 2회 오면서, 그중 하루는 시간을 연장해서 점심 식사와 산책을 함께해주기로 했어. 어머니는 명확히 집에 계실 때가 제일 차분하셔.

시설에 대해 말하자면, 지금 상태에서는 우리 집에서 가까운 곳, 좀더 진행된 뒤라면 사카도가 좋을 거야. 아버지 때도 그랬지만, 미도리가 지금까지 혼자 애써왔으니까 어떤 결정을 하든 미도리의 의견을 충분히 들어야지. 나도 주말에도 가고, 다음 주 목요일에도 같이 암센터에 갈 거야. 사카도든 세타가야世田谷든 어머니 수중의 현금만으로 충당될지 어떨지는 알 수 없어. 성년 후견 서류도 준비할게. 빠

른 시일 내에 자료를 준비해서 같이 의논하자. 어머니가 지
금 집에 혼자 계시는 문제에 대해서는, 부상은 그렇다 치고
화재가 날 걱정은 없어(스스로 하려들지 않으셔서).

마사히코

이때 머뭇거리는 저를 곁눈질하며 가장 구체적인 행동을
한 사람은 제 아내였습니다. 아내는 저희 집 근처의 노인요양
원을 방문해서 자료를 모으고 대상을 몇 군데로 좁혔습니다.

4월 4일 금요일, 저는 어머니 댁에 묵었습니다. 이튿날의
제 일기에는 갑자기 여동생에게 어머니를 우리 집 근처의 요
양원으로 모시자고 말했다는 내용이 나오고, 그다음 날인
6일에는 어머니가 들어가시게 될 요양원을 방문해봤다는 기
록도 있습니다. 제 머릿속에는 아내가 하나하나 모아온 요양
원 정보를 건성으로 들었던 희미한 기억만 남아 있을 뿐입니
다. 결국 제가 방문했던 건 아내가 여러 군데를 비교해서 여기
가 좋아 보인다며 추려낸 요양원 딱 한 곳이었습니다. 단 한
곳만 방문해보고서 동생들과 의논한 뒤 입주 서류를 내고 원
하는 방이 비기를 기다리기로 했습니다. 지금 돌이켜봐도 당
시의 저는 앞으로 어떻게 하면 좋을지 결심이 서지 않은 채로
남동생에게 재촉당하다가 아내가 깔아준 레일 위를 걸어갔던
느낌이 듭니다. 사태는 저의 당혹스러움이나 어머니의 생각과
는 관계없이 미끄러지듯 앞으로 나아갔습니다.

어머니의 생활이 염려되어, 저는 목요일 업무를 정리하고 매주 수요일 밤부터 목요일까지는 본가에서 함께 지내기로 했습니다. 혼자 지내는 시간을 가능한 한 줄이려고 헬퍼를 증원하고, 데이케어 서비스도 시도했지만, 데이케어는 어머니에게 별로 즐겁지 않았는지 몸이 좋지 않다는 핑계로 이내 가지 않았습니다. 주 2회 어머니를 만나주었던 두 심리사 중 한 명인 시토 씨는 매주 기억 재활 훈련 뒤에 함께 점심 식사를 해주었습니다. 실제로 이즈음, 어머니가 낮에 혼자 있는 것은 무척 위험한 상황이었습니다. 아래는 시토 씨가 처음으로 식사를 함께했던 4월 4일의 리포트입니다.

4월 4일 방문 당시 통화 중. 현관문이 잠겨 있지 않았고, 통화 종료 후에 말을 걸었지만 반응은 없다. 초인종을 울리자 반응했다. 현관을 활짝 열어둔 상태였는데, 현관 부근의 변화를 알아차리지는 못함.
대화 중에 이야기를 반복하거나 앞서 자신이 했던 말을 잊어버릴 때도 있지만, 이쪽의 질문에 회상을 진척시킬 가능성은 있음. 전체적으로 대화는 합리적이고 표정도 풍부함. 주방에 함께 들어가 음식을 준비했는데, 전자레인지에 음식물을 넣고서 내버려두는 일이 있었다. 미소 된장국은 가스레인지 앞까지 가서야 냄비를 올려놓았음을 떠올리는 느낌. 함께 주방에 여러 번 들어가보며 실제 모습을 관찰하고 싶다.

4월 9일 수요일, 일을 마치고 후나바시로 온 저는 어머니에게 요양원 이야기를 꺼냈습니다. 어떤 반응을 보일지 걱정했지만, 의외다 싶을 만큼 선뜻 찬성했습니다. 하지만 그 후의 경과를 보면 어머니가 정말로 사태를 이해하고 찬성했을 리 없음은 명백했습니다. 저도 아마추어가 아니니, 사실 어머니가 아무것도 이해하지 못했음을 어렴풋이 눈치채기는 했습니다. 하지만 이때는 어머니가 저희 집 바로 근처의 요양원에 들어간다는 이야기에 "고마워" 하고 반응했다는 사실만으로도 감사했습니다. 저는 어머니가 싫다고는 하지 않았다, 도쿄로 돌아가게 되어 기뻐했다는 점만을 생각하고, 그 나머지 부분에는 눈을 감아버렸습니다. 불안한 부분에는 눈을 감고 깊이 파고들기를 회피했던 것은 어머니도 마찬가지였는지 모릅니다. 5월 10일, 시토 씨의 리포트에는 "도쿄에 돌아갈지도 모른다고 기분 좋게 이야기하셨습니다. 도쿄에 가면 함께 외출하자고도 하셨고요. 앞으로는 미도리에게 짐이 되지 않을 테니, 도쿄에 가면서 부담이 덜어지면 좋겠다고. 도쿄행은 레이코 씨에게 정말 기쁜 일로 보입니다"라는 기술이 있습니다. 물론 이때 어머니가 앞으로 펼쳐질 생활을 올바르게 예측했을 리 없습니다. 이는 지금 막연히 불안감을 안고 있는 인지증 환자가 이젠 아는 사람이 아무도 없는 고향으로 돌아가고 싶다

232

고 하는 것과 완전히 똑같습니다.

요양원에 입주 신청을 하고 저희의 일상도 움직이기 시작합니다. 4월 12일, 저는 56세 생일을 맞았습니다. 그날 밤, 여동생의 재촉을 받았는지 어머니가 생일 축하 전화를 걸었습니다. 4월 15일에는 3일 늦게 어머니의 마지막 생일 카드가 도착했습니다.

생일 축하합니다.
미코와 둘이서 오빠의 생일을 함께 축하했어. 아무쪼록 건강하고, 더 훌륭한 일에 힘써주길. 마음에서 우러난 기도를 담아

레이코

그 후에도 변함없이 위태로운 일상은 계속되었습니다. 4월 26일 토요일, 저는 어머니를 뵈러 본가에 갔습니다.

4월 26일 집에 도착하니 대문이 잠겨 있었다. 몇 번 초인종을 눌렀더니 어머니가 속옷 차림으로 현관에서 나와 깜짝 놀람. 황급히 제지하면서 문밖에서 열쇠를 건네받아 안으로 들어가다. 미도리는 외출했고, 어머니는 자고 계셨던 모양. 몸이 좋지 않다고 끊임없이 호소한다. 건망증만이 아니라 이해력과 판단력도 저하. 미도리가 돌아올 때까지 함께

있었다. 함께 정원 청소.

어머니는 대문 앞에 있는 사람이 제가 아니었어도 속옷 차림으로 현관에 나왔을 겁니다. 본가의 현관부터 대문까지는 대여섯 개의 계단을 내려가야 합니다. 잠결에 발이라도 헛디뎠다면 어떻게 되었을까요.

5월 17일, 어머니는 84세 생일을 맞이했습니다. 4월 4일 이후로 한 줄도 기록되지 않았던 어머니의 일기장에 이날만큼은 기록이 있습니다. 이는 아마도 어머니가 마지막으로 인식했던 생일이었을 겁니다. 어머니는 생일을 맞아 앞으로도 제대로 살아가리라는 기도 같은 포부를 남겼습니다.

5월 17일 오늘은 생일. 스스로도 어이없을 만큼 관심이 없다. 하지만 관심을 정도껏 높이고 절제하며 살아가야 한다고 깊이깊이 생각했다. 오늘은 자유롭고, 강좌도 없다. 마음 편한 하루였다. 오전에는 집에 있으면서 축하 전화를 받았다(아오시마, 이와사키,　　씨에게서 TEL 받다). 오후는 미코와 야쓰로 외출. 평상복 바지 한 벌 구입. 깔끔하게 일하는 자세를 갖추려고. 많은 분 덕분에 오늘로서 84세.

"오늘은 자유롭고"라고 쓸 것까지도 없이, 어머니는 꽤 오래전부터 사회 활동과 멀어진 상태였습니다. 그럼에도 친구 몇 사람에게서 생일 축하 전화를 받았고, 오후에는 딸과 근처에 쇼핑을 하러 외출합니다. 집안일을 할 때 입을 "평상복 바지"를 사서 "깔끔하게 일하는 자세"를 갖추고 싶었던 것입니다. 어머니의 일기는 2주 동안 끊겼다가, 월말에 이틀 치 기록이 있습니다.

5월 30일 아침부터 휴일. 미코네 은행 휴무. 오전 중 강좌에 나갔다가 오후부터 외출. 밤까지. 나도 오후에는 쇼핑 (경마장역) 등으로 한가하게 보내다. 밤은 ○○ 가게 등 돌아다녔고 저녁 식사는 혼자서. 미코는 오후에 나가서 10시까지 돌아오지 않고, 조용한 밤. 비도 올 것 같은데 또다시, 혼자서 오늘 하루를 반성한다.

5월 31일 (비) 어제부터 아무래도 몸 상태가 좋지 않다. 게으른 성질 때문인지도 모르지만, 전혀 반듯해지지 못하고 항복. 축축 처져서 하루를 지내고는 저녁이 되어서야 스스로 도대체 어떻게 하루를 보냈나 생각해본다. 저녁 무렵 미코와 요리도 했지만, 전혀 힘이 나지 않는다. 날씨도 날씨라 정말 견딜 수가 없다. 벌써 저녁. 앞으로 몇 시간 남은 오늘을 어떻게든 알차게 보내고 싶다. 조금 피곤했던 걸까?

30일 일기는 거의 어머니의 상상 속 체험입니다. 이미 단카 강좌에 참석하기도, 밤에 혼자 외출하기도 불가능했기 때문입니다. 딸이 늦게 돌아오는 밤, "또다시 혼자서 오늘 하루를 반성한다"라고 쓴 어머니는 대체 무엇을 반성했을까요. 31일에는 저녁이 되자 그때까지 무엇을 하고 있었는지 어머니는 전혀 떠올리지 못합니다. "앞으로 몇 시간 남은 오늘을 어떻게든 알차게 보내고 싶다"라는 절실한 마음을 엮어냅니다.

저도 가능한 한 본가에 가서 어머니와 함께했습니다. 5월 24일 제 일기에는, 집 안에서는 앉아 졸거나 같은 말을 반복하거나 뭔가를 찾아 어슬렁거리기만 하던 어머니가, 저와 둘이 정원에서 풀을 뽑을 때만큼은 차분하고 온화한 표정이었다는 기록이 있습니다. 둘이 나란히 풀을 뽑다가 지치면 허리를 펴고 정원석에 앉아 휴식을 취했습니다. 한동안 그러고 나면 다시 허리를 굽히고 풀 뽑기를 계속했습니다. 집 안에 있을 때처럼 불안한 표정으로 "이래도 되나?"라든가 "이제 어떻게 하지?"라고 묻지 않았습니다. 그저 담담하게 손을 움직일 뿐이었지만 무척 즐거워 보였습니다. "이런 일은 묵묵히 할 수 있다. 어머니의 머릿속에는 시간이 없다"라고 저는 일기에 썼습니다.

6월이 되자 예전에 신청해두었던 요양원에서 방이 비었다는 연락이 왔습니다. 사태는 이제 제 의지와도, 어머니의 의사와도 관계없이 점차 진행되었지만, 망설임은 여전히 사라지지 않았습니다. 저는 이메일로 동생들에게 요양원에서 연락이 왔음을 알렸습니다.

6월 6일 마사히코 → 아키히코, 미도리 / Subject: 베네세 클라라

입주 신청을 했던 근처 베네세 클라라 요가 지점에서 오늘 방이 비었다는 전화가 왔어. 어머니가 최근에 조금 차분해 지셔서 이제 이대로만 지내시면 좋겠다는 마음도 들지만, 음식이 상하기 쉬운 시기가 되었으니 지금쯤 입주하시는 게 좋겠어. 빨리 두 사람의 의견을 알려줘. 입주 시기야 어떻든, 이번에 입주할지 말지에 대해서 일요일 5시까지 연락 해줘야 돼.

지체 없이 남동생에게서 일을 진행하자는 연락이 왔습니다. 여동생도 굳이 반대는 하지 않았습니다. 하지만 여동생의 이메일 행간에는 망설임이 가득했습니다.

6월 7일 미도리 → 마사히코, 아키히코 / Re: 베네세 클라라

최근에 차분해지셔서 아무래도 내키지는 않지만, 전문가 의 의견에 맡길게. 일요일 저녁까지 답을 줘야 하면, 그때까 지 엄마한테 제대로 말씀드리러 와줄 수 있어?

도우미분들이 많이 오거나 데이케어에 가시는 건 엄마한 테 스트레스였고, '도쿄로 돌아가고 싶다'고 늘 바라셨으니

까 잘 이야기하면 좋아하실 거라고 봐.

다만 나는 지금 회사 일이 바빠서 매일 밤 9시가 넘어서야 집에 오기 때문에 피로가 극심해. 주말에 엄마 이사를 준비할 여력이 없어. 평상복이더라도 조금은 깔끔한 차림새가 아니면 부끄러워하실 거야.

같은 날 밤늦게 여동생에게서 다시 이메일 한 통이 왔습니다.

6월 7일 미도리 → 마사히코, 아키히코 / Re: 베네세 클라라

시설을 보러 가는 건 엄마한테 이야기한 다음이 좋겠어. 오늘 이야기할까 생각했는데 말을 못 꺼냈어.

'이게 한계다' 같은 말을 할 것도 없이, 이날까지 키우고 사랑해주신 분을 이렇게 간단히 다른 사람 손에 맡기는 건가 싶고…… 오늘은 집 안 여기저기를 보니까 여러 일이 떠올라서 눈물이 나더라고…….

말은 이렇게 해도 지금같이 차분한 상태가 계속될 리 없으니, 언젠가는 '한계'가 오고 말겠지.

이튿날 저는 여동생 앞으로 이메일을 썼습니다. 망설이는 여동생을 위로할 목적이라기보다는 저 자신에게 이게 낫다고 설득하기 위해서였습니다.

6월 8일 마사히코 → 미도리 / Re: Re: 베네세 클라라

미도리에게는 아버지 때나 어머니 때나 도움을 많이 받았
어. 정말 고마워. 어머니도 마찬가지 마음일 거라고 생각
해. 막상 일이 닥치니 움직이기 쉽지 않은 건 나도 마찬가
지야. 왠지 지금 이대로도 어떻게든 될 것 같은 기분이 들
기도 해. 하지만 이번에는 우리 집 바로 근처라 더 바랄 게
없는 좋은 조건이고, 새로 지어 시설도 좋고, 열 명 단위로
돌봐주는 가정적인 곳이야. 입주하면 어머니 친구분들께
안부를 전하는 편지를 보내자. 분명히 와주시는 분이 있을
거야. 이런 일들은 쫓길 때 하려고 들면 제대로 안 되더라
고. 여유 있을 때 그다음 순서를 밟는 게 중요해. 어머니가
입주하시면 지금까지 미도리나 아키히코가 지고 있었던 짐
을 내가 좀더 짊어질게. 우리 집에서 가까우니까 신체적으
로 무리하지 않고도 보살펴드릴 수 있을 거야. 입주 준비도
한 번에 다 옮기지 말고 장기 여행 정도로 준비했다가, 입
주한 다음에 주변 사람들이나 시설 상황을 보면서 요코가
준비를 도울 거야. 요코가 월말에도 준비하는 걸 도우러
가겠다고 했어.

1988년 64세에 남편을 간호하던 어머니는 84세가 되었지
만, 나이를 먹는 사람이 어머니만은 아니었습니다. 38세였던
저는 58세가 되었고, 남동생과 여동생도 중년에 접어들었습니

239

다. 다행히 세 사람 모두 건강하게 일하고 있었지만, 직장 환경은 계속 달라지고 있었습니다. 제 아내의 아버지도 전립선암으로 입원한 병원에서 퇴원하신 참이었는데, 가정산소요법으로 방문 진료를 받고 있었습니다.

6월 7일, 요양원 입주를 위한 수속이 시작되었습니다. 21일에는 입주 준비를 위해 요양원 직원이 면접을 하러 방문했습니다. 이때도 어머니가 요양원 입주를 명확히 이해했다고 보기는 어렵습니다. 요양원에 들어갈 의향이 있는지 질문하면 주저 없이 '네'라고 대답했지만, '요양원에 입주'함으로써 자신의 생활이 어떻게 바뀔지는 인식하지 못했습니다. 방 안에서는 외톨이였다가 홀에 나가면 생판 남만 가득한 장소의 생활을 상상할 수 있었을까요. 그럼에도 당시의 저로서는, 아무것도 모르고서 자식들에게 체면만 차릴 뿐일지언정 일단은 어머니가 요양원 입주에 적극적인 태도를 보이는 것만으로도 한숨을 돌렸습니다.

입주일인 7월 6일 일요일은 눈 깜짝할 사이에 닥쳐왔습니다. 저는 직접 요양원에 가서 여동생의 차를 타고 온 어머니를 맞이했습니다. 제 일기입니다.

7월 6일 점심 식사 뒤, 베네세 클라라로. 2시가 지나서 어머니가 여동생과 함께 도착. 방이 살풍경해서 집으로 돌아가 작은 책상과 의자를 가지고 오다. '도쿄 요양원'을 희망

했던 어머니는 불안한지 기분이 그다지 좋지 않음. 그래도 원장의 설명을 듣고 그 장소에서는 납득. 미도리를 먼저 돌려보내고, 늦게 집으로 돌아오다. 곧이어 어머니가 흥분했다는 TEL. 황급히 요양원으로 돌아가 설득. 저녁 식사 뒤, 한 번 더 가서 이야기를 하다. 익숙해지기까지 힘들 듯.

시설 원장의 설명을 들으면서 어머니는 불안해 보였지만, 스스로 도쿄 요양원에 들어가고 싶다고 한 말을 기억하고 있었는지 강하게 거부하진 않았습니다. 하지만 어머니를 요양원에 두고 자식들이 집으로 돌아가자 낯선 장소에 혼자 방치되었다고 생각했는지, 집에 가겠다며 소동을 일으켰습니다. 저는 요양원에서 온 전화를 받고 곧바로 되돌아갔습니다. 밤에도 걱정되어, 저녁 식사를 하고서 한 번 더 어머니의 상태를 보러 갔습니다. 같은 날, 어머니도 일기를 썼습니다. 날짜를 혼동해 한 달 전인 6월 6일 난에 다음과 같이 기록했습니다.

6월[실제로는 7월] 6일 맑음. 마사히코도 와서 이런저런 집 준비를 한다. 온천이며 식당 배정 등 정리. 오후 간식을 엄청 받다. 밤에도 내일 상담.

'밤에도 내일 상담'이란 말은, 제가 저녁 식사 뒤에 이야기를 하러 간 것을 가리킨다고 봅니다. '집 준비'라는 말이 있으니, 자신이 지낼 장소가 요양원임을 인식하고 있었겠죠. '온천이며 식당 배정'이란 낮에 시설 원장이 설명해준 목욕 스케줄과 식당 좌석을 말하는 듯합니다. 하지만 어머니는 그 순간에만 납득했을 뿐이었고, 시간이 지나자 이내 상황을 이해하지 못하게 되었습니다. 이튿날 퇴근하면서 어머니를 뵈러 가자, 어머니는 자기 방에서 짐을 싸고 있었습니다. 하지만 그 뒤로는 제 걱정보다 순조롭게 요양원에 적응해가는 것처럼 보였습니다.

6월[실제로는 7월] 10일 요코에게 이런저런 도움을 받았다

6월[실제로는 7월] 11일 여전히 알 수 없고 또 알 수 없는 찌꺼기 같은 하루. 하지만 정신적으로는 상당히 차분해져서 식사 등 했다. 다만 만사 성에 안 차서 꽤나 곤란하다. 한 발짝만 더, 라고 생각하며 노력하고 있다. M 방문에 감사. 나 자신 어쩌면 좋을지, 만사 알 수 없는 채로 끝

같은 날, 제 일기입니다.

7월 11일 8시 반 지나, 요양원에 가서 어머니를 만나다. 나날이 적응하는 중이다. 오늘은 방에서 서비스를 받으며 농담도 하고 웃으셨다. 주말, 미도리에게 『겐지모노가타리』를

보내달라고 해서 조금씩 읽기로 했다.

요양원은 제가 출퇴근할 때 이용하는 역과 집 사이에 있어서, 퇴근할 때는 그리 늦지 않는 한 어머니를 보고 귀가하기로 했습니다. 하지만 제 얼굴을 보면 끊임없이 불안하고 몸이 안 좋다는 말만 해서 대화가 제대로 되지 않았습니다. 그래서 어머니의 지루함을 달래려고 『겐지모노가타리』를 함께 읽기로 하고, 본가에 두었던 이와나미쇼텐의 『일본고전문학대계日本古典文学大系』 중에서 『겐지모노가타리』 총 다섯 권을 받았습니다. 애초에 이것은 어머니를 위해서라기보다 둘만 있는 시간을 주체 못 하는 나 자신을 위해서이기도 했습니다. 그러나 이 계획은 곧 무너져 중단되었습니다. 어머니는 이미 『겐지모노가타리』를 읽어드려도 "아, 그렇구나……" 하고 멍하니 말할 뿐, 그 이상의 반응을 보이지 않았기 때문입니다.

드문드문 이어지는 일기에는 주위 상황을 이해하지 못하는 어머니의 불안이 넘쳐흐릅니다.

7월 18일 그럭저럭 새로운 아파트의 주민이 되었지만, 아직 인사도 하지 않았다. 안에만 틀어박혀 하루를 보냈다. 도구도 전혀 갖추지 못했으니 어쩔 도리가 없지만, 누구한테 배우는 걸까. 돈도 물건도 준비해오지 않아서 너무나 난감하다. 전망 좋고 멋진 집이긴 한데, 어쨌든 적응해야 하니 노력 개시.

7월 19일 드디어 집에도 익숙해졌다……고 하지만 외출하거나 물건을 사러 나간 적은 아직 몇 번 없어서 언제까지 작아질 거냐며 스스로 반성한다. 어쩌나 시간이 빠른지 아무것도 안 하는데도 하루가 지나가버린다. '이제 조금 더 유익하게 보내야지' 싶은 아까운 나날이다. 시간이 금방이라 긴장해야겠다.

7월 26일 미코 방문. 여러 가지를 정리해주었다. 책상 안이며 그 외, 현재 있는 곳 어쩔 수가 없어서 곤란하다. 함께 살던 시절이 그립다.

7월 29일 아키히코, 사치코, 요코 각각의 세례명 꽃집에서 꽃을 구입하다

7월 30일 마사히코의 거주지 방문. 밤은 마사히코와 보냈다 요코와

7월 31일 아파트 내부 견학 m과 함께

어머니는 확실히 조금씩 요양원 생활에 적응해나갔지만,

여기가 어딘지, 왜 여기에 있는지에 대한 인식은 나날이 흔들리고 있었습니다. 8월 3일, 어머니 방에 전화기를 설치하면서 혹시 전화를 잘못 걸까 싶어 단축번호 1번에는 내 전화번호, 2번에는 여동생 전화번호를 입력하고 전화기 앞 벽에 메모도 붙였습니다. 당시의 어머니는 말로 설명하면 알았다고는 해도 실제로 하게 해보면 못 할 때가 많았기 때문에 그 자리에서 전화 거는 연습을 시켰습니다. 어머니도 기억하고 있었던 듯 "8월 3일 미도리 방문 여러 가지 정리해주다. 전화 신설"이라고 기록했습니다.

이즈음 저는 어머니가 메모를 하시도록 노트를 방에 놓아두었습니다. 앞뒤 기록을 볼 때 8월 상순의 기록으로 보이는 페이지에 다음과 같은 메모가 있습니다.

"세타가야구 사쿠라신마치" "요양원에 상주한다"

'상주한다'라는 말은 기묘한 단어입니다. 아마 자신이 어디에 있는지를 몰라서 직원에게 주소를 물어보고 쓴 거겠죠. 저희는 여기가 어디인지, 돈을 내지 않고 식사를 해도 되는지, 똑같은 질문을 몇 번이나 반복하는 어머니를 난처해하고 있었습니다. 지금 요양원에 계시고, 돈은 내고 있으니까 걱정 안 해도 된다는 설명을 하면서 저는 조바심을 감출 수가 없었습니다. 어머니는 어머니 나름대로 잊어버리지 않도록 "요양원에

상주한다"라고 썼던 모양입니다. 이 문장 아래에는 물결선이
둘, 직선이 하나 그어져 있습니다. 애가 타서 꾸짖는 듯한 제
말투에 흠칫흠칫하다가, 잊어버리지 않도록 기억 속에 주입하
려고 했던 걸까요. 요양원에 입주한 뒤, 어머니는 일기를 꼭 일
기장에만 쓰지 않고 메모장에 쓰는 날도 있었습니다.

8월 11일 시토 씨

8월 12일 미코 방문, 하코네의 요세기 표찰을 기념품으로.
한나절 함께, 기쁘다 날씨 좋고, 조용한 날이었다

8월 15일[메모장] M에게 TEL, 부족한 물건 등 채워놓고 싶
어서 도움을 부탁하다 ○에는 없는 것 같아서, 그 외 차례
차례 설명해주다

8월 16일 오전 마사히코 과자(쓰루야 백화점)를 갖고 와주
다. 오후, 미코 예정

8월 19일[메모장] 오전 내내 아무 일도 없이 보내다. ○○도
라디오도 없는 생활이어서 손에 잡히는 게 없다. 오후 교
정 화단의 꽃을 보다. 길가에 작은 나무가 있는 가로수길,
상쾌한 돌길이 마음에 들어서 좋아하는 길이 되었다. 넓은

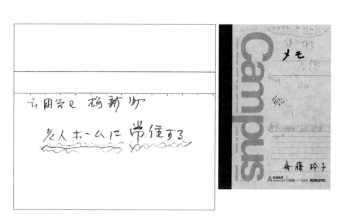

'메모' 노트. '세타가야구 사쿠라신마치' '요양원에 상주한다'

도로를 자동차가 달리지만, 비교적 조용하고 정연해서 기분 좋다. 그리 멀리까지 가지 않았지만(더워서) 신발을 바꿔 신고 걸어 나가니 왠지 기분 좋다. 점점 외출할 수 있게되면 좋겠다. 드디어 일기를 쓸 마음이 생겼다. 빨리 마음을 가라앉히려 애쓰고 있다. 이런저런 시간표를 만들었다가 고민했다가 하며 이제부터 지낼 방법을 궁리해본다. 밤은, 모두 일찍 자서 아주 조용하다. 여기에 익숙해지는 게 가장 중요한 일이라고 생각하는데 겨울이 아니라서 다행이었다.

8월 20일 일찍 자다 눈을 뜨니 18시. 오늘은 느긋하게 보냈다. 사옥 안을 오르락내리락 산책하다가…… 문밖에는 나가지 못했지만 운동은 충분히 되었겠다 싶다. 지금, 다들 모두 잠들어 고요. 복도의 등불만이 빛나고 있다. 외롭다고 하면 외롭지만, 이것도 선물이라 생각하고 마음에 받아들인다.

차분해졌다고 하면서도 요양원을 학교 기숙사처럼 여기듯이 기술한 부분이 있습니다. 8월 18일에 시토 씨가 방문해 어머니와 함께 근처를 산책해주었으니, 8월 19일의 기록도 실제로는 18일에 썼을지 모릅니다. 8월 20일에 '일찍 자다 눈을 뜨니 18시'라고 쓴 부분도 시간을 착각한 것 같은데, 밤중에 눈을 떠 복도를 걸었던 것은 사실이었겠죠. '이것도 선물이라 생각하고 마음에 받아들인다'라는 말이 제게는 애틋하게 울립니다.

그 뒤 9월에는 일기장에 기록이 전혀 없습니다. 아래는 '메모'라고 곁에 쓰여 있는 작은 노트에 어머니 자신이 써넣은 기록입니다.

9월 2일 10:39, 한숨 잔 뒤 눈을 뜨고 입은 닫고 있다. 미코에게 TEL 해서 한동안 이야기하다. 과자를 먹다. 아파트 복도를 걷다. 조금 졸렸다. 소형 TV가 갖고 싶다.

9월 6일 내일 일을 생각하면 앞뒤가 맞지 않아 마음이 불안하다. 신이여, 도와주소서! 가을 정장을 꺼내고 싶지만, 후나바시에 보내주지 않는다. 하루하루 정신이 흐려지는 것 같아서 무서워 견딜 수가 없다. 내일은 교회에도 못 가고 후나바시에 옷을 가지러 가고 싶지만, 그게 가능할지. 옷을 바꿔야 할 때인데 곤란한 채로 끝.

9월 7일 미코 니콜라이 성당에 파니히다.* R, 세타가야에 있음

날짜 불명 화장비누, 실, 바늘, 가위, 세탁비누, 치마, 블라우스, 모포, 설탕, 소금, 후추, 미소 된장(조미료, 기름), 석쇠, 냄비, 주전자, 석쇠, 프라이팬, 접시, 찻주전자, 젓가락, 숟가락, 나이프, 포크, 식칼

9월 9일 파자마, 바지, 속바지, 슬리퍼, 수건, 수건걸이, 여름 이불(밤중)

생활용품과 주방용품을 열거한 이유는, 혼자 있을 때 요양원에서 돌봐주고 있음을 인식하지 못해 실내를 둘러보며 필요한 물건을 써봤기 때문일 겁니다. 일기장과 달리 메모는 저

---

* 죽은 이를 위해 올리는 정교회의 기도 예식.

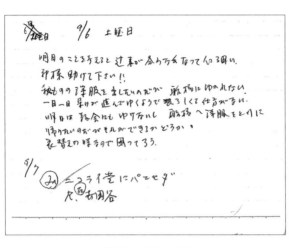

'신이여, 도와주소서!'

희와 어머니 사이의 연락 노트이기도 했던 터라, 저는 어머니
를 방문할 때마다 메모장에 뭐라고 쓰여 있는지 들여다보았습
니다. 9월 6일의 메모 "내일을 생각하면 앞뒤가 맞지 않아 마
음이 불안하다. 신이여, 도와주소서!" "하루하루 정신이 흐려
지는 것 같아서 무서워 견딜 수가 없다"를 봤을 때는 그야말로
마음에 사무쳤습니다.

10월이 되자 어머니는 다시 일기를 썼습니다. 대부분은 글
이라기보다 단어나 아주 짧은 문장이었지만, 그래도 어머니의
마음은 전해집니다.

10월 6일 외롭다 TEL 미코

10월 10일 체조?

10월 11일 오후 2시 미코 오다 후나바시 1박, 교회

◎ 11일 토요일 미코 마중, 후나바시로 하루 머물다

지갑 현재 2086엔, m TEL 현재의 상황 잘 알고 있어, 안

심하다

10월 12일 A에게 TEL 도모와 도쿄 돌아다님

10월 13일 시토 씨 휴가

10월 14일 편지 보내다. 뭐든 (끝나면) 잊어버린다. 완전히

건망증*에 걸린 것 같아 한심하다 저녁 식사, 미코 사회

모임의 ○ 돌다

10월 17일 병원 하루 걸림

10월 18일 미코 마짱이 왔다. 미코와 산책

---

* 한자의 첫 글자가 생각나지 않았는지, 전체는 가타카나로 표기하고 그
뒤에 '(忘症)'가 붙어 있다.

10월 20일 10:30 기억 재활 시토

10월 21일 m 14시 TEL 여대 모임 준비

10월 23일 A 방문 미코에게 TEL 매일의 내용이 불분명 낮에는 전화를 받아 동창 모임 이야기를 하다. 기억을 믿을 수가 없으니 한심하다.

10월 24일 M 방문(밤)

10월 27일 미코가 따라와줘 도쿄여대 동창회에 참석[칸 밖에 '따라와주다付き添う' 한자를 확인한 흔적]

10월[날짜 불명] 오랜만에 밤중에 눈을 떴다. 졸린데 잠들지는 못한다. 버릇이 되지 않도록 조심하지 않으면…… 밤중에 일어나면 조용하고 느긋하지만, 내일 활동에 영향을 주니까 조심해…… 하품이 나와서 이걸로 끝내야겠다

11월 5일 오후, 이른 (저녁) 식사에서, 테라스에서 저녁밥이 맛있었다. 밤 일찍 자니까 TEL 걸지도 않고 걸려오지도 않아 쓸쓸하다. 이번 주는? 『마히루노』, 시 쓰기를 쉬고 있으니 쓸쓸하다

'기억 재활'이라고 쓰여 있는 10월 20일, 시토 씨의 리포트는 방문 당시의 어머니 모습을 잘 전하고 있습니다.

10월 20일

사이토 선생님, 미도리 씨께

밖으로 나가고 싶다는 뜻을 보이셔서 중정으로 나가 햇볕을 쬐셨습니다. 그때마다 혼잣말처럼 "이젠 안 되겠구나" "뭐가 뭔지 모르겠어" "영문도 모르는 사이에 말을 듣고서 네, 네, 하고만 있을 뿐이야" 등의 말씀을 하십니다. 그 뒤에는 다시 아무 일도 없는 듯 말씀하시지만…… 중정에서는 대화가 끊기자 "여긴 어딜까? 어떻게 온 거지?" 하고 불안해하실 때가 있었습니다. 그러다 문득 "여기 2층에서 지내고 있었던가?" 하고 스스로 생각해내셨습니다. 대체로 끈질기게 장소를 짐작해내시는 것 같습니다.

친구분과 이야기하셔도 이야기의 흐름에 호응하지 않고(말을 끊고 들어가는 성격도 아니시라 생각합니다만) 가만히 계시다가 뭘 하고 있는지, 무슨 이야기를 하고 있는지도 이해하지 못하시게 되어 우물쭈물하시기도 했습니다.

잠시 침묵하거나 순간적으로 주의가 흩어진 뒤에는 자신이 뭘 하고 있었는지 상황 파악이 안 돼 혼란스러워지시는 것 같았습니다.

제게는 불안한 모습을 보이지 않으려고 다부지게 행동하

시지만, 그런 기색이 느껴질 때 '지금 뭘 하시던 중이었는지' 말씀드리거나 아무렇지 않은 듯 이야기의 요점을 짚어드리면 역시나 안심하시는 기색이 있습니다.

뭔가 걱정스러운 일이 있냐고 여쭈어도 능숙하게 전달하지 못하는 현재 상태에 대해 한편으로 어쩔 수 없다는 마음이 있으신 듯합니다. 굳이 그에 대해 여쭤보지는 않겠지만, 무심코 이야기를 꺼내실 때는 불안이 조금이라도 잦아들기를 바랍니다.

시토 올림

12월 14일, 아버지의 스무 번째 기일에 어머니는 집으로 와 외박을 하셨고, 우리도 본가에 모여 오랜만에 다 같이 식탁을 둘러싸고 앉았습니다. 그런데 대화에 흥이 오를수록 이야기를 따라가지 못하는 어머니의 표정은 점점 흐려지더니 서먹해하시기 시작했습니다. 밤에는 제 차로 요양원에 모셔다드렸습니다. 요양원 근처의 꽃집이 보이자, 어머니는 자못 기쁘다는 듯이 "아, 드디어 도착했다. 저 모퉁이를 돌면 있는 곳이지" 하고 말씀하셨습니다. 저는 전날 밤부터 애써 준비한 여동생이 어머니의 이 말을 듣지 않아서 다행이라고 생각했습니다.

어머니의 노트에 유성펜으로 그려진 초록색 카드가 끼워져 있었습니다. 크리스마스트리로 보이는 그림이 있는 걸로 보

크리스마스트리가 그려진 카드

아, 아마도 요양원의 트리에 달려 있었던 모양입니다. 카드에
는 어머니의 글씨로 몇 번이나 고쳐 쓴 흔적과 함께 다음과
같은 시구가 쓰여 있었습니다.

모든 바람 다
이루어지리라곤 생각 않지만

걸음만은 스스로 곧게 옮겨가기를

ことすべて叶うこととは思わねど己が歩みをますぐにゆかむ

4기   85~87세—
그 후의 어머니

85세(2009년)

"전화를 너무 많이 건다고 혼이 났다"

이해부터는 일기장이 없습니다. 메모장에 어머니가 기록한 일기는 모두 10일분, 1월부터 3월까지만 있고 그 뒤에 날짜를 붙여 일기처럼 쓴 기록은 없습니다.

늘 그랬듯이 새해 첫날은 어머니도 집에 와서 보냈지만, 별로 즐거워 보이지 않았습니다. 다 같이 새해맞이 식탁에 둘러앉아 있어도 어머니는 대화에 끼지 못해 식사를 하면서 점점 말이 없어졌고, 급기야 기분이 좋지 않다며 누워버렸습니다. 이튿날에는 여동생이 매년 참석하던 신년 차 모임에 가야 해서, 어머니를 혼자 집에 계시게 할 수 없어 요양원으로 다시

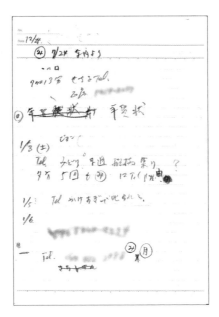

'1/5? TEL 너무 많이 건다고 혼이 났다'

모시고 갔습니다. 외박 후에는 요양원 생활에 다시 적응하는 데 며칠이 필요합니다. 불안해진 어머니는 저와 여동생에게 반복적으로 전화를 걸었습니다. 이즈음의 메모입니다.

1월 3일 미도리 다음 주 후나바시 모임? 저녁 다섯 번이나 미코에게 TEL 했던 이유. ?

1월 5?일 TEL 너무 많이 건다고 혼이 났다[이 문장에 빨간

258

색연필로 밑줄)

　　본인은 전화한 일을 기억하지 못하기 때문에 전화를 여러 번 건다는 의식이 없지만, 전화를 받는 저희 쪽에서는 무의식 중에 답답함을 '방금 막 전화하셨잖아요!'라는 공격적인 말로 표현해버립니다. 5일의 "혼이 났다"라는 문장의 대상은 저입니다. 연휴가 끝나고 직장에 출근했는데 시간을 가리지 않고 몇 번이나 전화가 걸려오니, 저도 모르게 말투가 세게 나간 겁니다. 어머니는 아들의 거센 말투에 놀라서 전화했던 걸 잊지 말자, 혼나지 않도록 주의하자며 빨간 밑줄까지 그어놓았던 걸까요. 이즈음의 노트에는 밤이 되어 자신의 방으로 돌아올 때의 쓸쓸함이 이따금씩 적혀 있습니다.

1월 6일 오후 8:18 저녁부터 자버렸더니 말도 안 되는 시각에 눈을 떴다. 하지만 아직 졸려서 다시 눈을 감을 작정…… 낮에는 깨어서 이런저런 TV 방송을 보았다. 조금 걸어봤지만, 다시 공중에 붕 뜬 기분. 이제부터 다시 한숨 자려고 한다. 어쨌든 어둡고 조용한 아파트에 혼자 있는 건 좀 힘들지만 어쩔 수 없다

2월 1(?)일 노트를 팔랑팔랑 만지작거려보지만 막상 뭘 쓸 수 있을지. 책상 위에는 귀여운 아기(인형) 옷이 들어가 있

는 액자가 세워져 있다. 아기는 얼굴이 없어 조금 허전하다. 신발도 있는데…… 오늘은 일찍 자야지……라고 생각했지만, 아직 7시 10분 전, 이래서는 밤을 당해낼 수 없다…… 아무리 푹 자고 싶다 해도 도가 지나치다…… 밤, 전화할 친구가 없어서 곤란하다. 이게 반대였다면 밤중에 온 전화를 얼마나 민폐라고 했을지…… 액자 속 지리멘으로 만든 나가소데 기모노*가 사랑스럽다. 나도 이제 한숨 돌려 문학적 정서적인 사람이 되고 싶은데, 막상 닥치면 실제[여기서 여백 쪽으로 선을 그어, 실형, 실충 등 비슷한 한자를 확인한 흔적이 있음]적이 되어 아쉽다. 오늘 밤도 이제 잠들도록 힘내보자 19:03……

2월 11일 머릿속이 너무나 바짝 말라 쓰기도 읽기도 할 수 없는 상태. 미코도 일하느라 바쁘니 방해가 되지 않도록…… 학교 친구한테도 여기저기 TEL 할 수가 없고. 내 일상이 제대로 따라가질 못한다. 조금은 정서가 풍부한 삶을 살고 싶었는데…… 오래된 원고 등을 뒤적여 읽어볼까……?

＊ 지리멘縮緬은 오글쪼글 잔주름이 지도록 짠 견직물, 나가소데 기모노長袖着物는 소매가 길고 넓은 기모노.

2월 15? 16일 밤, 일찍 잤더니 미코에게서 TEL 오다. 기쁘다. 누구와도 이야기하지 못하는 밤중(? 7:22)에 미코와 TEL해서 정말 즐거웠다.

딸에게서 온 전화에 "일찍 잤더니 미코에게서 TEL 오다. 기쁘다. 누구와도 이야기하지 못하는 밤중에 미코와 TEL해서 정말 즐거웠다"라고(아마 전화를 끊은 직후, 잊어버리지 않은 동안에) 쓰는 모습이 눈에 선합니다.

어머니의 인지 기능 저하는 점점 진행되어 시간 인식이 흐트러졌고 새로운 것을 기억하지 못했으며, 기억하고 있었던 옛일도 혼란스러워했습니다. 어머니는 그날 있었던 일을 기록하려 할 때마다 자신의 기억에 공백이 있음을 깨닫고 곤혹스러워합니다.

2월 14일 어제는 성묘를 대강 마쳤다[전날 여동생과 함께 성묘]

2월 16?일 남은 성묘 쓰보이 분과 동행(?) 뭐든 잊어버려서 불안하다. 오늘 참배했던 곳도…… 어쨌든 책임은 일단 다했다는 마음에 저녁 식사도 안심하고 기숙사에서 먹다. 밤, 늘 그랬던 것처럼 TV로 조회해보다. 옛 쓰보이 쪽에도 가봤던가? 행적이 애매하지만, 쇼핑 등을 한 다음부터는 생각이 나서 다행이었다. 밤엔 꽤 지쳐서 일찍 취침. 일기장을 제대로 써야 했음을 이제 와 통감했다. 하루 치 경과도 정확히 기입하는 것. 이런 점 여러모로 해이해져서 곤란하다. 제대로 기술할 것

2월 21일 TV 방송에서 도움을 받고 있다. 여러 가지 대입해보다. 그런 산책 방법은 드물지만(내게는) 다양하게 적용해서 적극적으로 노력해야* 한다고 생각한다. 오늘 오후는 미코도 함께 이것저것 마크했다. TV 방송(?) 등 적중했다. 하지만 끝이 난 것은 금방 잊어버리니 정리된 형태가 남지 않는다. 나는 대체 어딜 갔던 걸까? 하는 느낌. 밤에는 이 좁고 긴 방에 갇히지만, 도리어 그게 더 마음이 차분해진다. 빨리 자립하고 싶어서 노력한다. 미도리와 여기에 있다. 모레(21일) 출발

쓰보이라는 지역에 할아버지의 본가가 있었습니다. 할아버지는 이 지역 커다란 농가의 차남이었습니다. 의사가 되고 분가해서 쓰보이를 떠난 뒤에도 종전 뒤의 농지해방**까지는 상속받은 농지를 소유하고 있었고, 집안 묘지도 본가의 토지 내 언덕에 있었습니다. 저희가 어릴 적, 봄가을의 오히

---

* 잘 쓰지 않는 한자가 들어가 있다.

262

간$_{おひがん}$彼岸*** 이나 여름의 오본$_{お盆}$****이 되면 집에서 차로 거의 한 시간 거리인 쓰보이 본가를 방문해 성묘하는 것이 집안의 연중행사였습니다. 어머니는 '성묘를 했다'는 사실을 간신히 기억했지만, 세밀한 부분은 떠올리지 못합니다. '성묘하러 다녀온 느낌이 든다? 그럼 쓰보이 쪽 사람과 함께 갔나?' 하고 생각한 모양입니다. 할아버지가 돌아가시고 아버지가 집 가까운 묘지로 묘를 이장한 지 벌써 40년 이상 지났는데도 말입니다. "오늘 참배했던 곳도……"라고 쓴 어머니는 참배한 묘가 어머니의 기억 속 나무에 둘러싸인 쓰보이의 묘와는 느낌이 달라서 당황했을지 모릅니다.

16일, 21일의 일기에 있는 "TV로 조회해보다" "TV 방송에서 도움을 받고 있다" "TV 방송(?) 등 적중했다"라는 문장은 어떤 의미인지 모르겠습니다. 그리고 2009년 3월 7일, 어머니는 마지막 일기를 노트에 썼습니다.

3월 7일 온종일 집에 틀어박힘 수기를 정리하거나 미도리

** 제2차 세계대전에서 일본이 항복한 뒤 7년간 일본에 주둔했던 연합군 최고사령부GHQ가 단행한 농지 개혁 정책. 정부가 지주들에게서 염가로 매입해서 농민들에게 매도해 78퍼센트의 농지 소유권이 바뀌었다.
*** 춘분과 추분 전후 사흘간 조상들을 추모하는 풍습으로 성묘를 간다.
**** 양력 8월 15일에 지내는 일본의 명절. 오히간과는 반대로 '조상들이 자손들을 보러 온다'고 여겨 현관에 불을 밝히고 불단에 음식도 차려 맞이한다.

와 이야기하거나, 나중에 미코 쪽에 일기를 보태야 해서 여
러 가지 의논하다 저녁, 다시 일기를 검토하다(?)

날짜를 기입한 마지막 메모입니다. 2009년 3월 7일은 토
요일이었습니다. 위와 같은 기록 아래에 "토요, 미코?"라고 쓰
여 있는 것으로 보아, 아마 여동생과 함께 집에 머물렀던 날
같습니다. 이해, 이미 어머니는 일기장을 갖고 있지 않았으니
"일기에 보태다" "일기를 검토하다"라는 말은 어머니의 머릿속
에 존재하는 예전의 기억, 습관, 소망이 뒤섞인 가상 공간에서
일어난 이야기일 겁니다.

이 시기가 되면 어머니와 하는 의사소통은 우리 가족에게
당혹스러움뿐이었습니다. 제 여동생과 남동생의 아내인 사치
코 씨 사이에는 다음과 같은 메일이 오갔습니다.

1월 20일 사치코 씨 → 미도리 / Subject: 오늘의 어머니

안녕하세요. 오늘은 시토 씨가 오는 날이라 일부러 저녁 무
렵에 요양원을 방문했습니다.

딱 낮잠에서 깨어나시는 시점. 시토 씨가 달력에 써놓은
글을 보고 오늘의 '큰일 났네'는 시작되었습니다. 자느라
시토 씨가 가는데도 내버려두고 있었다는 거예요. 이에 대
해서는 시토 씨가 돌아갈 때 제대로 말씀하셨고 시토 씨
도 "감사합니다"라고 대답했음을 직원 분이 증언해주셔서

해결.

다음은 그 사실을 기억하지 못했다는 점에서 충격을 받아 "이런 상태로 수업료를 받고 일본어를 가르칠 수 없다" "이제 일을 그만둬야 한다"라고 하셨죠.

안정을 찾으신 뒤에는 "차와 과자를 내왔던가" "정신이 흐려졌을지도 모르겠다". 주소록이 보이지 않고(젊은이들이 가지고 가버렸다?) 시토 씨와 연락이 안 되는 게 문제가 됐어요. "제가 마사히코 아주버니에게 연락해서 시토 씨에게 물어볼게요"라고 말씀드리고, 휴우, 이렇게 메일을 쓰고 있습니다. 일단······.

제가 드리는 "괜찮아요"라는 말씀도 어머니께 점점 힘이 되지 못한다는 느낌이 듭니다. 어쩌면 이렇게 무력할까요.

추워졌습니다. 감기 환자가 많아진 것 같아요. 건강 조심하시기를.

사치코

1월 20일 미도리 → 사치코 씨 / Re: 오늘의 어머니

안녕하세요. 저는 어머니와 딸의 관계니까, 바쁘면 전원을 꺼버리거나 발신자 번호를 보고 부재중으로 해놓거나 명백히 '귀찮네' 하는 말투로 아무렇지 않게 말하곤 해요. 삿짱은 역시 '며느리' 입장이라 그러시기 어려울 테고, 늘 정성스럽게 응대하려니 힘드시죠······ 너무 신경 쓰지 마시고

적당한 선에서 대해주세요.

오늘은 밤 8:10쯤 전화했더니 활기찬 목소리로 "지금 말이야, 착한 아이가 되어서 신의 자비를 구하는 기도라는 책을 읽고 있어. 오늘은 훌쩍훌쩍 울었지만, 이러면 안 된다고 생각했어"라고 하시더라고요. 그 뒤에는 평소처럼 이야기를 나누고 전화를 끊었습니다.

갑자기 예전으로 돌아가는 기적 같은 일은 일어나지 않을지……

미도리

이해에도 시토 씨는 매주 요양원에 와서 한 시간 남짓 함께 지내주었습니다. 어머니가 차분한 한때를 보내는 귀중한 시간이었습니다. 동시에 시토 씨의 신경심리학적 관찰과 대처 방법에 관한 적절한 조언은 우리 가족에게 커다란 힘이 되었습니다. 시토 씨의 리포트입니다.

1월 13일 세션 중, 차를 부탁하려고 하셨는지, 방을 한 번 나가신 일이 있었습니다. 한동안 돌아오지 않으셔서 살펴보러 갔더니 엘리베이터 앞에서 불안한 얼굴로 우두커니 서 계셨습니다. 뭘 하러 방을 나섰는지 잊어버리신 모양입니다.

말을 걸자 "학생이 오기로 해서……"라고 하셨고, 방에 돌

266

아가자고 하니 "학생(저를 가리키는 듯?)이 있으니까 방에 들어가도 되겠어"라고 하셨습니다. 조금 전까지 함께 있었던 제 얼굴도 인식하기 어려우신 듯했습니다. 방에 들어가자 "어, 학생은? 어머나, 당신밖에 없었던가?"하며 혼란스러운 모습이었습니다.

어머니는 시토 씨에게 차를 내주려고 방을 나가자마자 뭘 하러 왔는지 잊어버렸지만, 젊은이와 약속이 있다는 것은 어렴풋이 기억해내고 엘리베이터 앞에서 그 사람을 기다렸겠죠. 누구를 기다리고 있었는지 생각해내지 못한 어머니는 그 공백을 옛 기억으로 채웁니다. 그래서 자신을 방문할 젊은이가 일본어를 가르쳤던 유학생이라 여겼고, 기다리는 동안 그것은 가상 기억이라고 불러야 할 어머니의 기억이 됩니다. 그러므로 어머니를 찾으러 나온 일본인 시토 씨가 어머니를 기다리던 사람일 리 없습니다. 시토 씨가 말을 거니 어머니는 혼란스럽습니다.

이때로부터 반년 전, 시토 씨의 리포트에 "말뜻도 조금씩 애매해지는지도 모르겠습니다. 최근의 세션을 새삼 되돌아보니, 말뜻을 액면 그대로만 사용하실 때가 많았습니다"라는 기록이 있습니다. 어머니는 하나하나 단어의 의미는 이해하고 있었고, 모르면 사전을 들추는 습관도 유지하고 계셨습니다. 하지만 단어의 의미는 사용되는 문맥에 따라 달라집니다. 단

267

어의 직접적인 의미만으로 주고받는 소통은 유연한 정감을 잃고, 상황에 따라서는 무척 무례하게 들리기도 합니다. 또한 어머니가 단어의 의미를 표면적으로만 이해하게 되면, 우리가 어머니에게 건네는 말에도 주의가 필요합니다. 확실히 말하지 않고 미묘한 어투를 써서는 대화가 통하지 않습니다. 반면에 직설적인 단어와 마주하면 어머니는 '혼이 났다'고 느낍니다.

비슷한 시기, 시토 씨의 리포트에는 인지 기능의 통제만이 아니라 자신의 행동을 규율하는 능력 역시 떨어지고 있다는 지적도 있습니다.

1월 28일 최근의 모습에서는 엽서를 접거나 엽서에 구멍을 내는 등 지금까지 하시지 않았던 행동이 눈에 띕니다. 하고 싶은 일(이번에는 티켓이 엽서 크기의 반쯤 된다는 걸 제게 보여주시고 싶어함)을 시도할 때 여러 상황을 고려해 판단하고 행동하는 힘, 행동을 억제하는 힘이 떨어진 것으로 보입니다. 앞으로 마음먹은 바를 제어하기가 어려워지고, 얕은 생각으로 행동하는 경향이 늘어나리라 생각됩니다.

이즈음, 잃어버린 물건을 찾는 것도 어머니에게는 어려운 문제가 되었습니다. 시토 씨는 지팡이, 안경, 지갑, 돈 등 어머니가 잃어버린 물건이 기본적으로 거의 같은 장소에서 발견되었다는 점을 깨닫고, "어디 두었는지 잊어버릴 때는 대체로 장소가 정해져 있는 듯해, 짐작이 갈 때까지 이야기 나누면서 함께 움직이고 안심시켜드립니다'라고 조언해주었습니다. 시토 씨의 냉정한 관찰과 적확한 지시는 저희 가족이 어머니를 대하는 기본 지침이 되었을 뿐만 아니라, 예상치 못한 어머니의 분노나 혼란에 직면했을 때 저희 스스로 마음을 가라앉히는 데에도 커다란 힘이 되었습니다.

이미 일기 쓰는 능력을 잃은 어머니는 이 시기가 되어서도 자신의 능력 저하에 심각한 불안감을 품고 있었습니다. 다만 이전처럼 '인지증에 걸린 게 아닐까' 하는 불안이 아니라 주변 상황을 이해하지 못하고 자신이 어디에서 무엇을 하고 있는지 알 수 없어서 생겨난, 더 생리적인 공포에 가까운 불안이었습니다. 시토 씨의 리포트에는 그런 어머니의 모습을 전하는 기록도 많이 있습니다.

3월 13일 한참 누군가와 대화하거나 작업을 하던 중에도 '뭘 하고 있었지?' 하며 혼란스러워하시곤 합니다. 상대가 있을 때는 "뭘 하고 있었더라?" 하며 물어보고 확인할 수 있으니 불안해하시진 않지만, '몇 시간 전에 뭘 하고 있었는지' 상대방에게 물어봐도 알 수가 없으면(확인할 수 없으면) 무척 불안해하십니다.

최근에는 불안해지거나 고민하는 게 싫어서 주무실 때가 많다고 합니다. 가능하면 방에만 틀어박혀 계시지 말고 움직이시는 게 좋을 텐데…….

7월 14일 방문 당시에는 누워 계셨습니다. 일어나셔서는
"큰일 났어……" "요즘 머리가 안 돌아가서……"라고 말씀
하셨습니다.

"4월부터 7월쯤의 일이 머릿속에서 뒤죽박죽이라 뭐가 뭔
지 모르겠고……" "이제 뭐든 다 잊어버려" "적어둬야 하
는데…… 저렇게 적었던 걸 어떻게 했더라?" 하고 지금의
심경을 말씀하셨습니다. 곤혹스러운 표정으로 말씀하셔서
무심코 저도 심각한 표정을 해버렸나봅니다. "그렇게 심각
한 얼굴 하지 말고 웃어넘겨요!" 하고 오히려 제게 말씀하
시더군요.

9월 16일 활동에 참여하시는 모습을 보며, 옆에서 이야기
를 들어주고 불안하게 여기는 부분에 바로 답해주는 사람
이 없으면 안정을 못 찾게 되신 게 아닐까 하는 느낌을 받
았습니다. 그래서 바로 옆에 스태프가 없는 큰 규모의 집단
활동에서는 안정을 못 찾고 방으로 돌아가시거나 주변 사
람에게 불안을 호소하시는 건지도 모르겠습니다.

기억의 단편이 남아 있음에도 세부 내용은 공백이라 불안
하고, 혼자 있으면 자신이 어디에 있는지, 어떻게 여기에 있는

건지 몰라 불안하고, 다 같이 있으면 뭘 하고 있는 건지, 자신은 어떻게 행동해야 좋을지 몰라서 불안하고……. 이 시기의 어머니는 시토 씨 같은 사람이 일대일로 대응해주지 않는 한, 언제나 몸 둘 곳 없는 불안 속에 있었습니다. 어머니는 때때로 나와 시토 씨에게 그때까지 보이지 않았던 화를 내곤 했습니다. 11월 18일 시토 씨의 리포트에는 다음과 같은 기록이 있습니다.

11월 18일 이번에는 언제까지 있으면 될지, 이제 앞으로 뭐가 예정되어 있는지, 누가 집에 방문하러 올지, 집에는 언제 돌아갈 수 있을지 등을 시종일관 신경 쓰시느라, 차와 과자를 드셔도 이전처럼 상냥하게 말씀하시지 않았습니다. 드실 때도 마음이 딴 곳에 가 있는 표정이었습니다. 특히 "언제까지 있으면 돼?" "이제 앞으로 뭐가 예정되어 있는 거야?"라고 제게 물으실 때는 지금까지 없었던 강박한 모습, 불안해서 참을 수 없는 모습을 보이며 곤혹스러워하셨습니다.

그래서 이번에는 회상을 중점에 두지 않고 지금 불안하게 생각하시는 게 뭔지, 어떻게 하고 싶으신지 이야기하며 평온한 기분으로 돌아가는 것을 목표로 대화를 진전시켜나갔습니다. 그러는 동안,

· 지금은 집에 있어도 미도리는 아침 일찍 나가 밤늦게나

돌아오기 때문에 곤란하기는 마찬가지다

• 다들 문안하러 와주고 이곳 사람들도 잘 대해준다

등 현재 생활의 긍정적인 면을 이야기하면서 차분해지셨습니다.

시토 씨는 어머니의 불안에 말 그대로 착 달라붙듯 대처해주었습니다. 지금 다시 읽어봐도 감사하다는 말 외에는 할 말이 없습니다.

이러한 상황이었지만, 여대 시절 동창생들과 함께했던 공부 모임에는 두 번 참석했습니다. 공부 모임이라고는 해도 이미 어머니가 뭔가를 할 수 있었을 리는 없습니다. 동창생분들이 제 여동생에게 메일로 알려주시면 동생이 어머니를 모시고 갔습니다. 그분들에게는 폐가 되었겠지만, 아마 어머니는 그 순간에 예전으로 되돌아가 즐거운 기분을 맛보지 않았을까요. 물론 그건 여동생이 계속 곁에 앉아 있었기 때문이겠습니다만. 12월에 그 모임에 참석한 뒤, 여동생이 시토 씨에게 보낸 보고 메일입니다.

12월 15일 늘 감사드립니다.

일요일에는 평온하셨던 것 같네요.

토요일에는 '아시노회'가 있어 여대 친구분 댁에 다녀왔습니다. 요즘은 『우게쓰모노가타리雨月物語』*를 읽으시더라고

요. 한 사람씩 원문과 번역문을 읽는 식이고요. "오늘은 누구부터 할까?"라는 말에 어머니가 "그럼, 내가 읽을까?" 하고 갑자기 말을 꺼내서서 괜찮을까 싶었는데, 소리 내어 한 구절을 무사히 읽었습니다. 소리 내어 읽는 건 좋더군요. 변함없이 '집'이라고 하면 어머니가 어린 시절 살았던 아자부의 집 이야기가 되어버립니다. 아베 씨(어린 시절의 이웃) 이야기도 몇 번이나 듣다보니(시토 씨도 그랬겠죠!) 마치 아는 사람 같은 기분이 들어요. 그런데 "옆집 아베 씨는 지금 어떻게 지내시나?"라고 물으시면 당황스럽죠…….

쉬는 날에 항상 방문해주셔서 고맙습니다. 사정이 있으실 때는 그냥 넘어가도 상관없으니 무리하지 마셔요. 이번 주는 한겨울 수준의 추위라던데…… 따뜻하게 지내시길 바랍니다.

여동생과 시토 씨의 활약에 비해 정신과 의사이자 장남인 제 태도는 조금도 어머니에게 버팀목이 되지 못했습니다.

10월 23일 클라라에 가서 어머니 문안. 가족에게 버려졌다고 생각하는 모습. 푸념을 잔뜩 이야기한 끝에, 자신이

＊아홉 편의 괴담 모음집으로 우에다 아키나리上田秋成(1734~1809)가 썼다. 주로 인간에 대한 강한 집착과 정념을 다루고 있다.

희생할 테니 다들 자유로워지면 좋겠다고 말씀하신다. 맙
소사.

86~87세(2010~2011년)
"오랫동안 감사했습니다"

2009년 3월 7일을 마지막으로 어머니가 자신의 행동
과 생각을 직접 글로 엮어내는 일은 없었습니다. 2011년 5월
21일, 제가 원장으로 근무하던 사이타마현 와코시의 병원에
서 숨을 거둘 때까지 약 2년 동안 어머니가 무슨 생각을 하고
무엇을 느꼈는지는 당시의 기록으로 추측할 뿐입니다.

86세(2010년)
"힘들다고 하잖아!"

요양원에서 의식주를 보살펴주었기 때문에 생활 전반에
걸친 구체적인 걱정은 없었습니다. 한편 시토 씨의 리포트에는
어머니가 "어떻게 해야 좋을지 모르겠어" "최근에 힘이 쭉쭉
빠지고 머리가 이상해져서…… 바로 잊어버리고……" "여기가
어디더라? 여기에 있어도 되는 건가?" 하며 계속 불안을 호소

했다는 기록이 있습니다.

예전에는 자신의 불안을 일기에 기술함으로써 객관화하고 감정을 누그러뜨리려 했던 어머니가 일기를 쓸 능력을 잃음과 동시에 그러한 불안을 스스로 제어하지 못하게 되었습니다. 거기다 불안을 마음속에 담아두는 자제력이 사라지면서 시토 씨나 저희에게 표출하게 된 듯합니다. 이렇게 해달라, 저렇게 해달라는 구체적인 요구라면 다소 무리하더라도 가능한 방법을 고민해봤을지 모르겠지만, 어머니가 품은 불안은 그런 것이 아니었습니다. 자택에서 온종일 혼자 지내던 시간의 불안은 요양원에 들어간 뒤에도 해소되지 않았고 인지 기능이 더 저하되면서 깊어지기만 했습니다.

글로써 자기 생각을 기록하지 못하게 된 마지막 2년 동안을 이전과 비교해보면, 다급한 모습으로 신체의 '괴로움'을 호소하는 일이 많아졌음을 알 수 있습니다. 그래도 2010년 가을 즈음까지는 시토 씨가 능숙하게 주의를 다른 곳으로 돌리면 이전처럼 온화한 표정을 보여주었습니다. 특히 계절에 맞는 과자를 준비해서 차와 함께 내오면 기분이 완전히 나아졌습니다.

어머니는 어린 시절을 보낸 아자부의 집과 결혼 후 오래 살았던 후나바시의 집을 곧잘 혼동했고, 요양원은 호텔이 되었다가 학교 기숙사가 되었다가 아파트가 되기도 했습니다. 시토 씨와 이야기하던 중에는 어린 시절의 저희 형제자매와 어머

니 자신의 오빠, 언니를 혼동해, 이야기하는 동안 스스로도 혼
란에 빠지는 일이 종종 일어났습니다. 일상생활 중에도 현실
을 파악하지 못했고, 그것이 어머니의 불안을 더 가중시켰습
니다. 이해, 시토 씨의 리포트에 다음과 같은 기록이 있습니다.

8월 20일 방에 들어갈 때까지 여기가 어딘지 이해하지 못
하신 듯, "방문을 잠그지 않았는데 괜찮을까?" "들어가도
되려나?" 등의 말씀을 하셨습니다. (…)
방에서 나와 다른 장소로 이동하거나 정원에 나가면서 주
변의 장면이 바뀔 때마다 "여기가 어디지?" "지금 뭘 하는
거야?"라며 반복해서 물으실 때가 있습니다. 환경이 변하
면 불안을 느끼시는지도 모르겠습니다. '클라라'라는 요양
원이고 가족들도 레이코 씨가 여기 계시는 걸 알고 있다고
설명하면, 그걸 이해하고 안심하시는 듯했습니다.
또한 본인 나름대로 '아자부의 집은 헐기로 해서 임시로
클라라에 있다'라고 인식하시는 것 같습니다.

이해가 되자 저희 가족이 요양원을 방문해도 어머니와 즐
거운 시간을 보내기는 어려워졌습니다. 아무렇지 않게 "몸은
어떠세요? 오늘은 뭘 하셨어요?"라고 질문하면 "응? 어머나,
나 지금 뭘 하고 있었지?…… 전혀 생각이 안 나는데, 아, 이
제 바보가 돼서 아무것도 모르겠어…… 어떻게 좀 해줘"라는

공황의 도화선이 되고, 그렇다고 해서 잠자코 있으면 "외로워" "힘들어"라는 말만 듣게 됩니다. 퇴근길에 어머니를 방문하는 발걸음은 점점 더 무거워졌습니다. 8월 22일에는 제 어린 시절 사진첩을 가지고 어머니를 뵈러 갔습니다. 옛 사진을 보면 어머니가 과거의 추억을 기억해내 조금은 즐거운 대화를 할 수 있지 않을까 생각했기 때문입니다.

8월 22일 1시, 어머니를 문안하다. 어린 시절 앨범을 가지고 갔지만, 잘 안 보이는지 대화에 흥이 오르지 않는다. 돌봄 계획서에 서명하러 가느라 도중에 자리를 떴다가 방으로 돌아오니 잠드신 상태였다.

기대와 달리 어머니는 거의 흥미를 보이지 않았습니다. 아니, 처음에는 흥미를 드러내며 사진을 보려고 했지만, 작아서 잘 보이지 않는지, 아니면 사진첩 페이지를 넘길 때마다 많은 사진이 눈앞에 쏟아지니 뭐가 뭔지 모르겠다 싶은지, 눈썹을 찌푸리며 한동안 사진을 보다가 "안 보이네, 이제 됐어…… 마짱, 힘들어, 왠지 요즘, 무척 힘들어……" 하는 똑같은 상황에 빠져버렸습니다. 면회를 하러 가도 즐겁게 해드리지 못한 채 얼른 끝내고 돌아오는 씁쓸한 뒷맛에서 벗어나야겠다는 마음에, 불효자인 저도 이때만큼은 버텼습니다. 사진 몇 장을 골라 사진관에 가지고 가, 캐비넷판(5.5×4인치)으로 확대해서 코

팅을 해달라고 했습니다. 20년도 더 된 일이지만, 사진가 호소
에 에이코細江英公 선생님과 식사할 기회가 있었을 때 "사진에
서는 디테일이 중요하다"라는 말씀을 들었던 기억이 났기 때
문입니다. 정신이 흐트러지지 않도록 사진이 여러 장 붙어 있
는 사진첩은 포기하고 그중에서 재미있는 사진들만 골라 확대
해서 보여드리면 어머니의 마음을 자극할 수 있을지도 모른다
고 생각했습니다. 제가 어렸을 때니 아주 오래된 사진이지만,
사진 찍기가 취미였던 아버지가 당시로서는 나름 제대로 촬영
한 사진이었던 터라 확대해도 초점이 흐려지지 않고 예상보다
더 선명한 사진이 나왔습니다. 확대한 사진을 가지고 오랜만
에 어머니를 방문했던 날의 일기입니다.

> **9월 13일** 오랜만에 어머니를 문안하다. 어린 시절 사진을
> 확대해 코팅한 것을 몇 장 가지고 가다. 지난번 앨범 속 작
> 은 사진을 봤을 때와는 현격한 차이. 사진에 찍힌 집의 일
> 부를 보고 미도리가 여기서 태어났다는 이야기 등등 다양
> 한 추억담으로 뻗어가다.

어머니는 정말로 '디테일'에 반응했습니다. 제가 혼자 놀고
있는 사진 배경에 어머니의 눈길이 머물렀습니다. 사진 속 유
리문은 닫혀 있었는데, 어머니가 말한 '미도리가 태어난 방'이
유리문 너머 복도의 제일 안쪽 방이었습니다. 사진에서 유리

문 안쪽 방의 모습은 전혀 보이지 않지만, 어머니의 뇌리에는 고대했던 딸이 태어나던 날의 기쁨과 함께 그 방의 정경이 선명하게 되살아나지 않았을까요.

어머니가 크게 관심을 보인 또 다른 사진 한 장은 집 정원 한구석의 모래밭에서 저와 남동생이 놀고 있는 것이었습니다. 어머니는 이 흑백사진을 보고 "어머나…… 마짱은 파란색, 아키짱은 초록색 덧옷을 입었네" 하고 웃음 지으며 이야기하기 시작했습니다. 모래밭은 ㄷ자 형태의 집에서 움푹 들어간 곳에 있었습니다. 저는 모래밭에서 놀 때 입었던 덧옷의 옷감이 코르덴이었다는 걸 어렴풋이 기억하고 있었는데, 어머니에게는 두 아이가 입은 옷의 색깔이 보였던 것입니다. 어머니의 이야기로는 언젠가부터 우리 집에서 남자아이용 색깔은 파란색과 초록색으로 정해져 있었습니다. 어머니가 옷을 지어주기 전에 어떤 색이 좋으냐고 물어볼 때 나이가 더 많은 제가 곧바로 "파란색!"이라고 말해버리면 남동생은 언제나 "초록색"이라고 할 수밖에 없었죠. 노는 아이들의 모습이 잘 보이도록 어머니의 재봉틀이 놓여 있었던 방과 아버지의 치과의원 기공실 사이에 모래밭이 있었다는 이야기, 사진 한구석에 슬쩍 보이는 삼각형은 미끄럼틀 타는 것을 무서워했던 제가 학교에 입학해서 곤란하지 않도록 아버지가 사온 미끄럼틀의 끝부분이라는 이야기도 즐겁게 들려주었습니다.

저는 인지증 전문의로서 얻은 경험과 지식을 동원해, 인지증 환자가 잃어버린 기억을 사진이라는 자극을 통해 떠올릴 수 있지 않을까 생각했습니다. 어머니와 보내는 시간의 답답한 분위기에서 달아나고 싶었던 것도 부정할 수 없습니다. 어머니의 인지증이 확연히 나타나면서부터 무의식적으로, '객관적'인 차가운 시선으로 '알츠하이머 환자'를 보려고 했다는 느낌이 듭니다. 하지만 이날 사진을 손에 들고 계속 이야기하는 어머니는 아직 일본이 가난했던 시절에 문자 그대로 의·식·주를 마련해주었을 뿐만 아니라 한없는 사랑으로 아이들을 지키고 키웠던 '어머니'였습니다. 정말로 오랜만에 보는, 온화하게 미소를 띤 얼굴이었습니다.

하지만 그해 여름이 지나고 가을 기운이 짙어질 즈음, 어머니의 불안은 점점 더 심해져 안정감을 잃어갔습니다. 진득하게 앉아 있지 못하고 의미 없이 배회하지만 어디를 가도 안정을 찾지 못하는 나날이 이어졌습니다. 겨우 유지되던 가족 이외의 지인들에 대한 배려도 사라지고, 시토 씨를 비롯한 주변 사람들에게 감정을 날것 그대로 터뜨리는 일도 많아졌습니다. 시토 씨의 리포트입니다.

10월 31일 일요일 방문 때는 식사 직후 홀에서 시간을 보내셨습니다. 방으로 이동한 뒤에는 "어떻게 하면 좋을지 모르겠어" "머리가, 이렇게(머리 위에서 손을 돌리며) 되어버려서" "바로 잊어버리고……"라고 말하며 안절부절못하시는 모습이었습니다.

11월 19일 방에 돌아가자마자 누워버리시고, 때로는 "도와
달라고!" "힘들다고 하잖아!"라며 목소리를 높이기도 하셨
습니다. 한동안 옆에 있어드리면 안정을 되찾으셨지만, 방
문하기 시작하고 클라라로 옮기신 뒤로 가장 히스테릭한
목소리였습니다. 그대로 잠드셔서 퇴실했습니다.

12월 23일 처음에는 잠꼬대처럼 "힘들어"라는 말을 하시면
대답을 했는데, 그때마다 "어떻게 좀 해줘" "지금 바로 의
사한테 가고 싶어"라며 심하게 흥분하셨습니다. 스스로도
점점 더 혼란스럽고 괴로워지시는 듯했습니다.

86세(2011년 1~4월)
"빨리 뭐라도 좀 해줘"

2011년에 들어서자 내리막이 점점 더 급격해졌습니다. 새
해 첫날 가족 모임에서도 어머니가 마음으로 즐거워하는 기색
은 전혀 보이지 않았습니다. 여동생이 애써 만든 설날 음식을
둘러싸고 가족들이 다 같이 앉아 있을 때도 어머니의 표정은
곤혹스러움으로 가득했습니다. 제 일기입니다.

1월 1일 아키히코, 삿짱, 도모히코가 먼저 와 있었다. 어머니는 거의 대화를 하지 못한 채 "괴로워"만 연발했으나, 딱 한 번 도모히코를 향해 "몸은 커졌지만, 귀엽고 착한 아이라 다행이다"라고 하셨다. 이때만큼은 옛날 같은 표정. 구니히코 숙부도 오셔서, 미도리가 만든 오세치 요리를 먹으며 새해를 축하하다.

이후에 요양원으로 돌아가서도 어머니는 주변 사람들을 배려할 여유가 없어 누구에게나 감정 표현을 직접적으로 했습니다. 시토 씨의 리포트에서도 변함없이 혼란스러워하는 모습이 기록되어 있습니다. 아마 이 시기에 어머니와 둘이서 가장 긴 시간을 보낸 사람은 시토 씨였을 겁니다. 괴롭다는 말만 계속하는 어머니 곁에서 끈기 있게 함께하며 조금이라도 평화로운 시간을 만들어드리려고 애썼지만, 그런 평온한 시간은 오래 지속되지 못했습니다. 결국 서서히 운동량이 줄고 누워 있는 시간이 늘어났습니다. 그럼에도 시토 씨는 어머니를 위해 마지막까지 노력해주었습니다.

3월 10일 말을 걸면 "고마워. 용케 있어줬네" 하고 비교적 확실하게 대답하시는 한편, 일어나실 기색은 전혀 없었습니다. 일어나실지 물어보면 "일어나고 싶어"라고 하셔서 침대 위에 앉는 자세로 상반신을 일으켰지만, 바로 "아아아

아아"하며 머리를 감싸쥐고는 "빨리 뭐라도 좀 해줘!"라고 하셨습니다. 몇 번이나 일어났다가 다시 누워버리기를 반복하시다가 "밖에 나가서 물어보고 싶어(아마 직원분들에게)"라고 하셔서 어떻게든 몸을 지탱해서 방을 나갔습니다. 방을 나갔더니 "어떻게 하면 돼?" "어디로 가면 돼?" 하고 나온 목적을 잊어버리신 듯해, 그대로 기분 전환으로 산책이라도 하자 싶어 함께 시설 안을 걸었습니다.

밖으로 나와서는 10분도 채 안 되어 "어서 돌아가고 싶어" "도쿄 안으로 빨리 가야 되는데" 하고 안절부절못하시더니 그다음부터는 "돌아가고 싶어"라는 한마디뿐이어서 얼른 산책을 마쳤습니다.

돌아오면서도 "힘들어" "눕고 싶어" "집에 가고 싶어" "여기(등)가 아파"라는 말만 반복하셨고, 방에 눕자 "빨리 뭐라도 해줘" "어서 불러줘" 하고 울먹이는 표정으로 말씀하셨습니다. 한동안 대답 없이 진정시켜드리니 차츰 조용히 휴식을 취하셨지만, 너무도 안타까워서······.

20분 정도 쉬신 다음, 차와 과자를 드셨습니다. 과자에 대한 반응은 평소와 다름없어서 "힘드실 것 같으면 제가 먹을게요" 하고 농담을 하자 제 뺨을 살짝 누르시며 "그건 안 돼" 하고 웃어주셨습니다.

이렇게 어머니와 차분한 시간을 보내기 위해 시토 씨가 제시한 방침은 아래와 같았습니다.

1) 방문의 목적을 아래와 같이 한다.

①괴로운 생각에 사로잡히지 않을 시간을 확보한다

②대화·쌍방 소통의 기회로 삼는다

③얼굴에 미소를 띨 수 있는 시간을 만든다

2) "○○ 할까요?"라고 선택을 맡기지 말고 "○○ 해요" 하

고 단정적으로 말하는 쪽이 본인의 "모르겠어"라는 말

을 줄일 수 있다.

3) 강하게 주장하는 말투를 피하고 부드럽게 흘려보내듯

말한다.

매주 시토 씨가 리포트로 제시해주는 이러한 방침은, 점점
더 신경질적으로 변해 언짢은 시간이 길어진 어머니와 어떻게
마주하면 좋을지 혼란스러웠던 우리 가족에게 나침반과도 같
았습니다.

86~87세(2011년 5월)
"잘 가요"

2011년 5월에 들어 어머니의 상태는 달라졌습니다. 5월

5일 제 일기에는 어머니의 미열에 관한 기록이 있습니다. 이 시기 전후부터 어머니는 일어나는 일이 드물고 꾸벅꾸벅 조는 시간이 늘어났습니다.

시토 씨는 5월 7일에 방문했는데, 이때도 어머니는 37도 4분의 열이 나서 거의 누워 있었습니다. 이날 시토 씨가 보낸 리포트의 일부입니다.

5월 7일 잠에 취해 계실 때가 많아서, 다시 잠드시지 않도록 10분 간격으로 몇 번인가 말을 걸었습니다. 그러다 제가 뜨개질하던 것을 보시고는 "어머, 예뻐라. 귀여워라……" 하고 손을 뻗어 흥미를 보이시기도 했습니다. 하지만 "뜨개질 잘하시죠?"라는 제 질문에는 반응이 없었습니다.

과자를 권하면 "어머나, 귀여워라. 맛있겠네" 하고 반응을 보이셨지만 '과자를 먹는다 → 일어난다'로 이어지지는 못했습니다. 일어나기는 싫지만 과자는 먹고 싶어서 난처해하시는 모습이었죠. 과자를 보셨을 때는 "맛있겠네" "먹고 싶어" 하며 아이돌처럼 귀엽게 볼을 찌르는 듯한 포즈도 하셨고, 그 순간에는 무척 좋은 표정이었습니다.

누워서도 눈을 떴을 때 누가 있어야 안심이 되는지, 문득 눈을 떠 사람의 모습을 보고 안심한 뒤 다시 잠드시는 일이 반복되었습니다. 제가 돌아갈 때는 "또 와줘. 누워만 있어서 미안해. 잘 가요"라고 차분한 어조로 말씀하셨습니다.
처음에 안절부절못하셨던 말투를 생각하면 조금 안정을
되찾으신 것 같았습니다. (…)
최근에는 몸 상태가 안 좋은 날이 많아서 별로 도움이 못
되어드린 게 아닌가 싶은데……
앞으로도 가능한 '안도감' '반가움' '즐거움'을 느끼실 수 있
도록 함께해드릴 생각입니다.

이것이 시토 씨의 마지막 리포트입니다. 오랫동안 최선을
다해준 시토 씨에게 마지막으로 어머니가 "잘 가요"라고 인사
할 수 있었던 것은 정말 다행이었습니다.

5월 10일 요양원의 위탁 의료진에게서, 어머니의 미열이
내려가지 않아 혈액검사를 했는데 백혈구 수치가 1000밖에
안 되고 다른 혈액 성분도 저하된 범혈구 감소 상태라고 연락
이 왔습니다. 직장에서 전화를 받은 저는 이전부터 어머니의
건강에 대해 상담했던 내과 이누오 에리코犬尾英里子 선생에게
조언을 구하고 동생들의 의견도 들은 뒤, 굳이 원인을 밝히는
검사를 하지 않기로 했습니다. 알츠하이머병이라는 진단이 나
온 뒤, 어머니는 위암 수술과 복부 대동맥류 수술을 받았습니
다. 그때마다 입원했던 병원의 배려 덕분에 큰 문제 없이 헤쳐
왔습니다. 하지만 마지막 수술로부터 이미 6년이 지났고 어머
니의 인지 기능은 명백히 저하된 상태였습니다. 이제 더는 고

장례 참석자들에게 드릴 카드

통을 동반하는 검사나 치료를 받게 하고 싶지 않았습니다.

어머니는 깨어 있는 시간이 하루하루 짧아지고 수분 및 식사 섭취량도 점점 줄었습니다. 당시 사설 노인요양원의 직원들은 사람의 죽음을 아무렇지 않게 지켜보는 것에도, 시설 내에서 의료 행위를 하는 것에도 익숙지 않았습니다. 5월 16일 월요일 저는 어머니를 와코병원으로 이송하기로 결정했습니다. 이날의 제 일기입니다.

5월 16일 4시 전에 눈을 떴고, 그대로 기상해서 아침 식사.

노년정신의학 잡지 논문, 일단 끝까지 완성하다. 9시 지나

클라라에 가다. 어머니는 오늘 아침에도 몽롱한 상태. 9시 30분 미도리가 오다. 10시 조금 전, 이송 차량이 오다. 어머니를 태워 와코로. 6층 개인실 입원. 의학적인 처치는 하지 않기로 결정했음에도 모시고 온 게 잘한 짓인지 확신이 서지 않는다. 클라라의 스태프들은 잘해주었다.

병원에서도 아무것도 하지 않는다는 방침은 변함없었지만, 다음 날인 5월 17일에는 열이 내려가고, 눈 떠 있는 시간도 그렇게 생각해서인지 늘어났습니다. 이날 어머니는 가톨릭교회 신부님에게 병자성사라는 의식을 받았습니다. 이튿날부터는 다시 몽롱한 상태에 빠졌고, 이따금 눈을 뜨면 병동 스태프가 물이나 아이스크림을 어머니 입에 넣어드렸습니다. 20일 금요일, 저는 일을 끝낸 뒤 어머니 병실에 가서 침대 곁에 앉아 한동안 어머니 손을 잡고 있었습니다. 어머니를 부르면 희미하게 눈을 떠 "아, 마짱"이라고 한마디 말을 했지만, 이내 다시 눈을 감아버렸습니다. 저는 왠지 이런 시간이 여전히 계속될 것만 같은 기분이 들었습니다. 밤늦은 시간에는 도심에서 일하는 여동생이 어머니를 보러 왔습니다.

와코병원으로 이송한 지 닷새째인 21일 토요일 아침, 집 전화가 울렸습니다. 7시 40분, 어머니가 영면하셨다고 했습니다. 전날 저녁 시간을 저와 보내고 밤늦게 딸을 본 뒤, 이튿날 아침 7시 둘째 아들 부부의 문안을 받은 어머니는 그로부터 40분 뒤에 숨을 거두었습니다. 어머니의 마지막을 지켜본 이는 병실 벽에 걸린 액자의 그림 속 '기도하는 사무엘'이라는 아이였습니다. 그림 속에는 '주여, 말씀해주십시오. 당신의 종은 듣고 있습니다'라는 성경 구절이 쓰여 있었습니다. 마지막 순간, 어머니는 신의 목소리를 들었을까요.

저희는 어머니의 시신을 후나바시의 집으로 모시고 가, 어머니가 돌아가셨을 때 열어보라며 딸에게 맡겨둔 '그때를 위해'라고 쓰여 있는 상자를 열었습니다. 상자 속에는 겉에 유서라고 쓰인 봉투 외에, 어머니가 미리 준비해둔 자신의 장속, 마지막 나날의 의료 방침에 관한 희망 사항, 사망한 뒤 연락해야 할 분들의 주소, 장례 등에 관한 지시와 함께 장례식에 참석해준 분들께 드릴 100장의 카드가 들어 있었습니다. 앵초 그림과 함께 "사랑은 결코 사라지지 않습니다. 고린도전서 13:8"이라고 인쇄된 카드 뒷면에는 "감사했습니다. 사이토 레이코"라고 검은 글씨로 쓰여 있었습니다. 유서는 1998년에 쓰기 시작한 엔딩 노트를 그 뒤 여러 번 수정한 것이었습니다. 줄을 그어놓은 부분은 쓴 뒤에 돌아가신 분들의 이름입니다. 마지막으로 수정한 시기가 언제인지는 모릅니다.

유서
갑작스럽게 부름을 받아 여러분에게 "안녕히"라는 인사도 하지 못한 채 이별하는 일이 없도록 이 편지를 씁니다.

남편이 세상을 떠난 뒤로도 이렇게 행복하고 자유롭고 건강하게 살아올 수 있었던 것은 신의 은총은 물론, 제게 훌륭한 세 아이가 있었고 그 배우자들 또한 제게 사랑을 베풀어준 덕분입니다. 여러분, 오랫동안 정말로 고마웠습니다. 특히 노년에 들어선 다음부터는 각자의 자리에서 여러모로 애써주신 일들을 감사하게 생각하고 있습니다. 다시 한번 인사를 올립니다.

언젠가는 이별의 시간이 오는 법이지만, 더욱이 이 나이까지 살아온 몸으로서는 언제 부름을 받아도 좋다는 마음이 있습니다. 젊은 시절부터 언제나 자신의 죽음이 어떤 형태로 올지, 또 어떤 태도로 맞이할지, 임종이나 사후의 일 등을 고민했지만, 그것만큼은 예측하기가 어려웠습니다. 바라건대 차분하게 떠나기를 기도할 뿐입니다.

현재 아무런 부족함 없이 좋아하는 일에 열중할 수 있는 건 먼저 떠난 남편이 남겨준 선물 같고, 더 바랄 것 없을 정도로 충분합니다. 만약 제가 병들어 회복할 가망이 없다면 아무쪼록 의미 없는 의료 연명 장치 등은 하지 말고 조용히 죽음을 맞이할 수 있도록 도와주십시오. 여러분의 생활을 어지럽히면서까지 폐를 끼치고 싶지 않습니다. 마사히코가 전문가이니 안심하고 부탁합니다. 아키히코와 의논해서 잘 조처해주십시오. 고통을 꺼리는 것이 아니라, 가능한 한 자연스러운 모습으로 죽음을 맞이하고 싶습니다.

290

임종이 가까워오면 꼭 신부님을 모셔와 병자성사를 받게 해주세요. 제 영혼의 준비를 위해.

시신에 대해서는 몇 해 전 몇몇 분의 승인을 받은 대로 처치해주십시오. 제단 있는 곳에 서류가 있습니다. 평소와 다른 모습이 될 터라 특히 미코에게 괴로움을 안겨줄까 걱정이지만, 부디 이별을 슬퍼하지 말아주세요. 제 영혼이 천국의 남편 곁에서 신의 영광 속에 안길 수 있게 평안을 빌어주세요.

장례 미사만 올릴 수 있게 해주시면 족합니다. 시간도 없을 테고, 장례 외에는 아무쪼록 소박하게, 관계없는 분들에게는 폐가 되지 않도록 가까운 친족과 친구들에게만 이별의 인사를 할 수 있으면 됩니다.

그 뒤에는 아무쪼록 세 형제자매, 부부가 사이좋게 서로 도우며 살아가기를 바랍니다. 신 앞에 겸허하고, 결코 교만하지 말고, 불행하고 가난한 사람들에게 손 내밀기를 잊지 마세요. 요코 씨, 사치코 씨, 아들들을 잘 부탁합니다. 바라건대 미코에게 좋은 반려자가 나타났으면……

오빠, 언니들, 저를 사랑해주고 키워주셔서 감사했습니다. 유코 씨, 구니히코 씨, 게이스케 씨, 유키카즈 씨, 그동안 신세 많이 졌습니다.

신부님, 교회의 많은 분들, 구보타 선생님을 비롯한 『마히루노』의 여러분, 도쿄여대·아오야마가쿠인·소학교·유치원의 친구들, 특히 아시노회 분들에게는 오랫동안 고마웠습니다.

도요토메豊留 씨의 고엔光園에 신의 은총이 있기를.

추신

이번 투병으로 또다시 많은 분의 도움을 받아 무척 감사했습니다. 빈틈투성이인 사람이었음에도 여러분이 각자 사이좋게 힘을 모아주신 덕분에 건강해질 수 있었습니다. 요코 씨, 사치코 씨에게도 여러모로 마음을 쓰게 해 미안했습니다.

앞으로도 각자의 반려자를 아무쪼록 잘 도와주세요. 나는 부족한 점뿐인 데다 적지 않은 나이에 세상도 잘 몰라서 부끄러웠지만, 여러분이 도와준 덕분에 안심하고 살아올 수 있었습니다. 훌륭한 자식들에게 사랑을 받아 정말로 행복했습니다.

마사히코, 아키히코 모두 세상에서 인정받고 있으니 참으로 고맙지만, 명성에 우쭐하지 않도록, 또한 금전적 영리적 갈등에 휘말리지 않도록 늘 유념해서 깨끗한 의사, 수의사로서 온 힘을 다해주기를. 미코는(가능한 한 좋은 짝이 나타난다면 더 안심이 되겠는데⋯⋯) 확실히 자립해나가기를. 오빠들과 늘 의논하며 힘내길 바랍니다. 나 자신은 여러모로 부족하고 비상식적이었던 것을 이제 와 뒤늦게 후회만 하

고 있습니다. 훌륭한 아이들에게 과분한 사랑을 받았습니
다. 정말로 고맙습니다.

인지증이란 무엇인가

이 책을 쓴 동기는 인간의 노화, 혹은 알츠하이머형 인지증이라는 병태를 그 속에서 살고 있는 사람의 주관적인 시점에서보고 싶다는 것이었습니다. 따라서 어머니가 일기에 써내려간말이 무엇보다 중요했고, 거기에 지나치게 객관적인 해설을 추가한다면 도리어 이 책의 초점을 흐리는 일이 될지 모릅니다.여기서는 어머니의 언행과 저희 가족의 행동을 이해하는 데필요한 최소한의 의학적 문제를 기술하려고 합니다. 의학적 문제라고 굳이 완곡한 표현을 쓴 이유는 인지증, 혹은 알츠하이머형 인지증에 대해 해결되지 못한 부분이 많고, 같은 문제에대해서도 여러 견해가 있기 때문입니다. 아래에서 용어의 정의는 일본에서도 널리 사용되고 있는 미국정신의학회의 '정신질환 진단 및 통계 매뉴얼DSM-5'을 따르겠습니다.

알츠하이머형 인지증이란 무엇인가

먼저 '인지증'의 정의입니다. DSM-5에 따르면 인지증은 기억, 소재식, 실행 기능, 주의력 등 몇 가지 인지 기능의 저하가 확인되고, 그 때문에 일상생활의 활동(예컨대 청구서 지불을 한다, 약을 관리하며 복용한다 등)에 도움이 필요한 상태를 가리킵니다. 즉, 인지증이란 병명이 아니라 다양한 뇌 질환의 결과로 일어나는 증상군입니다. 인지증을 일으키는 원인으로서는 알츠하이머병, 전두측두엽변성증, 레비소체병, 뇌혈관 장애, 뇌 감염증 등의 질환 외에도 두부 외상, 알코올 또는 약물 남용 등이 있습니다.

또 하나, '경도 인지 장애'의 정의도 소개합니다. 경도 인지 장애는 인지증과 마찬가지로 정신 기능이 저하되었지만 일상생활의 자립을 손상시킬 정도에 이르지 않은 상태를 가리킵니다. 경도 인지 장애라고 진단받은 사람 중에는 몇 년 동안 인지 기능 저하가 진전되어 인지증 진단 기준을 충족하는 경우도 있지만, 한편으로 천천히 진행되어 정상적인 노화와 구분이 되지 않는 사람도 있습니다.

'알츠하이머형 인지증'이라는 말은 알츠하이머병이 원인 질환인 인지증이라는 의미입니다. 앞서 밝힌 인지증의 정의를 충족하는 상태에 더하여, 잠재적으로 발병해서 천천히 진행되고 있으며 해당 증상을 설명하는 기타 신경질환이나 뇌혈관 장애도 없다는 뜻입니다. 현대 일본에서는 신경심리학적 검사, 전문의의 진단, CT&MRI 등의 형태 영상 검사, SPECT & PET 등의 기능 영상 검사 등으로 꽤 정밀하게 진단할 수 있지만, 최종적으로 사후에 뇌를 해부해보지 않으면 확정 진단은 불가능합니다. 알츠하이머병이 의심되더라도 그 정도가 가벼우면 '알츠하이머병에 따른 경도 인지 장애'라고 진단하기도 합니다.

알츠하이머 인지증 급증 현상의 의미

2012년, 당시 쓰쿠바대학 교수였던 아사다 다카시朝田隆 선생이 인지증 유병률에 관해 발표한 논문이 있습니다. 아사다 선생의 연구에서는 65세 이상 인구의 약 15퍼센트에서 인지증이 보인다고 했습니다. 그때까지는 65세 이상 인구의 인지증 유병률을 약 5퍼센트로 봤기 때문에, 단숨에 3배나 늘어난 셈입니다. 연구 결과가 발표되자마자 인지증 유병률이 3배, 인지증이라고 진단받은 사람 수가 480만 명이라는 숫자만 선정적으로 보도되어 순식간에 일본 전체가 충격에 빠진 듯 소란스러웠습니다. 하지만 아사다 선생의 연구 보고서를 잘 읽어보면, 이는 초고령 인구가 증가한 데 따른 당연한 결과임을 바로 알 수 있습니다. 480만 명 중에서 235만 명을 80대,

100만 명을 90대 이상으로 추정하는데, 각 인구의 유병율을 계산하면 80대는 약 26퍼센트, 90대에서는 50퍼센트이므로 종래의 보고와 큰 차이가 없습니다. 65세 이상 인구의 인지증 유병률이 상승한 이유는 원래 유병률이 높았던 80세 이상 인구가 늘어났기 때문입니다. 즉 인지증 환자 수가 늘어났다는 것은 80대, 90대 인구가 늘어났다는 뜻입니다. 인지증의 원인이 되는 질환의 구성비를 보면 고령이 될수록 알츠하이머형 인지증의 비율이 늘어납니다.

〔도표 4〕를 봐주십시오. 하얀색 원의 면적은 각 연령대 인구를 나타냅니다. 검은색 원은 인지증으로 진단받은 사람의 수입니다. 하얀색 원이 연령 변화에 따라 아래로 내려가는 양상은 정상적인 노화에 따른 정신 기능의 저하를 나타냅니다. IQ라는 말을 들어보셨을 겁니다. IQ는 개인의 지능 검사 점수가 각 연령층의 정규 분포 속 어디쯤에 위치하는지를 표시하는 수치입니다. 그 나이에서 표준적인 점수라면 IQ 100이 되고, 95퍼센트 정도는 IQ 70에서 130 사이에 위치합니다. 나이에 따라 IQ 100이 의미하는 능력은 완전히 다릅니다. 참고로 85세인 사람이 IQ 100이라고 판정받기 위해 필요한 성적이, 50세인 사람에게는 IQ 70 미만입니다.

〔도표 4〕에서 50대 인구 중 표준적인 사람의 능력(하얀색 원)과 인지증이라고 진단받은 사람의 능력(검은색 원)은 많이 떨어져 있습니다. 따라서 이 연령대에서 발병하는 인지증은

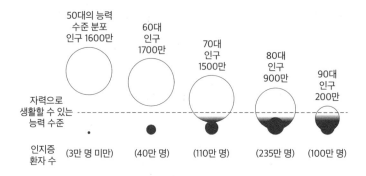

연령대별 인구는 일본 총무성의 2018년 12월 예상치. 인지증 환자 수는 아사다 다카시가 대표 연구자로 참여한 「도시 지역의 인지증 유병율과 인지증의 생활 기능 장애에 대한 대처」(2013)에 따름. 연령대가 높을수록 능력 수준이 낮고 인지증 환자와 겹쳐짐.

[도표 4] 정상적인 노화와 인지증

명백히 병입니다. 한편 90세 이상이 되면 인구 200만 명 중에서 인지증 환자는 100만 명, 유병률이 약 50퍼센트이기 때문에 인구의 절반이 의학적으로는 인지증이라고 진단받을 수 있다는 말이 됩니다. 하지만 이 연령대에서는 정상적인 사람도 노화 현상이 일어나기 때문에, 표준적인 90세 이상의 능력과 인지증이라고 진단받은 사람의 능력에 큰 차이가 없습니다.

인구의 절반이 인지증 진단 기준을 충족한다면 이를 병적인 상태라고 할 수 있을까요? 90세가 넘은 사람의 절반이 인지 기능의 저하로 자립적인 생활이 불가능하다는 문제는, 진단이나 치료라는 의학의 문제가 아니라 초고령 사회의 사회정

책 과제가 되어야 한다고 저는 생각합니다. 일본은 의학의 진보와 국민개보험제도国民皆保険制度 실시로 이전이라면 죽음에 이르렀을 신체 질환을 차례로 극복해왔습니다. 그 결과 세계에서 손꼽히는 장수 국가가 되었지만, 당연한 귀결로서 자립생활을 위협하는 심신 기능의 노화와 마주해야 하는 사태에 직면했습니다. 나이를 먹으면 젊을 때처럼 신체가 움직이지 않음과 동시에 뇌세포의 활동도 나빠지기 마련입니다.

아주 오래전부터 이를 알고 있었음에도 대책 세우기를 게을리하다가, 일이 이렇게 되어서야 갑자기 인지증 환자 수가 급증했으니 개호보험료를 올리겠다, 고령자의료보험의 자기부담률을 높이겠다는 말은 무책임한 이야기입니다.

알츠하이머병 완치약 개발은 가능한가

또 한 가지, 알츠하이머형 인지증의 치료약에 대해 다뤄보겠습니다. 1906년 독일의 정신의학자이자 신경병리학자인 뮌헨대학의 알로이스 알츠하이머 박사는 초로기에 발병해 급격히 인지증이 진행되다가 몇 년 만에 죽음에 이른 사례를 학회에서 발표했습니다. 이후에 알츠하이머병이라고 불리게 된 질환을 최초로 보고한 것입니다. 알츠하이머 박사는 같은 증상을 보이는 환자들의 뇌를 해부해, 신경세포 바깥에 부착된 얼

룩 같은 노인성 반점과 신경세포 안에 보이는 신경원선유神經
原線維의 변화를 발견했습니다. 이후의 연구에서 노인성 반점
은 베타 아밀로이드라고 불리는 단백질이 축적된 것으로 알려
졌고, 이 베타 아밀로이드의 침착을 막을 수 있다면 알츠하이
머병을 예방하거나 진행을 막을 가능성이 있지 않을까 생각
하게 됩니다. 이처럼 베타 아밀로이드의 침착이 알츠하이머병
발생의 방아쇠를 당긴다는 이론을 '아밀로이드 가설'이라고
합니다.

아밀로이드 가설에 근거해 지금까지 다양한 약제가 개발
되어왔습니다. 21세기 초에는 신약 개발 분야에서 알츠하이머
병이 치료 가능한 질환이 되리라는 기대감도 퍼졌습니다. 하
지만 유감스럽게도 지금까지 이러한 유형의 약제는 효과를 확
인하지 못했습니다. 베타 아밀로이드를 감소시키는 약은 개발
했지만, 이러한 약들이 인지증 증상 진행을 억제하는지는 증
명하지 못했던 것입니다. 현재 화제가 되고 있는 아두카누맙
도 같은 유형의 약제입니다.

알츠하이머병은 치료 가능한 질환이 될까요. 유전성 알츠
하이머병이나 일부 조발성 알츠하이머병에는 현재 개발되고
있는 약이 효과를 낼지도 모릅니다. 하지만 현재 일본에서 문
제가 되는, 80세를 넘어 발병한 알츠하이머병의 환자 대부분
에게는 큰 효과를 기대하기 어렵다고 저는 봅니다.

알츠하이머 박사가 지적한 노인성 반점이나 신경원선유 변

화는 오늘날 알츠하이머병이 아닌 사람의 뇌에서도 보인다고 알려져 있습니다. 한편으로 알츠하이머병이라고 진단받은 사람의 뇌에 노인성 반점이나 신경원섬유 변화 외의 병변이 결합되어 있는 경우도 적지 않습니다. 게다가 알츠하이머병뿐만 아니라 고령에 발병하는 인지증 환자의 뇌에서는 다양한 혈관 병변이 보입니다. 뇌가 노화함에 따라 일어나는 변화입니다. 즉 80세가 넘어서 발병한 알츠하이머형 인지증은 크든 작든 자연스러운 노화 현상에 영향을 받습니다. 그렇다면 알츠하이머병의 근원적인 치료약을 만들어내겠다는 말은 인간 노화의 일부 과정을 약으로써 저지하겠다는 뜻입니다. 진시황제 이래로 불로장생은 인류의 꿈이었습니다. 과연 그게 가능할까요. 저로서는 도저히 그리 생각하기 어렵습니다.

덧붙이자면, 현재 일본에는 알츠하이머병 치료약으로 승인받은 염산도네페질을 필두로 네 가지 항인지증 약이 있습니다. 모두 신경전달물질이라 불리는 신경세포의 활동을 높이는 약이지, 지금까지 설명했던 베타 아밀로이드 등 알츠하이머병의 진행과 관련된 물질에 직접 작용하는 것은 아닙니다.

어머니에 대한 진단을 생각한다

1991년 어머니가 67세였을 때부터 일기의 기록을 쫓아왔습니다만, 어머니는 대체 언제 인지증이 발병한 것일까요. 일기에는 1991년 이래로 건망증 등 자신의 인지 기능 저하에 관한 기술이 있지만, 1998년 74세까지는 인지증이라고도 경도 인지 장애라고도 진단하기가 어렵습니다. 어머니의 사적인 생활과 사회생활 모두 나이에 비해 오히려 높은 수준을 유지하고 있었습니다. 1999년에 전환점을 맞이한 뒤 2000년 76세 이후에는 언뜻 보기에 그때까지의 사회 활동을 유지하는 듯하지만, 인지 기능 저하에 관한 기술이 늘어나고 뜻밖의 실수도 일어났기 때문에 경도 인지 장애라는 진단이 가능하겠죠. 세탁소 소동처럼 자신의 인지 기능 저하에 대한 과민 반응은 어머니의 자신감이 떨어졌음을 반영합니다. 또한 이는 인지 기능 저하가 이전과 양상이 달라졌음을 시사합니다. 이 시기부터 어머니가 참여하는 사회 활동의 폭은 매년 더 좁아졌고 가정생활에서도 조금씩 도움을 구하게 되었습니다. 2004년 80세 이후에는 도우미나 딸의 지원 없이는 일상생활을 지속하기가 곤란해졌기 때문에, 사실 이즈음에 인지증을 진단받았다고 해도 이상하지 않습니다. 어머니와 같은 상황에 있는 환자들이 제게 외래 진료를 받았다면 2000년 시점에는 경도 인지 장애, 2004년에는 알츠하이머형 인지증을 의심한다고 진단했을 겁니다.

실제로 어머니가 인지증 진단을 받았던 시기는 2007년, 83세 때였습니다. 진단이 늦어진 이유는 제가 전문의였기 때문입니다. 아들로서 저는 현실을 보고 싶지 않았고, 어머니를 포함한 가족들은 전문의인 제가 괜찮다고 하니 괜찮은 줄 알았겠죠. 또 하나, 제가 어머니의 진단을 서두르지 않았던 이유는 지금까지 말한 바와 같이 진단 이후의 경과에 의학이 해줄 수 있는 혜택을 기대하기 어려웠던 점도 있었습니다.

2007년 진단을 받던 당시의 검사 결과는 '임상 증상을 보면 알츠하이머형 인지증이 의심되고, 심리 검사와 영상 검사 결과도 초기 알츠하이머병이라는 진단과 모순되지 않는다'라는 정도의 소견이었습니다. 뒤에서 다루겠지만, 생활에서 나타난 장애와는 반대로 어머니의 심리 검사 결과는 그 정도로 낮지 않았습니다. MRI 소견도 마찬가지였습니다. 제가 환자 본인에게 이를 설명한다면 "가벼운 인지증이 시작되었을 가능성이 있지만, 검사 결과는 정상치를 약간 밑도는 정도입니다"라고 말했겠죠. 당시 어머니의 인지 기능 정도라면 '알츠하이머병 의심'이라는 소견을 입 밖에 내지 않을 의사가 더 많을 겁니다. 잘못된 진단일지도 모르고, 진단을 잘못 내렸을 때 이 병명이 환자에게 줄 충격은 되돌리기 어려운 결과를 낳을 수도 있기 때문입니다.

하지만 의사의 설명은 환자의 귀에 '알츠하이머병일 줄 알았는데 그렇지 않았다. 가벼운 인지증이라 다행이다'로 들렸고, 의사의 의도와는 미묘하게 어긋난 인식을 낳습니다. 어머니의 일기에 쓰여 있는 "덕분에 큰 문제는 아니었던 것 같고"

라든가 "지난번에 이어 내 인지 기능 검사. 20퍼센트 정도 마이너스가 된 것 같다. 참담하지만 조금 안심이 되었다"라는 기술은 바로 이렇게 어긋난 인식 과정을 분명히 보여줍니다. 인지증을 전문으로 하는 임상의로서, 제가 매일 진찰 중에 검사 결과를 설명하던 방식에 대해 반성해야 할 중요한 부분입니다. 어머니의 심리 검사 및 뇌 영상 검사 결과는 애매하더라도 임상적으로는 이미 홀로 지내는 생활이 불가능했으므로 인지증이라고 진단해야 할 상태에 도달했던 것입니다. 그 후 임상 결과를 봐도 알츠하이머형 인지증이라는 진단은 틀리지 않았으리라 생각합니다.

2007년 당시 어머니의 심리 검사 소견은 다소 애매했습니다. 예컨대 23점 이하를 인지증 의심, 24점 이상을 정상이라고 보는 간이정신상태검사(MMSE)에서 어머니의 검사 결과는 25점이었기 때문에 정상 영역에 해당되었고, 그 뒤 2008년 2월 검사에서도 25점으로 나타났습니다. 같은 해 7월에는 28점으로 오히려 개선되었다가, 이듬해에 22점을 받으며 마침내 인지증 영역으로 떨어졌습니다. 하지만 이 검사에서 어머니의 세부 점수를 보면, 합계점이 정상치였던 시기마저 새로운 것을 기억하는 기명력이 떨어지고 날짜 및 시간 감각이 둔해지는 등 소재식 장애라는 알츠하이머형 인지증의 특징이 명확히 드러납니다.

2007년 1월에는 고령자의 인지 기능 요소를 평가하는 신

306

경행동학적 인지상태 검사(COGNISTAT)도 받았습니다. 열 개의 항목이 있는 하위 검사 항목 중 '기억'과 '소재식'에 대한 평가가 정상 범위(9점 이상)를 크게 밑돌지만, 주의, 이해, 판단을 포함한 다른 항목은 거의 정상치였습니다. 합계 점수는 정상 범위였으나 알츠하이머병의 초기 특징을 지지하는 소견이 나왔습니다. 2009년, 2010년에 시행한 같은 검사에서는 이해력에 장애가 생겼고, 추상적인 사고력을 나타내는 유사, 판단 등의 지표도 정상치를 밑돌았습니다.

심리 검사의 종합 점수가 아무리 높아도 어머니처럼 일상생활에서 실행 기능 장애가 드러나고 기명력과 소재식 점수가 낮으면 의사는 알츠하이머병을 의심합니다. 그런데 여기서 문제는 일상생활을 유지하는 데 필요한 능력의 정도입니다. 예컨대 옛날 농가처럼 3대, 4대가 함께 살면서 각각 집안일을 분담하는 생활양식이라면, 인지 기능이 다소 저하되더라도 주변에서 이를 자연스럽게 보완해주고 역할을 이어받을 방법을 모색함으로써 생활이 파탄에 이르지 않습니다. 현대사회에서, 더군다나 도심의 아파트에서 혼자 산다면 처음부터 끝까지 혼자 해야 하기 때문에 약간의 능력 저하, 특히 실행 기능 저하에도 생활은 파탄나기 쉽습니다. 생활의 파탄 여부를 기준으로 삼는 인지증 진단이, 그 사람이 생활하는 나라, 지역, 생활 실태에 따라 다르다는 사실은 국제적인 진단 기준에서도 나타납니다. 어머니는 혼자 살지는 않았지만 나이에 비해 사회생활이 광범위하고 복잡했기 때문에 심리 검사 성적이 높은데도 생활에 지장이 생겼고 인지증 진단을 빠르게 받았다고도 볼 수 있습니다.

2007년에는 더 상세하고 포괄적인, 웩슬러 지능검사(WAIS-Ⅲ)라고 불리는 검사를 받았습니다. 이른바 지능 지수를 산출하는 검사입니다. 검사 결과는 언어성 지능이 132, 동작성 지능이 122, 종합적인 검사 지능은 130이었습니다. 해당 연령대의 표준적인 성적을 100으로 나타내므로, 어머니의 점수는 동년배의 표준을 훨씬 뛰어넘었습니다. 130이 넘는 사람은 동세대 인구의 2퍼센트에 불과합니다. 검사를 시행한 두 심리사의 지도 교수였던 마쓰다 오사무松田修 현 조치대학 교수의 설명을 소개하겠습니다. 마쓰다 교수의 설명은 어머니의 언행을 이해하는 데에도 시사점이 많습니다.

지능 지수를 표시하는 세 가지 지표(언어성 지능, 동작성 지능, 종합 검사 지능)는 동일한 연령 집단의 평균(100)보다 더 높은 수준을 유지하고 있습니다. 한편 지능 영역별 능력 수준을 표시하는 네 가지 지표 득점(언어 이해, 지각 추론, 작업 기억, 처리 속도)과 전반적인 지적 수준을 보면 지각 추론, 작업 기억, 언어 이해는 동연령 집단보다 더 높은 위치에 있지만, 뇌기질성 장애로 저하되기 쉬운 처리 속도는 동연령 집단의 평균 수준이므로 명확히 다른 지표 득점보다

낮습니다. 본인의 교육 이력이나 생활 상황에서 예상되는 지능 수준에서 보자면, 이러한 처리 속도의 성적은 원래의 능력 수준을 반영했다고 보기 어렵고 명확한 기능 저하를 드러냅니다.

이번 검사 결과는 원래 지적 능력이 높았던 사람이 알츠하이머병에 걸렸을 때 보이는 초기 특징과 일치합니다. 검사 결과상으로 아마 이 시기는 이전이라면 효율적으로 처리할 수 있었던 일상의 활동에 지장이 생기기 시작한 때로 보입니다. 동시에 다른 지적 능력은 높게 유지되고 있었다는 점에서 스스로 능력 저하를 충분히 자각하고 기록할 힘이 유지되고 있었다고 추측할 수 있습니다. 그렇기에 주변에서 생각하는 것 이상으로 본인은 자신에게 일어난 능력 저하에 커다란 불안을 느끼고 있었을 것입니다.

심리 검사 결과가 나타내는 어머니의 능력 저하는 알츠하이머형 인지증과 모순되지 않았습니다. 한편으로 어머니는 이해력, 판단력 등을 비교적 높게 유지하고 있었지만, 마쓰다 교수의 말처럼 이는 어머니를 지탱하는 힘인 동시에 고통을 확대하는 요인이기도 했습니다. 80세 전후에 발병하는 알츠하이머형 인지증 환자들 중에서 마지막까지 자신의 능력 저하를 어느 정도 자각하는 이가 많은데, 이는 다양한 능력이 함께 저하되는 조발성 알츠하이머형 인지증과는 구별되는 특징입니다. 사후에 뇌에서 발견되는 신경병리학적 소견이 비슷하더라도 조발성 알츠하이머형 인지증과 고령에 발병한 알츠하이머형 인지증은 임상 증상이 다르다고 저는 생각합니다.

어머니의 여로

1기인 1991년부터 1999년에 이르는 9년 동안, 어머니는 평생 취미였고 마음을 지탱해주었던 단카를 책 한 권으로 엮었고, 시베리아 억류 중에 사망한 오빠의 묘를 찾아 애도했으며, 태어났을 때부터 품고 있었던 신앙을 확인하기 위해 이스라엘, 바티칸, 아시시를 방문했습니다. 다이쇼 말기에 태어나 쇼와 초기에 유소년기를 보낸 뒤 제2차 세계대전으로 청춘 시대를 빼앗겼고, 패전 후 바로 결혼하고부터는 오로지 남편 뒷바라지와 세 자녀의 육아를 무엇보다 중요하게 여겼던 한 평범한 여성이, 남편을 먼저 보낸 뒤 손에 넣은 자유의 격류라고 이해할 수도 있습니다.

하지만 제 눈에는 이 시기의 어머니가 삶의 자유를 구가했다기보다, 못다 한 일들을 단숨에 정리하려고 치열하게 살았던 것처럼 보입니다. 외국인 유학생들에게 일본어를 가르친 것, 스페인어를 배우기 시작한 것, 피아노 레슨을 받기 시작한 것, 여대 시절 동창생들과 함께하는 고전 공부 모임에 참여한 것, 가톨릭교회에 깊이 헌신한 것 등 어머니의 생활은 능력을 넘어설 만큼 바빴습니다. 언뜻 맥락 없고 지나치게 여러 군데에 손을 뻗은 듯 보여도, 이 시기 어머니의 행동은 하나로 연결됩니다. 가톨릭 신앙에 대한 갈망, 고전문학이며 음악에 대한 동경, 사회에 봉사하고 싶다는 마음 등 어머니는 소녀 시절부터 품었던 꿈을 하나하나 실현해나간 것입니다.

책의 서두에 썼듯이, 어머니는 다섯 살, 열두 살에 양친을 잃고 대학생이었던 두 오빠와 언니들의 손에 자랐습니다. 어머니는 가족 안에서 롤 모델이 될 만한 어른을 모르는 채로 자라, 어떤 의미에서는 돌아가실 때까지 소녀 같았습니다. 이 시기에 어머니가 쓴 일기를 읽어보면, 새삼스럽게 마치 어린애 같습니다. 하지만 인지 기능 저하가 명확해지면서부터는 이러한 삶의 방식이 어머니에게 커다란 질곡이 되었습니다. 조금 더 한가롭게 지냈더라면 알아차리지 못했을 능력의 저하를 매일 직면하게 되었으니까요.

이 시기가 끝나가던 1998년 어머니는 무슨 생각이었는지 엔딩 노트를 쓰기 시작했습니다. 마치 이제부터 자기 몸에서 일어날 일들을 예감하고 그 준비를 시작한 것 같습니다. 물론 이 시기에 어머니가 알츠하이머병의 증세를 자각했다는 말은 아닙니다. 오히려 하고 싶었던 일들에 마음껏 도전하며 나름의 성취감을 안고서, 앞으로 세월의 언덕길을 자기 의지대로 내려가겠다는 결의이자 바람이었겠죠. 하지만 어머니는 그 바람대로 자신의 의지에 따라 여유롭게 세월의 내리막길을 더듬어가지 못했습니다.

2000년부터 2003년까지인 2기는 인지증이 시작되어 증상이 점점 더 잠재화되는 시기와 겹칩니다. 전반 2년 동안에는 어머니도 어떻게든 그때까지의 생활 패턴을 유지하려고 애쓰지만, 후반 2년이 되면 그때까지 해왔던 것을 조금씩 포기하게 되었습니다. 정신을 놓은 게 아닐까 걱정하고, 정신을 놓으면 큰일이라며 자신을 고무시키는 기록이 늘어납니다. 다시 한번 〔도표 2〕(102쪽)를 봐주십시오. 2002년 이후, 나쁜 몸 상태·걱정·후회를 표하는 단어의 빈도가 갑자기 늘면서 그때까지 엇비슷했던 감동·행복·감사를 웃돌았습니다. 이 그래프를 보면, 주변에 있던 저희가 차츰 명확해지는 어머니의 생활 속 장애를 바라보며 불안을 키우고 있었을 때, 어머니 역시 불안감을 안고 그러한 두려움과 괴로움을 일기에 계속 써나갔다는 점을 읽어낼 수 있습니다.

2004년부터 2008년까지인 3기가 되면 어머니의 교우관계나 사회 활동은 점점 닫혀갑니다. 인지 기능 저하에 대한 어머니의 저항은 산발적으로만 일어났고, 인지 기능의 저하와 그 결과 일어난 생활의 곤란함에 그저 압도당했습니다.

인지증과 관련된 일기의 기록은 2006년 최고점을 맞이했다가([도표 1](39쪽) 참고) 다시 낮아지지만, 이는 앞서 말한 대로 기록이 없는 날이 2007년 이후 급속하게 늘었기 때문입니다.([도표 3](159쪽) 참고) 2009년 어머니가 일기 대신 메모를 남긴 날의 64.3퍼센트는 인지 기능 저하와 그 실패에 관한 기록입니다. 이 시기가 되면 어머니가 마음의 평온함을 얻을 때는 딸, 혹은 마음이 놓이는 도우미와 둘이서 조용히 집에 있는 시간뿐이었습니다. 예전에는 늘 반겼던 남동생 가족과 떠난 여행에서도, 익숙지 않은 전철 왕복이며 신경 써서 준비한 여관의 넓은 방은 어머니를 불안하게 할 뿐이었습니다. 저는 둘이 있을 때조차 여동생만큼 어머니를 평온하게 해드리지 못했지만, 단 한 번 마당에서 풀 뽑기를 했던 날에 봤던 어머니의 편안한 표정은 잊지 않고 기억에 담아놓았습니다.

2008년부터 2011년까지 어머니는 사실상 자신의 의사에 따라 주체적으로 생활을 꾸려나가지 못했습니다. 그렇다고 해서 보살펴주는 사람에게 모두 내맡기고 태평하게 있지도 않았습니다. 어머니가 남긴 말들은 불안으로 가득했고, 단편적인 기술이 어머니의 머릿속에서 일어나는 혼란과 곤혹스러움을 오히려 선명하게 나타내고 있었습니다. 이러한 상황은 2008년 요양원에 들어가신 뒤에도 변하지 않았습니다. 특히 한밤중에 눈을 떠 주변 상황을 파악하지 못한 채 불안에 떠는 모습은 몇 번을 읽어도 눈물이 납니다. 가족과 일대일로 아무것도 하지 않은 채 보내는 시간은 어머니를 안심시켜주었지만, 가족이 눈앞에서 사라지면 오히려 불안과 혼란의 씨앗이 되어 어머니는 오랫동안 마음을 가라앉히지 못했습니다.

마지막 나날, 어머니는 산소 호흡도 말초 혈관을 통한 수분 보충도 하지 않았습니다. 식사가 불가능해지면서 호흡 능력까지 떨어지면 그다음부터는 시간문제입니다. 와코병원의 의료진은 어머니의 몸을 쾌적하게 유지하고, 마른 입술을 얼음으로 적시고, 방 앞을 지날 때마다 말을 걸며 힘을 북돋아주었습니다. 어머니는 돌아가시기 전날 저녁에는 저와 밤늦게 온 여동생, 마지막 날 아침에는 남동생 부부의 목소리를 듣고 희미하게 눈을 떴습니다. 이윽고 평온함 속에서 마지막 숨을 거두었습니다.

이렇게 보내드리는 방식에 확신이 있었던 것은 아닙니다. 어머니를 제가 근무하는 병원으로 모셔오고 결국 보내드리던 며칠 동안 더 일찍, 더 적극적으로 의료 처치를 했더라면 어머니가 좀더 오래 살지 않았을까, 내가 어머니를 건드는 데 지쳐 가장 편한 방법을 선택한 것이 아닐까 하는 불안과 죄책감을 안고 있었습니다. 그 불안에서 저를 구해준 것은 어머니의 엔딩 노트에 쓰여 있었던, 병이 심각해지더라도 그 이상 하지 말라는 지시였습니다. 저는 마지막까지 의지가 되지 못했던 아들이지만, 어머니는 돌아가셔서도 아들을 걱정하고 감싸며 불효를 용서해주셨습니다.

후기

서문에서 이 책을 쓰는 두 가지 목적을 밝혔습니다. 하나는 인지증 환자는 사물을 잊어버리는 등 인지 기능의 저하를 스스로 이해하지 못한다는 정신의학의 미신을 깨뜨리는 것, 다른 하나는 아득해진 쇼와 시대를 가족과 함께 살았고 남편을 잃은 뒤 헤이세이 시대를 살았던 한 여성의 이야기를 통해 동시대사를 엮어보고 싶다는 것이었습니다. 마지막으로 조금 시점을 달리해 아들이자 정신과 의사로서 어머니의 행동을 규정했던 것에 대해 고찰해보고 싶습니다.

어머니는 종종 부모님 이야기를 했습니다. 다섯 살에 어머니를, 열두 살에 아버지를 잃었기 때문에 어머니가 이야기하는 부모님에 대한 추억은 실제로 있었던 일인지, 어렴풋한 기억을 어머니가 각색했는지 분명치 않습니다. 부모님이 키워주신 시간은 짧았지만, 그 짧은 시간을 감안하더라도 어머니는 부모님에게 커다란 영향을 받았습니다. 특히 어머니를 잃은 뒤 부친과 보낸 몇 년의 추억은 어머니에게 무엇과도 바꿀 수 없는 것이었습니다. 부친에 대한 어머니의 이미지는 어린아이의 눈에 비친 이상적인 아버지의 모습이었습니다. 어머니가 평생 애용했던 오쓰키 후미히코大槻文彦*의 『다이겐카이』와 간노 도메이簡野道明**의 『지겐』은 부친이 애용했던 일본어 사전입니다. 양친 사후에 어머니를 키우고 이끌어준 사람은 아직 학생이었던 오빠와 언니들이었습니다. 보통의 가정이라면 부모님을 통해 배우는 현실 사회와의 얽매임을 어머니는 잘 알지 못한 채 자랐습니다. 어린 날에 겪은 가족사며 성장 과정에서 어머니의 마음에 새겨진 각인은 평생 사라지지 않았고, 만년에는 어머니가 살아가는 방식을 규정했습니다.

동시에 이러한 삶의 방식은 어머니가 살아냈던 시대의 반영이기도 했습니다. 어머니는 청춘을 문자 그대로 전쟁에 박탈당했고, 종전 뒤에는 자유로운 공기를 누릴 새도 없이 가정을 꾸려 아내이자 어머니로서 기대되는 역할을 줄곧 연기했습니

---

* 1847~1928. 일본의 언어학자. 그가 편집한 『겐카이言海』(1889~1891, 총 4권)는 일본어 문법의 체계를 다진 최초의 근대적 일본어 사전으로, 이후에 발간되는 일본어 사전의 규범이 되었다.
** 1865~1938. 일본의 언어학자이자 교육자. 1923년에 한자어를 일본어로 해설한 한화사전漢和辭典 『지겐字源』을 편집, 간행했다.

다. 우리 가족의 생활은 동시대의 중산층 가정으로서는 비교적 혜택을 받은 편이지만, 어머니의 마음에는 항상 채워지지 않은 뭔가가 있었으리라 생각합니다. 이는 어쩌면 어머니의 성장 과정에 기인한, 온전히 어른이 되지 못한 체념에 기인한 것이었는지도 모릅니다.

쇼와 시대의 끝 무렵에 남편을 잃고서야 자유 시간을 얻은 어머니를 충동했던 것은 잃어버린 청춘을 되돌리고 싶다는 마음이었습니다. 게다가 힘든 성장 과정을 겪다보니 보통은 현실 생활과 타협하며 조화를 이루어가는 유소년기의 동경이 그대로 마음에 남아 있었고, 만년에는 그것이 지나치지 않은가 싶을 정도로 사회생활을 확대하는 원동력이 되었습니다.

어머니의 마지막 나날, 인지 기능 장애가 명확해진 이후의 행동은 알츠하이머병의 뇌병리, 혹은 뇌의 가령성加齡性 변화라는 생물학적 요인으로도 설명됩니다. 처음에는 어머니도 그에 저항하며 이전과 같은 생활을 지속하려고 분투했지만, 곧 그런 저항이 깨지면서 어쩔 수 없이 조금씩 후퇴했습니다. 마지막 몇 년은 신체적인 자립도, 정신적인 자율도 유지하지 못하게 되었습니다.

성장 과정에 얽매이고, 시대에 얽매이고, 생물학적 변화에 얽매이면서도 어머니는 만년을 더 자신의 의지대로 살아내려고 노력했습니다. 어머니가 남긴 글을 보노라면 인지증이 어머니의 자율성을 빼앗아간 뒤에도 원하는 바를 계속 써나갔던 마음이 전해집니다.

모든 바람 다
이루어지리라곤 생각 않지만
걸음만은 스스로 곧게 옮겨가기를

어머니가 지냈던 요양원 방에는 굵은 유성펜으로 "바람 모두 다 이루어지리라곤 생각지 않으니, 스스로 걸음이라도 똑바로 옮길 수 있도록 애쓰자. 레이코"라고 쓰여 있었던 초록색 카드가 노트에 끼워져 있었습니다. 돌아가시기 직전 해의 크리스마스트리에 장식했던 카드로 보입니다. 크리스마스가 지나고 카드를 돌려받은 어머니는 볼펜으로 글귀를 수정해 자신의 마음을 위와 같은 단카로 써냈습니다. 무엇 때문에 쓴 카드인지 기억하지 못하면서도, 자기 눈앞에 있는 생경한 글귀를 어떻게든 한 수의 단카로 만들고자 했던 노력이야말로 어머니 인생의 총결산이었다고 생각합니다. 이를 보면 자신이 쓴 단카가 형식에만 급급할 뿐 마음이 충분히 담겨 있지 않다는 평을 듣고서 어머니가 탄식했던 일이 떠오릅니다. 이것이 아마도 어머니가 마지막으로 지은 시일 겁니다.

저는 소학교에 입학해 몇 년이 지나도록, 수업 중에 어머니가 돌아가시지 않았을까 하는 불안에 휩싸이곤 했습니다. 그러면 안절부절못하다가 수업이 끝나자마자 황급히 집으로 뛰어갔습니다. 당시에 살던 지역이 아닌 옆 학군의 학교에 다니고 있었기 때문에 집까지는 어린아이의 걸음으로 20~30분이 걸렸습니다. 숨을 헐떡이며 집까지 뛰어갔죠. 기억하는 것만 해도 책가방을 학교에 둔 채로 집에 뛰어갔던 일이 세 번이나 있었습니다. 집에 도착해도 곧장 문 안으로 들어가지 못했습니다. 어머니가 돌아가셨으면 어쩌나 두려웠기 때문입니다. 문 언저리에서 괜스레 배회한 끝에 집에 뛰어들어가, 어머니가 살아 계신 모습을 확인하고는 안도했습니다.

고등학교 2학년 때는 아버지 쪽의 할아버지가 돌아가셨습니다. 장례가 끝난 뒤, 사람 눈을 피하듯 아버지를 만나러 온 손님이 있었습니다. 아버지의 어머니, 즉 할머니 쪽 친척들이었는데, 본가의 묘를 이장할 때 발견했다며 할아버지가 할머니에게 준 반지를 전해주러 왔다고 했습니다. 할머니 본가 쪽에 묘가 있다는 말은 사이토 집안의 묘지에 묻히지 않았다는 뜻입니다. 저는 이때 할머니가 장남을 낳으면 호적에 넣어주는 조건으로 집에 들어온 분이었고 바로 그 장남인 아버지를 낳은 직후에 돌아가셨다는 사실, 그분의 이름은 기쿠菊라고 하며 할아버지는 그 이름을 따 아버지에게 기쿠오菊夫라는 이름을 지어주었다는 사실을 알았습니다.

세월이 지나 정신과 의사가 되어서야, 어린 시절 어머니의 죽음에 관한 내 병적인 불안과 공포는 부모님의 마음속 불안이 나타난 것임을 깨달았습니다. 소학교 시절의 저는 아버지의 성장 과정도, 어머니의 성장 과정도 제대로 알지 못했습니다. 그럼에도 자식은 부모의 마음을 이어받습니다. 달리 말하자면, 부모의 마음은 여러 차원에서 자식의 마음을 규정합니다. 게다가 저는 중학교를 졸업할 즈음까지 어머니와 아버지를 마리아와 요셉에 겹쳐 보았습니다. 어머니는 언제나 다정했고, 과묵한 아버지는 필요할 때면 언제나 나서서 도와주는 분이었죠. 이러한 이상화는 어머니가 품었던 생각과 완전히 똑같습니다. 생물학적 유전과는 별개의, 심리적인 유전이라고도 부를 수 있겠습니다. 어머니의 행동을 규정했던 생각이 마치 생물학적 유전처럼 제 마음 상태에도 강한 영향을 끼쳤습니다. 지금도 제 책장에는 일본어 사전 『지겐』과 『다이겐카이』가 꽂혀 있습니다. 『지겐』은 신판이지만, 『다이겐카이』는 어머니가 늘 갖고 계시던 오쓰키 후미히코판입니다.

저는 올해 70세가 되었습니다. 어머니는 2011년에 별세했으니, 2012년 제가 마쓰자와병원의 원장이 되었다는 사실을 물론 모릅니다. 세상의 평가에 우쭐하지 말고 주어진 장소에서 겸허하게 신의 소명에 따라 힘쓰라는 어머니의 말씀은, 병원장으로 일했던 9년의 시간을 규율하는 중요한 행동 규범이었습니다.

작년에 병원장직에서 퇴임하고 남은 인생을 어떻게 보낼지

고민할 때도 어머니의 가르침은 소중한 지침이 되었습니다. 일할 수 있는 한, 자신을 성장시키고 뒷받침해준 사회를 위해 주어진 장소에서 일하자, 그러나 자신의 능력에 의문이 생긴다면 조용히 물러나자고 결심했습니다.

어머니 시대에는 없었던 항인지증약이 앞으로 나오리라고는 전혀 기대하지 않지만, 능력의 저하에 앞서 생활의 규모를 줄이려 노력한다면 어머니보다는 편안하게 만년을 보내지 않을까 생각합니다. 자유로운 시대에 자란 제게는 어머니처럼 이제부터 만회하고 싶다는 생각이 전혀 없습니다. 부디, 마지막에는 조용히 노화를 받아들여 '무위로 돌아가기'를 바랍니다.

감사의 말

제가 어머니의 일기와 마주할 수 있었던 건 어머니의 만년이 그리 비참하지는 않았다고, 관점을 바꿔보자면 지금까지 저희 가족은 나름대로 애썼다고 생각했기 때문입니다. 아사히유치원의 친구분들, 마지막까지 고전 공부 모임에 어머니를 초대해주셨던 도쿄여대 동창 여러분, 어머니의 신앙을 지탱해주셨던 가톨릭 후나바시 교회의 신도 여러분, 단카 동인 여러분, 돌봄이 필요해진 이후의 생활을 살펴봐주었던 베네세 클라라 요가 지점의 직원 여러분, 어머니의 마지막을 조용히 돌봐준 와코병원의 이시카와 요코石川蓉子 간호부장님 이하 병동 의료진을 비롯해, 만년에 어머니의 마음을 풍요롭게 해주신 모든 분에게 진심으로 고마움을 전하고 싶습니다.

제 동창이자 친구이기도 한 암연구회 아리아케병원의 사

노 다케시佐野武 원장에게는 인지증이 발병한 뒤 어머니가 받은 외과 수술로 큰 도움을 받았습니다. 오랜 친구이자 동료인 마쓰자와병원의 이누오 에리코 내과 과장에게는 어머니에게 생긴 다양한 신체 증상의 치료 방향이 고민스러울 때마다 적확한 조언을 받았습니다. 마쓰다 오사무 조치대학 교수와 그 제자인 시토 에미 씨, 아이자와 아유미 씨에게는 어머니의 인지 기능 평가와 그 뒤의 재활, 나아가 어머니와 저희 가족 간의 소통까지 도움을 받을 수 있었습니다.

책이 이러한 형식으로 출판될 수 있었던 데는 이와나미쇼텐의 사루야마 나오미猿山直美 씨 덕분입니다. 출판 불황이라는 요즘, 제 고집을 관철시켜 처음 의도에 가까운 형태로 출판되도록 온 힘을 다해주셨습니다. 오랫동안 비서로 일해준 스즈키 마리코鈴木眞理子 씨에게는 원고의 시작부터 완성까지 모든 단계에서 적절한 조언을 받았습니다. 두 분의 도움 없이는 제 원고가 책이 되지 못했으리라 생각합니다.

마지막으로 제 아내, 남동생과 그의 가족, 여동생과 함께 감사하는 마음을 담아 이 책을 돌아가신 어머니의 영전에 바칩니다.

2022년 8월

사이토 마사히코

『등나무 꽃송이』 출판을 축하하는 가족사진
앞줄 가운데가 어머니, 왼쪽 끝이 저자(1993년)

어머니(오른쪽), 요양원에서 시토 에미 씨와(2010년)

알츠하이머 기록자

초판인쇄 2025년 3월 25일
초판발행 2025년 4월 4일

지은이 사이토 마사히코
옮긴이 조지혜
펴낸이 강성민
편집장 이은혜
편집 양나래
마케팅 정민호 박치우 한민아 이민경 박진희 황승현 김경언
브랜딩 함유지 박민재 김희숙 이송이 김하연 박다솔 조다현 이준희
제작 강신은 김동욱 이순호

펴낸곳 (주)글항아리 출판등록 2009년 1월 19일 제406-2009-000002호
주소 경기도 파주시 문발로 214-12, 4층
전자우편 bookpot@hanmail.net
전화번호 031-955-2689(마케팅) 031-941-5161(편집부)

ISBN 979-11-6909-360-6 03300

www.geulhangari.com